개정판

사회복지 프로그램 개발과 평가

Social Welfare Program Development and Evaluation

김선희
김표민
신원정
유진희

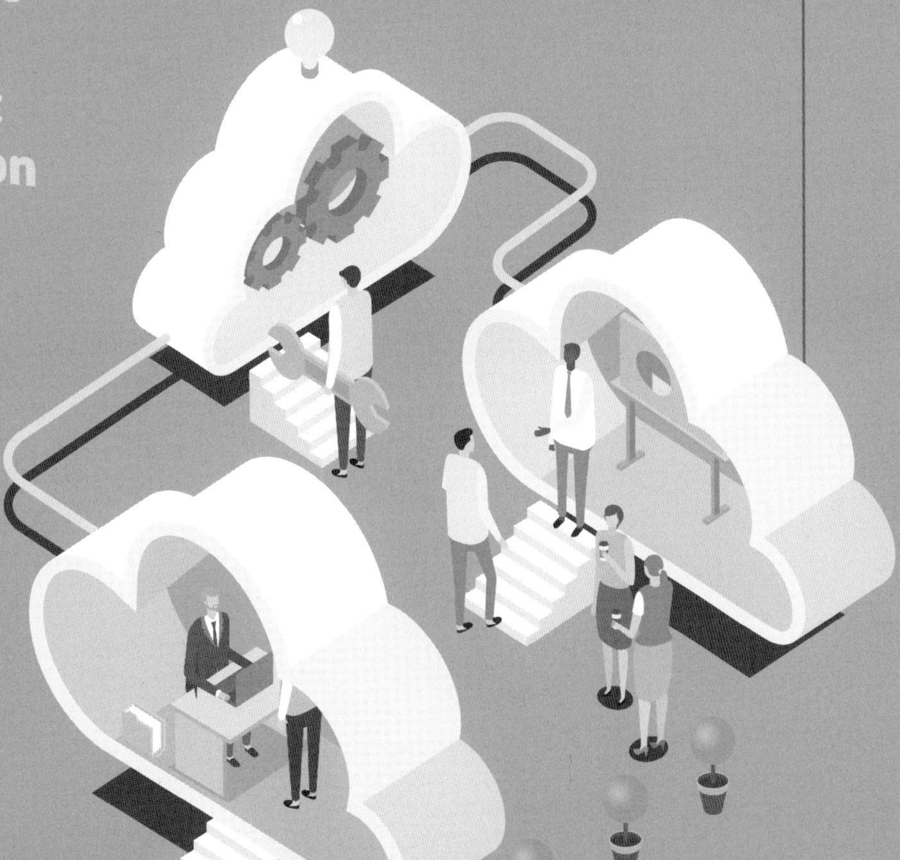

어가 語歌

개정판 머리말

'프로그램 개발과 평가'라는 교과목은 그 특성상, 교수자가 프로그램 개발 및 프로그램 평가와 관련된 제반 이론을 강의하면서도 프로포절(proposal) 작성 실습을 병행하여 지도하게 된다. 이에 본서의 저자들은 '프로그램 개발과 평가' 교과목이 보다 효과적인 강의가 될 수 있도록 교재 내용을 다음과 같이 개정하였다.

초판에서 각 장의 연습문제를 통해 프로포절 작성 실습을 일부 해 볼 수 있도록 하였고 부록에 배분기관별 프로포절 양식과 예시를 소개한 바 있으나, 이번 개정판을 집필하면서 제4부(11장)에 '프로포절 작성의 실제'에 대해 보강하였다. 배분기관별로 프로포절 양식이 상이하므로 이를 통합하여 주요 항목들을 중심으로 하여, 프로포절 작성에 필요한 핵심사항들을 Tip과 예시를 포함하여 보완하였으며, 프로포절을 직접 작성해 볼 수 있도록 구성하였다. 특히 프로그램의 성과측정을 위한 척도 목록을 수록하면서 몇 가지 척도를 제시하여 학생들의 이해를 돕고자 하였다.

이번 개정판을 활용하는 데 있어서, 교수자는 매주 1~10장까지 순차적으로 강의해 나가면서도 동시에 매주 11장을 소제목별로 나누어서 차근차근히, 단계적으로 가르치면서 프로포절 작성 실습 지도를 병행해 나갈 수 있다. 또는 교수자가 학기 초반에 11장 강의를 먼저 마치고 나서 매주 1~10장까지 차례대로 강의를 진행해 나가는 방식도 가능하다. 다만, 이러한 경우에 매주 수업의 일정 시간을 할애하여 학생이 개별 또는 팀별로 프로포절 작성을 실습해 보도록 하고, 교수자는 피드백을 제공해 주는 방식으로 진행할 수도 있다.

프로포절을 완성한다는 것은 지난한 과정일 수 있겠으나 끝자락에는 희열이 기다리고 있는 작업이기도 하다. 사회복지사(social worker)가 사람의 변화, 세상의 변화를 일구어 나가는 데 있어서 프로그램은 매우 중요한 도구가 되기 때문에 사회복지 전공생이 '프로그램 개발과 평가'를 위한 기초 능력을 함양하는 것은 선택이 아니라 필수이다. 아무쪼록 본서가 사회복지 전공생들의 성실한 손과 발을 통해 사회복지가 지향하는 가치를 드높이는 프로그램이 탄생하는 데 일조할 수 있기를 바란다.

끝으로 이 책의 출판을 위해 많은 관심과 지원을 해 주신 도서출판 어가(語歌) 어진용 대표님과 직원 여러분께 진심으로 감사의 말씀을 드린다.

2021년 11월

저자 일동

초판 머리말

사회복지 프로그램 개발과 평가는 사회복지사가 전문가로서 갖추어야 할 기본적인 역량 중 하나이다. 사회복지 현장에서 클라이언트의 삶의 질 향상을 위해 사회복지사가 수행하는 실무 가운데 프로그램 개발과 평가는 가장 빈번하게 수행하는 업무이다. 사회복지사의 일과는 프로그램 진행으로 시작해서 프로그램 종결로 끝난다고 해도 과언이 아니다. 현장에서 사회복지사는 클라이언트의 문제해결이나 욕구충족을 위해 전문적인 지식과 기술을 바탕으로 프로그램을 수행하고 있다. 이렇듯 사회복지 프로그램은 사회복지의 목적을 달성하기 위한 핵심수단이 된다. 따라서 사회복지학 전공자들은 클라이언트에게 도움이 될 수 있는 창의적인 프로그램을 개발하고 평가하는 능력을 갖추도록 노력해야 할 것이다.

이 책은 사회복지 프로그램 개발과 평가를 배우는 학생들이 프로그램을 개발하고 평가하는 것에 대해 통합적으로 학습할 수 있도록 구성하였다. 사회복지 프로그램 개발과 평가와 관련한 이론적인 지식을 비롯하여 지원기관에서 제시하고 있는 프로포절 표준양식을 바탕으로 사례와 구체적인 작성 방법을 제시함으로써 연습해 볼 수 있도록 집필하였다.

이 책은 총 3부 10장으로 구성되어 있다. 1부 '사회복지 프로그램 개발의 이해(1장, 2장, 3장)'는 신원정 교수가, 2부 '사회복지 프로그램 개발의 기획과 설계'에서 '사회문제 분석과 욕구 사정(4장)', '대상자 선정(5장)', '목적 및 목표 설정(6장)'은 김표민 교수가, '프로그램의 세부 계획 수립(7장)', '프로그램 예산 수립(8장)'은 유진희 교수가 담당하였다. 3부 '사회복지 프로그램의 평가(9장, 10장)'는 김선희 교수가 집필을 담당하였다. 끝으로 부록에는 사회복지공동모금회, 삼성복지재단, 아산사회복지재단 프로포절 표준 양식과 기타 참고 자료를 수록하여 학생들의 이해를 돕고자 하였다.

본서는 저자들이 지금까지 '프로그램 개발과 평가' 강의를 해오면서 학생들에게 실제적으로 도움이 될 수 있는 부분을 반영하여 집필된 것이다. 사회복지를 공부하는 학생들이 사회복지 실천에 있어서 클라이언트에게 직접적으로 영향을 주는 프로그램의 특성을 이해할 뿐만 아니라 프로포절을 작성하는 데 있어서 이 책이 조금이나마 도움이 되길 바란다. 이 책이 엮어지는 과정에서 협력하여 주신 도서출판 어가(語歌) 어진용 사장님과 관계자분들께 감사의 마음을 전한다.

2019년 2월

저자 일동

차례 Social Welfare Program Development and Evaluation

PART 01 사회복지 프로그램 개발의 이해

|Chapter 01| 사회복지 프로그램의 개념 13

1. 사회복지 프로그램의 개념 및 책임성 ··· 13
2. 사회복지 프로그램의 기본적 구성 요소 ··· 18
3. 사회복지 프로그램의 유형 ··· 20

|Chapter 02| 사회복지 프로그램 개발의 이론과 모형 25

1. 사회복지 프로그램 개발의 개념 및 성격 ··· 25
2. 사회복지 프로그램 개발의 접근 방법과 의사결정 모형 ··· 26
3. 사회복지 프로그램 개발의 이론적 모형 ··· 29
4. PIE 모형 ··· 33
5. 프로그램 개발 과정 ··· 35

|Chapter 03| 사회복지 프로그램 기획 39

1. 사회복지 프로그램 기획의 개념과 필요성 ··· 39
2. 사회복지 프로그램 기획의 속성 ··· 41
3. 사회복지 프로그램 기획의 유형 ··· 43
4. 사회복지 프로그램 기획의 과정 ··· 46
5. 사회복지 프로그램 기획 시 고려해야 할 사항 ··· 49

PART 02 사회복지 프로그램 개발의 기획과 설계

| Chapter 04 | 사회문제 분석과 욕구 사정 53

1. 사회문제의 개념 ········ 53
2. 사회문제의 특성 ········ 55
3. 사회문제의 유형 ········ 56
4. 사회문제 분석 방법 ········ 58
5. 사회문제 해결을 위한 단계 및 해결을 위한 요소 ········ 62
6. 욕구 사정 ········ 63

| Chapter 05 | 대상자 선정 75

1. 프로그램 참가자 확인 ········ 76
2. 대상자 선정 기준 ········ 78
3. 대상자 선정의 실제 ········ 80

| Chapter 06 | 목적 및 목표 설정 85

1. 프로그램에서 목표 설정이 필요한 이유 ········ 85
2. 프로그램 목적, 목표, 세부 목표 ········ 86

| Chapter 07 | 프로그램의 세부 계획 수립 99

1. 프로그램 내용 구성 ········ 99
2. 프로그램 대안 선택의 기준 ········ 102
3. 프로그램 구성 요소 ········ 106
4. 프로그램 내용의 선정 원칙 ········ 108
5. 프로그램 내용의 조직 원리와 방법 ········ 110
6. 프로그램 활동 내용 작성 ········ 113

|Chapter 08| 프로그램 예산 수립 121

1. 예산의 개념 ············ 122
2. 예산 수립의 특성 ············ 122
3. 예산 수립의 방식 ············ 124
4. 예산 수립의 과정 ············ 129
5. 프로그램 예산 구성의 사례 ············ 131
6. 프로그램 예산 편성의 실제 ············ 133

PART 03 사회복지 프로그램의 평가

|Chapter 09| 프로그램 평가 절차 및 평가 준비(계획) 139

1. 프로그램 평가의 개념 ············ 139
2. 프로그램 평가의 필요성 ············ 140
3. 프로그램 평가 절차 ············ 141
4. 프로그램 평가 준비(계획) ············ 142

|Chapter 10| 프로그램 평가의 실행 157

1. 프로그램 평가의 이해 ············ 157
2. 프로그램 평가의 방법 ············ 165

PART 04 프로포절 작성의 실제

|Chapter 11| 프로포절 작성 183

1. 프로포절 작성 요령 183
2. 프로포절 작성 실습 208

부록 213

• 참고문헌 276
• 찾아보기 281

PART 01

사회복지 프로그램 개발의 이해

Chapter 01. 사회복지 프로그램의 개념

Chapter 02. 사회복지 프로그램 개발의 이론과 모형

Chapter 03. 사회복지 프로그램 기획

Social Welfare Program
Development and Evaluation

Social Welfare Program
Development and Evaluation

CHAPTER

01 사회복지 프로그램의 개념

학습목표

1. 사회복지 프로그램의 개념에 대해 이해한다.
2. 사회복지 프로그램의 책임성에 대해 이해한다.
3. 사회복지 프로그램의 구성 요소에 대해 이해한다.
4. 사회복지 프로그램의 유형에 대해 이해한다.

사회복지 프로그램은 사회복지를 실천하기 위한 프로그램 또는 사회복지기관에서 운영하는 프로그램으로 이해할 수 있다. 본 장에서는 이러한 사회복지 프로그램이 무엇인지에 대한 이해를 돕기 위해 프로그램의 개념과 책임성, 구성 요소, 그리고 프로그램의 유형에 대해 살펴보고자 한다.

1. 사회복지 프로그램의 개념 및 책임성

1) 사회복지 프로그램의 개념

'사회복지'는 궁극적으로 인간의 삶의 긍정적 변화를 추구하는 데 목적이 있으며, '프로그램'이란 '특정한 목표를 달성하기 위한 일련의 활동들의 집합' 또는 '목표를 달성하기 위한 일련의 상호의존적인 활동'을 말한다(York, 1983; 정무성, 2005 재인용). 일반적으로 '프로그램'이란 조직이나 기관을 전제로 하며 그곳에서 추진되는 사업 또는 프로젝트(황성철, 2005)로, 표준국어대사전(국립국어원)에서는 진행 계획이나 순서로 정의하고 있다.

'프로그램'은 '특정 목표를 성취하기 위한 활동들의 집합체'로, 특히 '사회복지 프로그램'은 사람들에게 원조를 제공하는 활동들로 구성된다. 즉, '사회복지 프로그램'은 사회복지실천의 목적이나 목표를 달성하기 위해 설계된 조직적인 활동으로 사회복지기관이나 시설이 프로그램을 통해 사회 구성원들의 사회적 욕구를 충족시키기 위해 서비스를 제공하는 것을 말한다(태화기독교사회복지관, 2003).

따라서 '사회복지 프로그램'이란 사회복지가 추구하는 특정한 목적과 목표를 성취하기 위해 설계된 조직적인 활동으로 사회복지사와 사회복지조직의 사명을 실현하는 수단이자(김상곤 외, 2012), 사회복지의 목적을 달성하기 위한 프로그램으로 정의할 수 있다(이봉주·김기덕, 2014). 다시 말해서, 사회복지 프로그램은 사회복지 조직의 특정한 목적이나 가치를 달성하기 위해, 사회복지조직의 자원과 기술을 활용하여 실천지침을 만들고 이를 단계적으로 실천하는 것이다. 사회복지 프로그램에 대한 여러 학자들의 정의를 살펴보면 다음과 같다(김종명 외, 2011 재인용).

요크(York, 1982)는 "특정 상황에서 목표를 달성하기 위한 일련의 상호 의존적인 활동들"로 규정하고 있으며, 스미스(Smith, 1989)는 "특정 목표를 달성하기 위하여 만들어진 조직적인 활동"이라고 규정하고 있다. 프로그램에 있어서 조직적인 활동이란 임시적인 활동이 아니라 어떤 문제를 해결하기 위하여 설계된 계획된 활동을 의미하는 것이다. 라프와 퍼트너(Rapp & Poertner, 1992)는 "특정한 목표를 달성하기 위한 집합체"로 정의하고 있으며, 로이스 등(Royse et al., 2001)은 "특정한 목표 달성을 위한 조직화된 활동의 체계, 즉 대상, 참여자에게 영향을 주기 위한 개입"이라고 주장하고 있다.

황성철(2005)은 "특정한 목적 달성을 위하여 자원과 기술이 투입되어 일정한 절차에 의해 이루어지는 조직의 계획적인 활동체계"로 정의하고 있다. 정무성과 정진모(2001)는 "일정한 기관에서 목적을 달성하기 위하여 모든 과정을 마칠 때까지 요구되는 내용의 선정과 조직, 활동 목표 체계, 시설, 자원, 지원 체계, 기간 등에 관한 전체적인 계획"으로 정의하며, 사회복지조직에서 사회복지 목적을 달성하기 위한 활동의 집합체라고 규정하였다. 우수명(2018)은 "사회복지 프로그램은 달성해야 할 목적과 목표가 있으며, 이를 위해 동원할 조직체계 및 자원체계를 가지고 있고, 사전에 계획된 활동 단계별로 진행하여 의도한 바를 이루고자 하는 것"으로 정의하고 있다.

따라서 '사회복지 프로그램'은 사회복지의 목적을 달성하기 위한 계획된 활동들로 사회복지 실천의 도구로서 일종의 서비스 실천계획이라 할 수 있다.

2) 사회복지 프로그램의 책임성

책임성이란 사회복지 프로그램 혹은 조직이 주어진 자원을 가지고 어떤 구체적인 목적을 얼마나 효과적이고 효율적으로 달성했는가에 대한 객관적 증명의 요구이다. 사회복지 실천에서의 책임성 추구는 이용자, 그 가족, 국민들에게 신뢰를 가져오게 한다. 사회복지기관들은 조직의 특성상 외부환경의 영향을 받게 되며, 서구 선진 복지국가에서 사회복지 분야의 책임성 위기가 제기된 가장 직접적인 요인은 사회복지 비용의 증가이다. 사회문제를 해결하기 위한 비용의 증가는 시민들의 세금부담으로 이어졌고, 정치인들은 유권자들을 의식하여 사회복지비 삭감을 시도하였으며, 이는 사회복지기관들에게 프로그램의 효과성을 입증하도록 하는 요인으로 작용하였다(정무성, 2005).

사회복지기관에 투입되는 예산은 정부, 국민, 후원자, 이용자, 이용자의 가족으로부터 나온다. 이에 사회복지기관은 재정을 투명하게 사용하고 프로그램에 대한 성과를 높이도록 요구받고 있고 사회복지사는 이러한 요청에 대한 책임성을 갖고 있다(조성우 외, 2018).

우리나라의 경우 사회복지기관의 책임성을 강조하게 된 배경은 다음과 같다(정무성·정진모, 2001).

첫째, 사회복지 공급 주체의 다원화로 기존 사회복지기관(시설)의 비효과적인 행태에 대해 문제를 제기하는 세력이 등장한 것이다. IMF 이후 사회복지계는 제도화된 사회복지기관 밖의 종교기관과 시민단체를 중심으로 한 민간조직들의 사회복지 활동의 참여가 확대되었다. 이는 한국 사회에서 사회복지의 양적 확대를 가져왔지만 한편으로는 제한된 예산과 대상을 놓고 서로 경쟁하는 관계 속에서 기존의 기득권을 확보하고 있는 사회복지기관들의 행태에 대해 문제를 제기하는 사례가 늘어나고 있다.

둘째, 사회복지서비스의 민영화 경향은 민간위탁이 늘어나는 요인이 되었으나 위탁기능을 받는 법인들은 사업 방향의 결정에 있어 지역주민들의 욕구를 반영하거나 참여를 유도하는 노력보다는 정부의 결정에 더 많은 영향을 받는 경향이 있다. 따라서 사업행태가 타율적이고 정부 의존적인 경우가 많고 특히 민간 사회복지시설들의 경우 재정 규모가 영세함에도 불구하고 사업들 간의 중복, 경합 등으로 인하여 인적·물적 자원의 낭비를 초래하는 경우가 많다. 이는 우리나라 민간 사회복지사업에 있어 비체계적이고 저효율적인 행태를 낳은 원인이 되고 있다. 이러한 행정행태는 민간 사회복지기관이 우리 사회의 다양한 복지욕구에 대해 전문적이고 자율적이며 탄력적으로 대응하는 것을 어렵게 만들고 있다.

셋째, 사회복지사업법 개정을 통해 책임성을 입증하도록 제도화함으로써 민간 사회복지기관, 시설들이 최소한 3년에 1회 이상 평가를 받아야 한다. 특히 평가를 통해 가시적이며 측정 가능한 목표를 강조하는 추세를 보이고 있다. 또한 사회복지사들도 전문성에 대한 자긍심이 높아져 전문가적 성취와 자율성 추구, 정책 결정에의 참여 요구가 늘어나고 있다.

이와 같이 사회복지를 둘러싼 외부환경의 변화가 사회복지조직의 책임성 인지에 영향을 미치고 있고, 이러한 책임성에 대한 요구는 사회복지 실천에 대한 반성의 계기가 되었으며 사회복지의 효과성과 효율성을 증대시키는 방법으로 사회복지 프로그램에 대한 중요성이 대두되었다(김상아 외, 2012).

사회복지기관이 프로그램의 정당성을 승인받고자 객관적인 증거와 성과를 통해 노력하는 태도인 책임성을 세분화하여 설명하면 다음과 같다(Grinnell, Gabor, & Unrau, 2010; 조성우 외, 2018 재인용).

① 적용 범위의 책임성(coverage accountability)

프로그램에 참여하는 클라이언트는 서비스 대상으로 규정된 적합한 대상이어야 한다. 예를 들어 빈곤 가정의 가족기능 향상을 위한 캠프에 비(非)빈곤 가정의 참여는 적합하지 않다.

② 문화적 책임성(cultural accountability)

프로그램 담당자의 문화적 역량에 대한 부분이다. 클라이언트의 인종, 사회계층, 종교, 출신 지역, 성적 지향 등의 측면에서 다양성에 대한 부분을 이해하고 사회적 차별로부터 인권을 보호해야 한다.

③ 재정적 책임성(fiscal accountability)

재정은 예산 범위 내에서 적절하게 집행되어야 하며 예산을 편성할 때에도 필요 없는 지출을 하지 않도록 해야 한다. 사업을 수행하기 전에 반드시 예산이 수립되어 있어야 하고, 지출된 세부 내역들은 문서로 기록되어야 하며, 사업 종료 후에는 지출 내역을 정리하여 결산보고를 해야 한다.

④ 법적 책임성(legal accountability)

프로그램의 내용은 법률에 의한 요구를 지켜야 한다. 즉, 건전하고, 안전해야 하며 심신을 해치지 않고, 개인의 비밀보장을 지켜야 한다. 프로그램의 내용을 선정하는데 있어서 폭력적이거나 지나친 경쟁심을 부추기는 경우 법적 책임성에서 자유로울 수 없다. 또한 프로그램 담당 직원은 참여자들에 대한 정보를 외부에 유출해서는 안된다.

⑤ 전문가 책임성(professional accountability)

프로그램을 담당하는 직원은 사회복지사 윤리강령 등과 같은 전문직의 윤리규정과 자격인증에 필요한 규정을 반드시 지켜야 한다.

2. 사회복지 프로그램의 기본적 구성 요소

사회복지 프로그램에 대한 이해를 위해서는 사회복지 프로그램의 구성 요소에 대한 이해가 필요하다. 정무성(2005)은 명확하고 구체적인 서비스 목표, 서비스 기술, 정보관리체계, 인력관리체계, 예산관리체계, 평가체계로 프로그램의 기획적인 측면에서 구성 요소에 대한 접근을 시도하였으며, 황성철(2005)은 사회복지 프로그램의 기본 요소를 목적, 자원과 기술, 계획된 활동으로 제시하고 있다.

1) 목적과 목표

프로그램의 목적은 프로그램 활동이 궁극적으로 추구하고자 하는 가치와 바람직한 미래의 상태를 말한다. 모든 사회복지 프로그램은 목적을 가지고 있고, 목적에 따라 구체적인 목표로 분화되며, 이러한 목표를 달성하기 위한 활동들로 이어진다. 이러한 사회복지 프로그램의 궁극적인 목적은 전문가들의 가치와 바람직한 미래 상태를 의미하는 것으로 두 가지 방향성을 갖는다(황성철, 2005; Kettner, Moroney, & Martin, 1999; Rapp & Poertner, 1992; 김종명 외, 2011 재인용). 첫 번째는 프로그램 목적의 방향성이 상향적으로 기관의 설립이념과 사명 헌장의 달성을 위한 수단이 되는 것이며, 둘째로는 구체적 목표로 세분화되어야 한다는 것이다. 이러한 세분화된 목표는 개별 클라이언트의 변화목표로 세분화되는 과정을 거친다.

2) 자원과 기술

사회복지 프로그램은 수행을 위해 반드시 자원과 연결되어야 하며, 이러한 자원에는 인적 자원과 물적 자원이 존재한다. 인적 자원은 사회복지기관의 관리자, 사회복지사, 전문가, 자원봉사자 등이 해당되며 프로그램의 수행인력으로 볼 수 있다. 물적 자원은 재원으로 프로그램이 진행되기 위해서 반드시 필요하다. 물적 자원인 재정 자원은 일반조세, 목적세, 근로자와 고용주에 대한 세금, 서비스 수혜자에 의한 요금, 제3

자 지불방식과 서비스 구매, 민간재단 등의 자원 등이 해당된다.

사회복지 실천기술은 실천이론과 기법을 포괄하는 개념으로 클라이언트나 변화대상의 삶의 질에 대한 변화를 위한 실천이론, 모델, 방법, 기법 등을 포함하며 이러한 것을 적절히 아우르는 사회복지사의 예술적인 측면을 포함한다.

3) 계획된 활동

사회복지 프로그램은 사회문제를 해결하거나 클라이언트의 욕구를 충족시키기 위해 조직적으로 설계되어 수행되는 것으로 계획된 활동은 크게 세 가지로 나눌 수 있다.

첫째, 서비스 제공 활동이다. 프로그램 활동의 주축을 이루는 각종 상담, 치료, 교육, 재활, 보호, 정보 제공 및 의뢰 등의 서비스가 여기에 해당된다.

둘째, 행정 활동이다. 이는 각종 프로그램 수행과 관련된 서류를 작성하고 기록하거나 프로그램 예산 수립 및 집행, 권한의 위임과 보고, 슈퍼비전과 회의 등 조직 내 프로그램을 효과적으로 진행하기 위한 활동이다.

셋째, 지역사회 활동이다. 이는 프로그램의 목적을 성공적으로 달성하기 위해서 기관 외부에서 또는 지역사회 차원에서 이루어지는 활동이다. 프로그램에 관한 지역사회나 정부기관으로부터의 합법성과 지지 확보, 클라이언트와 후원자의 모집과 홍보, 지역사회 자원 동원, 마케팅 활동, 지역복지 네트워크 구축 활동 등이 있다(황성철, 2005).

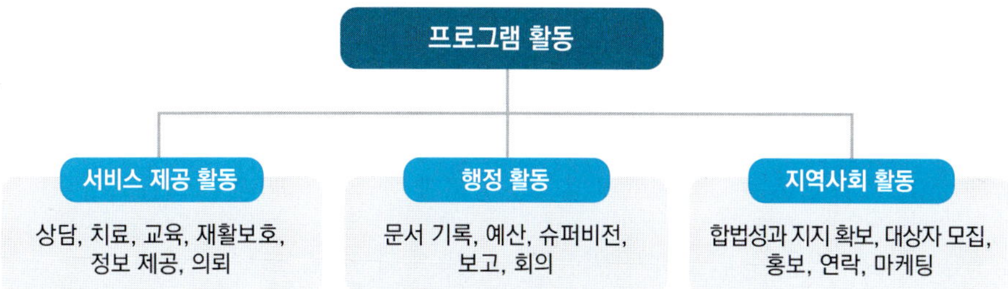

[그림 1-1] 프로그램 활동의 세 가지 요소

출처: 황성철(2005)

3. 사회복지 프로그램의 유형

사회복지 프로그램의 유형은 관점이나 분류 기준에 따라, 또는 학자에 따라 다양한 형태로 구분될 수 있다.

1) 프로그램 성격 및 정책별 유형

사회복지서비스의 성격별로 대상자의 욕구나 문제에 따라 사회복지 프로그램을 분류하면 다음과 같다(Kahn & Kamerman, 1976; 황성철, 2005 재인용).

(1) 사회화와 발달적 욕구충족을 위한 프로그램

개인이 인간으로 성장하고 발전하는 전 생애에 걸쳐 제기되는 욕구의 충족을 목적으로 한다. 아동 양육 및 보육 프로그램, 청소년 성장집단 프로그램, 노인의 사회참여 강화 프로그램, 가족상담 및 캠프 프로그램, 경로당 활성화 프로그램 등이 여기에 해당된다.

(2) 문제를 갖는 개인 또는 가족의 치료, 보호, 지원 서비스 관련 프로그램

문제 중심의 프로그램으로 특히 개인과 가족이 당면한 사회적 관계와 적응상 문제 해결을 목적으로 한다. 입양 및 위탁가정보호 프로그램, 가출 청소년 선도 프로그램, 위기가정 상담 및 집단치료 프로그램, 정신장애인 음악치료 프로그램, 빈곤모자가정 사회재활 프로그램, 보호관찰 청소년 선도 프로그램, 임상적 학교사업 프로그램 등이 여기에 해당된다.

(3) 서비스 접근을 확보하기 위한 안내 및 의뢰 프로그램

홍보, 정보 제공, 의뢰, 연계 서비스를 목적으로 한다. 홍보 및 정보 제공 또는 접근성 향상을 목적으로 시행되는 활동, 클라이언트의 의뢰나 신규 대상자 접수와 관련된 활동, 다른 기관과 연계하여 진행하는 협동 프로그램의 일환으로 전개되는 활동 등이 여기에 해당된다.

2) 표적집단 및 실천대상별 유형

표적집단은 실천이나 프로그램에서 변화의 대상이 되는 체계로 개인, 가족, 집단, 조직, 지역사회 및 전체 사회가 된다. 주로 개인, 가족, 집단을 대상으로 클라이언트와 대면관계를 통해 이루어지는 직접적 서비스 형태로 진행되는 임상적 프로그램에는 상담, 치료, 재활, 정보 제공, 의뢰서비스의 사회복지서비스가 포함된다. 제도적 프로그램은 조직과 지역사회 또는 전체 사회를 대상으로 하는 프로그램으로 사회복지행정과 지역사회조직 등 거시적 실천과 관련된다(황성철, 2005).

3) 구성 체계별 분류

사회복지 현장에서 가장 흔히 사용하는 프로그램 유형은 구성 체계별 프로그램으로 상위 프로그램과 하위 프로그램으로 나눌 수 있다(황성철, 2005). 예를 들어 가족기능 강화 사업이 상위 프로그램이라면 하위 프로그램은 가족상담이나 가족캠프가 될 수 있다.

4) 활동 내용에 따른 유형

활동 내용에 따른 분류가 가장 실질적이고, 현장 중심적인 분류이다. 프로그램을 활동 내용에 따라 정리하면 다음과 같다(우수명, 2004).

(1) 전문 임상 프로그램

개인·가족 대상의 심리적 문제해결 또는 원조를 위한 활동으로 심리정서, 임상치료, 소집단, 재활, 개별보호 등이 여기에 해당된다.

(2) 문화 여가 프로그램

일상생활과 관련된 축제, 행사, 건강, 역사탐구, 캠프, 취미/교양, 사회교육, 교류/친교 등과 같은 삶의 질을 높일 수 있는 프로그램을 말한다.

(3) 사회 연계 프로그램

지역사회 내 다양한 자원을 개발하거나 동원하는 활동으로 지역사회 보호, 자활, 자조모임, 자원봉사자 및 후원자 개발 등이 여기에 해당된다.

(4) 사회운동 프로그램

클라이언트의 권익을 보호하고 역량을 강화하기 위한 다양한 활동 영역으로 자치 조직화, 법률지원, 인권운동, 의식화, 제도개선 등이 여기에 해당된다.

(5) 사회보장 프로그램

공교육, 사회보장, 의료보장, 자활지원사업, 고용보장 등의 프로그램이 여기에 해당된다.

요점 정리

- ✔ 사회복지란 인간의 삶의 긍정적 변화를 추구하는 것이 목적이다.
- ✔ 프로그램이란 특정한 목표를 달성하기 위한 일련의 상호의존적 활동의 집합체이다.
- ✔ 사회복지 프로그램이란 사회복지 실천을 목적으로, 즉 인간의 삶의 긍정적 변화를 추구하기 위해 설계된 조직적인 활동이다.
- ✔ 책임성이란 사회복지 프로그램 혹은 소식이 주어신 자원을 가지고 어떤 구체적 목적을 효율적, 효과적으로 달성했는가에 대한 객관적 증명의 요구이다.
- ✔ 책임성에는 적용 범위의 책임성, 문화적 책임성, 재정적 책임성, 법적 책임성, 전문가 책임성 등이 있다.
- ✔ 사회복지 프로그램의 구성 요소로는 목적과 목표, 자원과 기술, 계획된 활동으로 구성된다.

- ✔ 사회복지 프로그램의 분류는 그 기준에 따라 다양하다.
- ✔ 프로그램의 성격 및 정책별 유형에 따라 사회복지 프로그램을 분류하면 사회화와 발달적 욕구충족을 위한 프로그램, 문제를 갖는 개인 또는 가족의 치료·보호·지원 서비스 관련 프로그램, 서비스 접근을 확보하기 위한 안내 및 의뢰 프로그램이 있다.
- ✔ 활동 내용에 따라 전문 임상 프로그램, 문화 여가 프로그램, 사회 연계 프로그램, 사회운동 프로그램, 사회보장 프로그램 등으로 분류할 수 있다.

연습 문제

1 사회복지 프로그램의 개념에 대해 설명해 보시오.

2 사회복지 프로그램의 책임성에 대해 설명해 보시오.

3 사회복지 프로그램의 구성 요소에 대해 설명해 보시오.

4 사회복지 프로그램의 유형에 대해 분류해 보시오.

Social Welfare Program
Development and Evaluation

CHAPTER

02 사회복지 프로그램 개발의 이론과 모형

학습목표
1. 사회복지 프로그램 개발의 개념 및 성격에 대해 이해한다.
2. 사회복지 프로그램 개발의 다양한 모형에 대해 이해한다.
3. 사회복지 프로그램 개발 과정을 이해한다.

사회복지 프로그램의 개발은 체계적이며 논리적인 과정으로 일반적으로 ① 클라이언트의 문제 또는 욕구의 확인, ② 프로그램 기획 및 설계, ③ 프로그램의 실행, ④ 프로그램의 평가와 같은 단계를 거치게 된다. 이러한 단계들은 유기적으로 연결되어 있다. 이 장에서는 사회복지 프로그램 개발과 관련하여 사회복지 프로그램 개발의 개념 및 성격, 프로그램 개발의 다양한 모형과 프로그램 개발 과정을 알아보고자 한다.

1. 사회복지 프로그램 개발의 개념 및 성격

1) 사회복지 프로그램 개발의 개념

프로그램 개발(program development)은 새로운 프로그램을 만들거나 기존의 프로그램을 수정 또는 보완하여 더욱 효과적인 프로그램으로 개선시키는 노력과 과정이라고 볼 수 있다(황성철, 2005). 프로그램 개발(program development)은 보편주의 원칙에 의거하여 개인, 가족 및 지역사회 내에 존재하는 다양한 문제를 해결하기 위한 노력으로(김종명 외, 2011) 프로그램의 기획(planning), 실행(implementation), 평가(evaluation)

에 관한 활동들의 순서를 규정하는 일련의 과정이다(Long, 1983; 김영숙 외, 2002 재인용).

2) 사회복지 프로그램 개발의 성격

사회복지 프로그램의 개발은 프로그램의 기획, 설계, 평가, 환류과정을 포함하는 매우 복잡한 절차와 방법을 포괄하는 과정이다. 사회복지 프로그램 개발의 성격에 대해 정리하면 다음과 같다(김영숙 외, 2002).

첫째, 프로그램 개발이란 사회복지조직이 지역사회의 욕구나 문제에 적극적으로 대처하기 위한 대응기제로 변화를 창출하기 위한 전략이다.

둘째, 사회복지 분야에서의 프로그램 개발은 개인 참여자의 변화뿐만 아니라 참여자집단의 행동 변화, 지역사회의 발전을 지향한다.

셋째, 프로그램 개발은 계속되는 의사결정 과정이다.

넷째, 프로그램 개발은 참여자들의 욕구를 확인하고 사정하며 분석하기 위해 사회복지조직과 지역사회 및 그 대표자들이 자발적으로 참여하는 협력적 노력이다.

다섯째, 프로그램 개발은 조직 내외의 여러 사람들이 복잡한 절차에 공동으로 참여하는 집단활동으로 하나의 체계(system)로 간주될 수 있다.

2. 사회복지 프로그램 개발의 접근 방법과 의사결정 모형

프로그램 개발 과정의 본질적 특성을 기획과 의사결정 과정으로 보고 프로그램 개발자가 수행하는 활동의 강조점에 따라 합리모형, 점증모형, 혼합모형, 쓰레기통 모형으로 나누어 살펴보면 다음과 같다(황성철, 2005).

1) 합리모형

합리모형은 의사결정을 할 때 고도의 합리성을 강조하는 규범적·이상적 접근 방법이다. 프로그램 개발과 기획 과정은 사회문제나 표적집단의 욕구(need)나 관련된 사실(fact), 이론(theory), 가설(hypothesis) 등의 분석을 기초로 문제의 진단과 행동에 이르는 전 과정이 체계적이고 논리적인 순서에 따라 이루어진다고 가정한다. 프로그램의 개발에서는 기술방법론적인 측면이 강조되고 프로그램 개발자는 전문기술자의 역할 수행이 요구된다.

그러나 인간의 능력으로 완전하고 종합적인 정보 수집과 처리가 사실상 용이하지 않으며, 완전한 대안을 결정하기까지 많은 시간과 비용이 소요된다는 점에서 한계를 갖는다.

2) 점증모형

점증모형에서는 조직의 의사결정은 항상 합리적 방법으로 이루어지는 것이 아니라 현실을 인정하고 약간 향상된 대안을 선택하는 것이 일반적이라고 본다. 프로그램 개발은 체계적인 자료 수집과 분석보다는 기존 프로그램에서 약간 향상되는 차원에서 약간 변형되거나 수정된 형태로 나타나는 것이 대부분이라고 주장한다. 프로그램 개발자는 상호 입장교환, 협상, 당사자 간의 합의 등 사회정치적 과정이 중요시되고, 기존 프로그램의 합법성, 예산, 당사자의 이익을 대변하는 옹호자의 역할을 수행하게 된다.

그러나 현실을 인정하고 혁신을 배제한다는 점에서 보수적이며 의사결정에서 지나치게 현실의 여건과 정치성을 강조하기 때문에 체계성과 과학성이 결여된다는 비판을 받고 있다. 또한 이 모형은 편의성 때문에 프로그램 기획에서는 많이 활용되지만 사회복지 프로그램들에서 요구되는 책무성의 문제로 인하여 한계를 갖는다.

3) 혼합모형

혼합모형은 합리모형과 점증모형을 혼합한 모형이다. 장기적인 프로그램이나 핵심사업의 경우 합리모형에 따라 문제의 원인 분석과 대안 모색이 합리적·과학적으로 이루어질 필요가 있다. 단기적이거나 세부 단위사업, 또는 기존 프로그램의 문제점을 해결하는 방향으로 프로그램을 개발하는 경우 점증모형에 따라 기존의 세력과 당사자 간의 협상과 합의가 이루어질 수 있도록 한다는 것이다. 합리모형의 비현실적인 합리성을 감소시키는 동시에, 점증모형이 가지고 있는 보수성을 극복하여 융통성 있게 적용될 수 있다.

혼합모형은 합리모형이 추구하는 이상적인 합리성을 약간 중화시키는 동시에 점증모형이 갖는 보수성을 극복한다는 점에서 장점을 가지고 있다. 그러나 장·단기사업과 핵심 또는 주요사업에 대한 조직구성원의 동의 또는 합의가 없는 한 이러한 의사결정도 문제가 될 수 있다는 점에서 지적받고 있다. 또한 이 모형은 기존의 모형을 절충한 것에 지나지 않는다는 비판을 받고 있다.

4) 쓰레기통 모형

쓰레기통 모형은 혼란스럽고 복잡한 상황하에서 조직의 의사결정 과정을 비관적으로 설명하고 있다. 각종 쓰레기가 한 통 속에 모아지듯이 네 가지 독립적 투입물인 문제, 해결책, 참가자, 선택기회 등이 하나의 의사결정 과정이라는 통 속에 들어와서 투입물 간의 합리적인 연계 없이 특수한 혼합에 의해 의사결정이 이루어진다. 즉, 의사결정은 결국 네 가지 투입물이 한꺼번에 교차되는 곳에서 이루어진다.

이 모형은 현실적으로 기관의 여건과 복잡하고 다양한 상황을 잘 설명해 주고 있지만 실제로 의사결정의 결과가 바람직스러운 프로그램의 개편보다는 의사결정이 자주 바뀌어 궁극적으로는 함량 미달의 프로그램이 지속되거나 약간의 변형된 형태로 나타난다는 점에서 비판을 받고 있다.

3. 사회복지 프로그램 개발의 이론적 모형

사회복지 프로그램 개발의 이론적 모형은 학자들의 주장에 따라 다양하다. 이를 살펴보면 다음과 같다(황성철, 2005; 김종명 외, 2011 재인용).

1) 카머만(Kamerman)의 모형

카머만(Kamerman)은 사회복지 프로그램 개발에 관해 최초로 체계적인 이론적 모형을 제시하였다. 또한 프로그램의 활동 과정을 기획, 개시, 실행의 3단계로 나누는 프로그램 개발의 개념적 틀을 완성하였다. 최초의 이론 모형과 단계를 제시하였고 실증적 조사와 연구에 기초하고 있지만 단계별 과업이 모호하고 구체적 절차와 방법의 부재로 실용성 차원에서 한계가 있다.

(1) 프로그램 기획 단계

기획 단계에서는 지역사회의 당면 문제나 클라이언트 집단의 욕구 파악이 우선시되어야 하며, 목적 및 목표의 구체화, 개입 방법과 기술의 선택, 프로그램 수행에 적절한 조직 구조의 설계, 행정 및 재정적 자원의 확보와 지원 등의 과업이 수행되어야 한다.

(2) 프로그램 개시 단계

개시 단계는 프로그램이 기획 단계에서 설계된 기획에 따라 프로그램을 구체적으로 실행에 옮기기 위한 전초적인 단계이다. 프로그램 수행에 필요한 재원이 확보되었을 경우, 상부기관이 프로그램을 기획하는 기관에 대해서 프로그램 시행에 관한 인준이 이루어졌을 경우, 사회복지기관과 조직 내 집단이 새로운 프로그램을 수행하기로 결정했을 경우에 프로그램이 시작될 수 있다.

(3) 프로그램 실행 단계

프로그램의 기획에 따라 프로그램을 구체적으로 실행에 옮기는 실제적인 단계이다. 사회복지 프로그램 개발에 관한 경험적 조사연구의 결과를 토대로 프로그램이 구조화되어 지속적으로 서비스가 산출되면, 즉 계획된 서비스가 서비스 이용자집단에 제공되면 종결을 하게 된다.

2) 토마스(Thomas)의 디자인 개발(D & D) 모형

토마스(Thomas)의 디자인 개발 모형(Design & Development model)은 사회복지 프로그램 개발 단계에서 실제 시범적 사용, 프로그램을 테스트하는 작업 등이 요구되는 특성을 갖고 있기 때문에 '디자인 개발(Design & Development)' 모형으로 명명되었다. 과학적 지식에 기반을 둔 체계적 개발 과정을 강조하며 설계와 개발 과정을 포함하여 프로그램의 성과와 확산도 강조한다. 그러나 과학적 절차나 고도의 학문성 강조로 실용성에서는 한계가 있으며 개발 과정에서 정치·사회성이 대체로 무시된다.

① 분석(analysis): 문제 분석과 개발 가능성 탐색, 기존 및 현 상황 검토

② 디자인(design): 목표를 설정하고 목표를 달성하기 위한 요구사항 확인, 설계문제의 확인, 자료 및 정보 원천을 선별, 자료를 수집하고 처리하고, 해결 대안의 개발 및 선정, 현장에 적용 가능한 형태로 구체적인 절차와 활동 방법을 기술

③ 개발(development): 개발계획을 수립하고, 시범적으로 실행해 보는 단계

④ 평가(evaluation): 평가계획을 수립하고 평가 자료를 확보하며 평가활동을 하는 단계

⑤ 확산(diffusion): 미디어를 통한 전파와 확산 준비 및 사용자에 의한 사용 단계

⑥ 채택(adoption): 광범위한 활동

3) 케트너(Kettner), 모로니(Moroney), 마틴(Martin)의 설계관리모형

사회복지기관의 관리자가 프로그램의 효과성을 향상하기 위해서 관리자의 관점에

서 프로그램의 기획과 설계 단계에 중점을 두어 프로그램 개발의 원리와 구체적 지침을 제공한다. 효과성과 책임성의 관점에서 개발의 주요 내용이 상세히 기술되어 있고, 현장의 개발자 입장에서 실용적 방법을 제시하고 있으나 관리적 측면과 기술방법론에 치우친 나머지 정치·사회적 요소가 등한시되었으며, 설계 과정에 중점을 두어 실행과 평가 과정이 간과되었다.

① 문제 분석(problem analysis): 다루어야 할 사회문제를 이해하고 활용하는 방법 제시

② 욕구 사정(need assessment): 욕구이론에 따라 규범적 욕구, 비교적 욕구, 인지적 욕구, 표출된 욕구 등 각종 욕구조사의 방법에 따라 어떻게 추출할 수 있는지를 실례를 통해 제시

③ 전략 선택과 목표 수립(selecting a strategy and establishing objectives): 프로그램 가설을 수립하여 결과를 예측하는 단계로, 프로그램 목표는 기관의 사명 헌장으로부터 논리적으로 유추되어야 하며 목표는 세부 목표로 분화되고 그 기준은 성과와 목표 달성의 여부를 결정하는 측정기준이 됨

④ 프로그램 설계(program design): 개입계획을 수립해 세부 목표 달성을 위한 프로그램 구성 요소를 체계적 관점에서 투입, 전환, 산출, 성과로 나누어 작성하도록 요구

⑤ 정보관리체계(information management system): 투입, 전환, 산출, 성과로 나누어 클라이언트와 프로그램 목표 달성에 관한 유용한 정보를 관리하고 활용

⑥ 예산 수립(budgeting): 프로그램 예산과 항목별 예산을 작성하고 비용과 수입을 추계하고 관리하는 구체적 방법을 제시

⑦ 프로그램 평가(program evaluation): 효율성, 효과성, 과정, 영향 등 각종 프로그램 평가 방법에 따라 과학적이고 체계적인 평가의 방법의 실례를 제시하여 프로그램 수행과 성과측정을 관리

4) 커츠-아쉬만(Kirst-Ashman)과 헐(Hull)의 PREPARE & IMAGINE 모형

커츠-아쉬만과 헐은 거시적 실천에서 계획과정을 PREPARE 모형으로 설명하고, 거시적 실천에서 실행과 평가 과정을 IMAGINE 모형으로 설명한다. 개발 과정 전후의 다양한 요소를 고려하고 단계별 과업과 기술을 명시하였으며 프로그램 개발 과정에서 정치·사회적 요소가 고려되었다. 하지만 규범적 원리 제시의 강조로 경험적 기반이 취약하다는 단점을 가지고 있다.

(1) PREPARE 모형

거시적 실천에서 지역사회나 조직을 변화시키거나 특정한 프로젝트를 수행할 때 전 단계에 고려하거나 준비해야 할 사항에 관한 주요 내용으로 구성된다.

① 문제(Problem) 확인

② 거시적 또는 개인적 현실(Reality) 검토

③ 주요 목적 수립(Establish)

④ 영향력 행사 인사(People) 파악

⑤ 비용과 편익의 잠정적 사정(Assessment)

⑥ 전문적 또는 개인적 위험(Risk) 요인 검토

⑦ 잠정적 성과평가(Evaluation)

(2) IMAGINE 모형

순차적으로 서술되어 있지만 실제로는 순서에 상관없이 복합적이고 동시에 진행될 수 있다.

① 아이디어(Idea) 개발: 새로운 프로그램의 수혜자인 클라이언트 체계와 접촉하고 제안된 프로그램의 전반적인 목적을 구상하며 클라이언트의 미충족 욕구 파악과 자료 수집이 이루어짐

② 지지 규합(Muster): 행동체계로부터 지원을 요청하고 지지자를 과업집단이나 자문위원회에 배치, 프로그램에 대한 지원체계를 확립함

③ 자산(Assets) 확인: 시간, 기술, 직원, 예산의 규모와 정도를 파악하고 기관으로부터 지원과 합법성 확보 및 실행 가능성의 탐색과 재정적 자원 요청
④ 목적 및 목표(Goal) 설정: 목적 및 목표 설정과 관련된 활동을 구체화하며 PERT[1)]차트에 의한 월간활동계획을 수립
⑤ 실행(Implement): 시범적 실행과 문제점을 파악하며 프로그램의 시행과 참여 직원 동기부여와 클라이언트의 계약서 작성 등이 이루어짐
⑥ 저항 중화(Neutralize): 예기치 못한 저항이 발생할 수 있으며 행정적 지원과 지지로 저항을 중화함
⑦ 과정 및 효과 평가(Evaluate): 프로그램 수행과 일상적 활동을 모니터링하며 효과성 평가 및 영향 평가가 이루어짐

4. PIE 모형

사회복지 프로그램 개발의 단계와 과정은 기획(Planning) 및 설계, 실행(Implementation), 평가(Evaluation)의 3단계로 나눌 수 있다. 각 단계별 영어의 머리글자를 결합하여 PIE가 된다.

1) 기획 및 설계 단계

기획과 설계 단계의 시작은 사회문제의 분석과 욕구조사로 시작된다. 그 다음에는 프로그램의 목적과 목표가 설정되고 대상자 선정 및 개입전략이 선택된다. 이러한 과정은 실제로는 동시에 복합적으로 이루어질 수도 있다.

1) PERT는 프로그램 혹은 프로젝트 평가 및 재검토 기술로 프로젝트 관리를 분석하거나 주어진 프로젝트의 완성을 포함한 일을 묘사하는 데 쓰이는 모델이다. PERT는 주어진 프로젝트가 얼마나 완성되었는지 분석하는 방법으로, 특히 각각의 작업에 필요한 시간을 계산함으로써 프로젝트를 끝내는 최소시간이 어느 정도인지 알 수 있다(위키백과).

2) 실행 단계

실행 단계의 주요 과업은 성공적 프로그램의 수행을 위해 인적 자원 또는 물적 자원의 확보와 기록 및 정보관리가 중요하다. 실행 과정에서 예상치 못한 사건의 발생에 적절히 대응하고 효과적인 프로그램을 수행하기 위한 모니터링이 필요하다.

3) 평가 단계

- 평가는 프로그램의 원래 목적과 목표가 어느 정도 달성되었는지를 측정하는 과정
- 이 단계에서 중요한 것은 어떻게 평가할 것인지에 관한 의사결정
- 평가 방법은 크게 효과성 평가와 효율성 평가로 나누어지지만 계량적 자료 수집과 질적인 자료 수집의 방법에 관해서도 결정해야 함
- 실제로 평가가 이루어지면 평가보고서를 작성하는 과업이 프로그램 개발 및 관리자에게 부과되는 주요 과업

PIE 모형은 통합적 모형과 순환적 모형의 성격을 보유하기 때문에 순차적이고 단계적이기보다는 모든 과정과 과업이 복합적으로 전개될 수도 있으며 동시다발적으로 일어날 수도 있다. 또한 각 단계별 요소들은 상호 영향을 주고받을 수 있으며 시작과 끝의 구분도 명확하지 않을 수도 있다. 실제로 우리는 사회복지기관에서 기존 프로그램의 실행 단계에서 과정평가도 진행하고 있으며, 효과성 평가의 결과가 곧바로 새롭거나 혁신적인 프로그램의 기획이 되는 경우를 목격할 수 있다. 따라서 PIE 모형에서 기획 및 설계, 실행, 평가의 각 단계는 개념적 구분에 의한 단계라고 볼 수 있다.

5. 프로그램 개발 과정

1) 일반적 개발 과정

프로그램의 개발은 논리적 과정의 산물이다. 프로그램의 개발은 일반적으로 문제나 욕구의 확인, 프로그램 설계, 프로그램 실행, 프로그램 평가의 네 단계를 거친다. 각각의 단계는 독립적으로 분리되어 있으나 서로 밀접하게 관련되어 있다. 즉, 일방적인 관계가 아니라 상호작용적 관계이다.

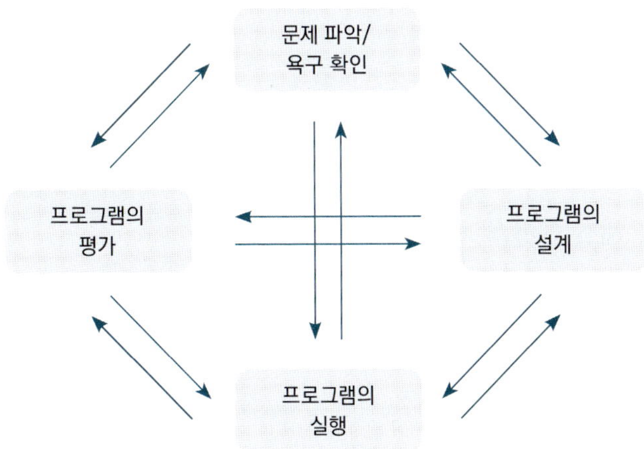

[그림 2-1] **프로그램의 순환 과정**

출처: 성규탁(1998)

프로그램 개발의 의사결정 과정을 단계별로 살펴보면 다음과 같다(정무성·정진모, 2001).

(1) 1단계: 문제의 정의 및 욕구 확인 단계

이용자의 욕구가 불만족에 기인한 것일 때 바람직한 목표와 현재 상태 사이에 나타난 격차가 무엇이며, 어디에서, 언제, 얼마만큼의 격차가 일어났는가를 확인하여야 한다. 목표와 현 상황 사이의 격차에 대한 자료를 확보한 후에 문제의 심각성, 피해계층, 그리고 문제의 원인과 결과 간의 인과관계에 대해 진술해야 한다. 그리고 이러한 문제를 해결하고자 하는 조직과 구성원의 욕구를 확인하는 작업이 이루어져야 한다.

(2) 2단계: 관련 정보를 확보하는 단계

조직 또는 기관 내외의 관련 정보를 획득하기 위하여 조사활동을 하는 단계이다. 이 단계에서는 과거에 이루어졌던 결정에 관한 지식, 현재 상태와 목표에 대한 자료, 유사한 타조직에 관한 정보 및 기록의 활용을 통하여 대안 수립과 평가의 근거가 될 수 있는 관련 정보를 수집하여야 한다. 그리고 대안적 행동방침을 판단할 수 있는 선정 기준을 마련하여야 하며, 그 기준은 조직 또는 특정 사업의 목표에 근거를 두고 수립되어야 한다.

(3) 3단계: 해결 대안의 개발 및 사정 단계

해결 대안의 개발 및 사정(assessment) 단계에서는 목표 및 잠정적, 현실적 제약사항을 고려하여 일련의 대안적 행동방침을 개발하고, 비교 가능한 방식으로 대안을 영역별로 분류해야 하며, 각 대안에 대한 객관적 분석이 이루어져야 한다. 그리고 앞에서 설정한 기준을 활용하여 각 대안의 장·단점을 파악하고, 각 대안의 성공 가능성을 예측하여야 한다.

(4) 4단계: 최선의 대안 선택 단계

최선의 대안을 선택하는 단계에서는 가장 적합한 대안을 선택하기 위해서 대안적 행동방침을 수집하고, 명확한 기준에 따른 대안의 상대석 상·난점을 평가하고, 대안적 행동방침의 성공 가능성에 대한 합리적 예측에 근거를 두어야 한다. 그리고 실용적 측면뿐만 아니라 윤리적 측면까지도 선택 과정에서 고려되어야 한다.

(5) 5단계: 대안의 실행 단계

지금까지 각 단계의 상황을 바탕으로 실행하는 단계이며, 이 단계에서는 이용 가능한 자원의 배분, 자원의 조직화, 성공적 해결에 필요한 활동 등 다양한 요인들이 대안의 실행과 최선의 해결에 영향을 미친다.

(6) 6단계: 환류 단계

환류는 검색 및 평가 단계로 구성된다. 이 단계에서 첫 번째는 자원을 가장 효율적이고 효과적으로 사용하기 위해서 지속적으로 사정(assessment)하는 일이며, 두 번째는 선택된 행동방침이 목적 달성에 어느 정도 적절하였는가를 평가하는 일이다.

요점 정리

- ✔ 사회복지 프로그램의 개발은 프로그램의 기획, 설계, 평가, 환류과정을 포함하는 매우 복잡한 절차와 방법을 포괄하는 과정이다.
- ✔ 합리모형은 의사결정을 할 때 고도의 합리성을 강조하는 규범적·이상적 접근 방법이다.
- ✔ 점증모형은 조직의 의사결정이라는 게 항상 합리적 방법으로 이루어지는 것이 아니라 현실을 인정하고 약간 향상된 대안을 선택하는 것이 일반적이라고 보는데, 이 모형은 프로그램 개발에 있어서 기존 프로그램에서 약간 변형되거나 수정된 형태로 나타난다.
- ✔ 혼합모형은 합리모형과 점증모형을 혼합한 모형이다. 혼합모형은 합리모형의 비현실적인 합리성을 감소시키는 동시에, 점증모형이 가지고 있는 보수성을 극복하여 융통성 있게 적용될 수 있다는 장점이 있다.
- ✔ 쓰레기통 모형은 혼란스럽고 복잡한 상황에서의 조직의 의사결정 과정을 설명한다. 각종 쓰레기가 한 통 속에 모아지듯이 네 가지 독립적 투입물인 문제, 해결책, 참가자, 선택기회 등이 하나의 의사결정 과정이라는 통 속에 들어와서 투입물 간의 합리적인 연계 없이 특수한 혼합에 의해 의사결정이 이루어진다는 것이다.
- ✔ 카머만(Kamerman)은 사회복지 프로그램 개발에 관해 최초로 체계적인 이론적 모형을 제시하였으며, 프로그램의 활동 과정을 기획, 개시, 실행의 3단계로 나누는 프로그램 개발의 개념적 틀을 완성하였다.

- ✔ 토마스(Thomas)의 디자인 개발 모형(Design & Development model)은 사회복지 프로그램 개발 단계에서 실제 시범적 사용, 프로그램을 테스트하는 작업 등이 요구되는 특성을 갖고 있다. D & D 모형은 과학적 지식에 기반을 둔 체계적 개발 과정을 강조하며 설계와 개발 과정을 포함하여 프로그램의 전파와 확산도 강조한다.
- ✔ 케트너(Kettner), 모로니(Moroney), 마틴(Martin)의 설계관리모형은 관리자의 관점에서 프로그램의 기획과 설계 단계에 중점을 두어 프로그램 개발의 원리와 구체적 지침을 제공해 준다.
- ✔ 커츠-아쉬만(Kirst-Ashman)과 헐(Hull)은 거시적 실천에서 계획 과정을 PREPARE 모형으로 설명하고, 거시적 실천에서 실행과 평가 과정을 IMAGINE 모형으로 설명한다.
- ✔ 사회복지 프로그램 개발의 단계와 과정은 기획(Planning) 및 설계, 실행(Implementation), 평가(Evaluation)의 3단계로 나눌 수 있다(PIE 모형).
- ✔ 프로그램의 개발은 일반적으로 문제나 욕구의 확인, 프로그램 설계, 프로그램 실행, 프로그램 평가의 네 단계를 거치는데, 각 단계는 서로 밀접하게 관련되어 있으며 상호작용적 관계에 있다.

연습 문제

1 사회복지 프로그램 개발의 개념에 대해 설명해 보시오.

2 합리모형, 점증모형, 혼합모형, 쓰레기통 모형에 대해 설명해 보시오.

3 사회복지 프로그램 개발에 관한 카머만(Kamerman)의 모형을 설명해 보시오.

4 토마스(Thomas)의 디자인 개발 모형(Design & Development model)을 설명해 보시오.

5 케트너(Kettner), 모로니(Moroney), 마틴(Martin)의 설계관리모형에 관해 설명해 보시오.

6 커츠-아쉬만(Kirst-Ashman)과 헐(Hull)의 PREPARE & IMAGINE 모형에 관해 설명해 보시오.

7 PIE 모형에 관해 설명해 보시오.

8 프로그램 개발 과정을 단계별로 설명해 보시오.

CHAPTER

03 사회복지 프로그램 기획

학습목표

1. 사회복지 프로그램 기획의 개념 및 필요성에 대해 이해한다.
2. 사회복지 프로그램 기획의 속성에 대해 이해한다.
3. 사회복지 프로그램 기획의 유형에 대해 이해한다.
4. 사회복지 프로그램의 기획 과정에 대해 이해한다.
5. 사회복지 프로그램 기획 시 고려해야 할 사항들에 대해 이해한다.

일반적으로 기획이란 문제를 해결하고 미래에 예상되는 사건들에 대한 경로를 통제하는 의도적인 시도이며, 그 핵심적인 활동은 예견, 체계적 사고, 조사, 가치 선호 등을 통해 대안을 선택하여 나가는 것이다(김영종, 2013). 따라서 본 장에서는 프로그램 기획의 전체 과정에 대한 이해를 높이기 위해 프로그램 기획의 개념과 필요성, 기획의 속성과 유형, 기획 과정, 프로그램 기획 시 고려해야 할 사항들에 대해 살펴봄으로써 사회복지 프로그램 기획에 대한 이해를 돕고자 한다.

1. 사회복지 프로그램 기획의 개념과 필요성

1) 사회복지 프로그램 기획의 개념

기획은 미래에 대한 예측을 포함한 조직화된 노력으로 노력 속에서 대안을 선택하기 위해서 복합적인 의사결정 과정을 포함하여 전문적인 지식과 기능을 필요로 한다(정무성, 2005). 기획은 계획을 세워 가는 활동과 과정을 말하며 초점을 두는 계속적인 행동으로서의 의미가 강하다. 미래 지향적이며 계속적인 과정으로 의사결정과 연결되어 있다. 또한 목표 지향적이며 목표를 위한 수단이다. 기획은 주어진 문제를 해결하는 데 가장 적절한 활동 내용을 개발하고 개발된 활동이 과연 목표를 달성할 수 있는 적절한 대안인지를 지속적으로 평가하는 과정이다(이봉주·김기덕, 2014). 따라서 사회복지 프로그램의 기획은 사회복지의 가치와 인권을 보호하는 차원에서 개인이나 지역사회 내에 존재하는 문제를 해결하기 위한 프로그램을 설계하기 위한 기초적인 과정이다.

2) 사회복지 프로그램 기획의 필요성

사회복지 프로그램은 대부분 외부의 자원제공자(정부, 후원자 등)들과 이용자에게 프로그램의 운영에 필요한 비용을 의존하고 있다. 따라서 사회복지 전문직은 이러한 외부 자원에 대한 프로그램의 효과성과 효율성을 가시화해야 할 책임을 이행하는 것에 도전을 받고 있다(정무성, 2005).

스키드모어(Skidmore, 1995)는 사회복지조직체에서 프로그램 기획의 필요성을 바탕으로 프로그램의 과학적 설계의 중요성을 다음과 같이 제시하고 있다(정무성, 2005 재인용).

(1) 불확실성 감소

빠른 환경의 변화와 미래의 불확실한 상황에서 사회복지 조직의 목표가 혼돈되거나 조직성원과 클라이언트가 무능력하거나 권력 지향적인 행정책임자에 의해 희생당할 가능성이 있는데 잘 기획된 프로그램은 이러한 부분을 통제할 수 있다.

(2) 합리성 증진

기획은 문제해결과 의사결정을 위해 경험적 증명을 통해 타당하게 적용될 수 있는 수단을 제공하기 때문에 합리성을 높일 수 있다.

(3) 효율성 및 효과성 증진

사전의 치밀한 기획은 최소의 비용과 노력으로 서비스 목표를 달성할 수 있으므로 효율성을 증진시킬 수 있으며, 클라이언트의 문제나 욕구를 해결하는 데 효과적이다.

(4) 책임성 증진

사회복지 조직은 사회의 인가를 받아 개인의 기부금이나 국가의 지원을 통해 이루어지는 사업으로 서비스를 효과적이고 효율적으로 제공할 책임을 갖고 있다. 따라서 기획을 통해 그 책임성을 객관적으로 증명할 수 있다.

(5) 프로그램 관련자들의 이해와 욕구 충족

프로그램 기획에는 그 프로그램에 관련된 전문가, 이용자, 지역사회 관계 인사들이 참여하게 되므로 이들이 프로그램에 적극적인 관심을 가지게 되고 프로그램 자체가 이용자의 요구에 맞게 개발·적용될 수 있다.

(6) 사기 진작

목표의 달성은 기획에 참여한 이들에게 성취감과 동시에 타인으로부터의 인정을 얻게 한다.

2. 사회복지 프로그램 기획의 속성

사회복지 프로그램 기획의 속성은 학자에 따라 중요한 요소에 차이가 있다. 이를 정리하면 다음과 같다(김영숙 외 2003; 우수명, 2004; 정무성, 2005; 최일섭·이창호, 1993).

① 기획은 지속적인 과정이다.

기획은 짧은 시간에 프로그램 기획자의 순간적 결정에 의해 이루어지는 것이 아니라 체계적으로 연속적인 작업을 통해 계획적으로 진행되는 과정의 결과물이다.

② 기획은 지향점을 가져야 한다.

전문성을 가지고 해결해야 할 과제나 문제를 규정하고, 이를 해결 또는 개선할 수 있는 목표가 명확하게 제시되었다면 기획은 인증받을 가능성이 높아짐은 물론, 실질적인 프로그램의 방향을 잃지 않고 일관되게 수행할 수 있도록 나침반 역할을 하게 된다.

③ 기획은 목표 지향적이다.

기획은 목표를 달성하기 위한 적절한 수단을 선택하는 과정으로 목표와 수단을 연결하는 작업이다.

④ 기획은 미래 지향적이다.

프로그램을 기획한다는 것은 현재 주어진 상황에 대한 과학적 평가에 근거하여 해결하여야 할 문제를 파악하고 앞으로 수행하여야 할 과업과 그 과업의 결과 그리고 결과가 달성할 것으로 예상되는 문제해결에 대한 추정과 전망을 현재의 시점에서 수행하는 작업이다.

⑤ 기획은 현장을 중심으로 이루어진다.

현장 중심성이라는 것은 클라이언트와 사회복지사와의 관계가 우선적으로 중요하며, 사회복지 실천과정에서 클라이언트의 욕구에 대해 늘 관심을 갖고 무엇이 문제이며 과제인가를 늘 고민해야 한다.

⑥ 기획은 개방성을 가져야 한다.

잘 준비되어 기획된 프로그램도 수행하는 과정에서 많은 어려움이 발생할 수 있고, 이러한 과정에 대처하기 위해 개방성을 가져야 한다. 기존의 프로그램에 비해서 더욱 효과적으로 보완할 수 있어야 하며 시대적 변화에 대응할 수 있어야 한다.

⑦ 기획은 다양한 대안들을 탐색하는 과정이다.

기획에서는 목적과 목표를 선택하고 그것을 달성하기 위해 다양한 방법들이 고려되어야 한다.

⑧ 기획은 의사결정 과정이다.

기획은 여러 가지 의사결정 과정이 연속적으로 이루어진다. 하나의 프로그램이 완성되기까지는 많은 과정과 절차가 필요하고 각 단계마다 적절한 의사결정이 이루어져야 한다.

⑨ 기획은 인증 가능성을 가져야 한다.

기획은 인증을 받아야 실행될 수 있는데 인증의 조건은 타당성, 예산과 자원, 재원을 지원하는 기관(정부, 재단, 공동모금회 등)의 특성과 가치에 따라서 달라질 수 있으나, 실현 가능성이 중요한 요소이다.

⑩ 기획은 학습과 성장을 지향해야 한다.

기획은 지역사회와 클라이언트의 문제를 검토하고, 새로운 사업이나 기존 사업의 개선을 검토하는 활동 자체가 중요한 학습의 과정이다.

3. 사회복지 프로그램 기획의 유형

기획은 특정한 목적을 달성하기 위해 고안된 조직적인 활동으로 크게 사용처별, 개발동기별, 의사소통별, 사업 목적별 유형으로 구분할 수 있다(우수명, 2004; 이봉주·김기덕, 2014).

1) 사용처별 유형

① 내부용 기획

기획안 혹은 사업계획서를 사회복지기관 내부에서 수립하고, 기관장의 결재를 받은 후, 기관 사업으로 수행되기 위해 만든 기획안을 말한다. 내부용 기획안의 경우, 기관의 내부규정만 따른다면 형식이나 내용이 자유롭고 별도의 규제가 없다.

② 외부용 기획

사회복지기관 외부에서 마케팅 혹은 기금 마련을 위한 목적으로 기획안을 수립하는 경우를 의미한다. 기금을 관장하는 기관에서 요구하는 별도의 양식에 따라야 하며, 그 내용이 보다 체계적이고 복잡하다.

2) 개발동기별 유형

① 개선형 기획

기존의 프로그램이 가지고 있는 문제점을 개선하고 보다 효과적이고 효율적인 전달체계를 구축하기 위한 목적으로 실시하는 기획이다.

② 개발형 기획

기존에는 존재하지 않았거나 수행되지 않았던 새로운 프로그램을 마련하기 위해 실시하는 기획이다.

③ 홍보 마케팅 기획

홍보 혹은 외부자원의 개발이나 기금 마련을 위한 특수한 목적으로 개발된 기획이다.

④ 학습형 기획

기관의 사회복지사들이나 학생들을 대상으로 하여 기획서를 작성하는 훈련이나 과제 또는 연습을 위해 수행하는 기획이다.

3) 의사소통별 유형

① 상의하달식 기획

조직의 기관장으로부터 실무자에게 문제나 과제가 제시되어 요구되는 기획이다. 기관장의 지시나 명령으로 시행되기 때문에 일선 실무자의 문제의식이나 자발성이 떨어져 수동적인 기획안이 될 가능성이 있다.

② 하의상달식 기획

사회복지기관의 실무자의 문제의식이나 전문성으로부터 기획이 도출되어 수립된 후, 추후 기관장으로부터 인증 과정을 얻어 시행되는 기획을 말한다. 기관장으로부터 충분히 인증을 받지 못해 기획이 실제로 수립되지 못하거나 수립되더라도 시행되지 못할 가능성이 있다.

4) 사업 목적별 유형

① 문제해결형 기획

클라이언트가 당면한 욕구나 문제를 해결하기 위한 목적으로 기획되는 유형이다.

② 역량강화형 기획

클라이언트가 직면하고 있는 욕구나 문제를 직접적으로 해결하기보다는 클라이언트의 사회적 권익이나 자조능력의 향상을 지향하는 프로그램 기획을 말한다.

③ 삶의 질 개선형 기획

클라이언트의 특수한 문제나 욕구를 전문적으로 해결하기보다는 클라이언트가 더 나은 삶을 행복하게 누리도록 도움을 제공하는 기획을 말한다.

④ 보호원조형 기획

클라이언트 가운데 스스로 자립할 수 없거나 사회적 차원에서 물질적·정신적 도움이 필요한 대상을 목표로 하는 기획을 말한다.

프로그램의 특성에 따라 다양한 유형으로 나눌 수 있지만 실제 프로그램을 기획하는 과정에서는 이러한 유형의 구분이 배타적이기보다는 상호 결합되어 조직화되는 것이 일반적이다.

4. 사회복지 프로그램 기획의 과정

프로그램의 기획 과정은 목적을 달성하기 위한 자원을 가장 적절하게 배치하는 것으로 그 과정을 살펴보면 다음과 같다(이봉주·김기덕, 2014; 정무성·정진모, 2001).

1) 1단계: 준비 단계

(1) 예비조사 단계

사회복지 프로그램을 구체적으로 계획하기 이전에 지역사회 또는 이용자의 상황과 조건들을 확인하고, 프로그램 개발의 정당성과 필요성을 확보하기 위한 기초 자료를 수집하는 단계이다.

① 요원 확보, 조직관리에 관한 결정

② 공적, 사적 사업 및 기획기관과의 협동, 참여

③ 사업정보 수집 및 분석 방법 개발

(2) 문제 확인 단계

프로그램 개발의 필요성과 타당성이 누구에게나 객관적으로 이해될 수 있게 문제 및 욕구의 확인, 규모, 심각성, 경향 등을 제기한다. 즉, 대안의 선택과 실행계획을 위한 기초작업을 한다. 이 단계는 정책개발과 사업계획을 위한 기초작업을 하는 단계로, 현존 자원과 사업으로 충족하지 못하는 욕구를 파악하는 과정이다.

① 문제 및 욕구 파악

② 이용 가능한 프로그램 또는 서비스와 자료의 목록 작성

③ 현존 서비스들의 부족, 중복 또는 결함 상태 파악

④ 서비스 활동의 필요성 및 욕구 측정 등

2) 2단계: 계획수립 단계(기획안 완성 단계)

(1) 목적·목표 설정

이전 준비 단계에서 파악된 문제를 해결하기 위해 실현 가능한 목표를 설정한다. 목표는 문제가 있는 현 상태에 비하여 무엇인가 바람직한 상태, 혹은 바람직한 상태로의 변화 내용을 확정하는 것이다.

(2) 개입전략(대안의 선택, 프로그램 설계)

구체적 목표들을 단계별로 달성하기 위해 적절한 해결방안 및 대안을 선정한다. 즉, 실천활동 계획표를 만들어 누가 책임을 지고 해당하는 일을 누가 추진할 것인지를 결정해야 한다.

① 정책 개발

욕구 측정에서 파악된 문제와 욕구를 해결 및 충족하기 위한 정책을 개발한다. 사회적, 경제적, 환경적, 물리적 요인들의 상호관계를 분석하며 목표, 정책 및 작업 목표를 설정한다.

② 필요한 활동의 제시

프로그램을 전개하는 과정에서 꼭 필요하다고 생각되는 활동들은 이용자들의 의견을 수렴하여 제시되어야 한다.

③ 활동상의 문제점 나열

제시된 활동을 전개할 때에 당면하게 될 문제를 나열하는 것으로서 여러 사람들의 공통적 문제들을 우선순위별로 나열한다.

④ 문제의 원인을 해결하기 위한 해결책들의 제시

이 단계에서는 나열된 문제들이 생성된 이유와 원인을 생각하고 그 원인을 제거할 수 있는 문제의 해결책들을 제시하여야 한다.

⑤ 활동 및 해결책의 우선순위 결정

활동 및 해결책들을 한꺼번에 해결할 수 없기 때문에 우선순위를 결정하여 추진해야 한다.

(3) 자원 동원 단계

프로그램 수행에 필요한 예산, 인적 및 물적 자원을 결정하고, 수급계획을 세운다. 프로그램 기획가는 주어진 목표를 달성하기 위해 설정된 구체적인 프로그램들을 수행하기 위해 예산, 인적·물적 자원의 규모를 정확히 파악하고 이러한 자원을 어떻게 수급할 것인지에 대해 계획을 수립해야 한다.

① 인적 자원: 전문가, 슈퍼바이저, 사회복지사, 자원봉사자 등

② 물적 자원: 현금 및 현물 자원 등

(4) 평가계획 수립 단계

프로그램의 기획 목적은 설정된 목표를 달성하기 위한 것으로 목표의 달성 여부를 평가하기 위해 언제, 누가, 무엇을, 왜, 어떤 도구와 방법으로 평가할 것인가를 계획한다.

3) 3단계: 프로그램 실행 단계

프로그램 실행 단계는 수립된 계획을 가지고 실제로 수행하는 단계이다. 행동이 취해지는 때이며, 서비스의 전달뿐만 아니라 행정구역의 현존 법규를 개정하고, 공적·사적 기관과 함께 문제해결을 하며, 행정적 영향력을 행사하게 된다.

① 서비스의 직접적 제공

② 계약기관을 통한 서비스 제공

③ 예산 할당

④ 규제권의 발동

4) 4단계: 평가 단계

'설정한 목표가 얼마나 달성되었는가?', '해결하려고 하는 문제가 얼마나 해결되었는가?'를 평가계획에 의거하여 평가한다.

① 수적으로 평가할 수 있는 목표의 식별

② 월별, 연도별 업무수행 상황 점검

③ 부족, 결함 상황 분석

④ 평가 결과를 지속적으로 산출하여 그 정보를 평가

5. 사회복지 프로그램 기획 시 고려해야 할 사항

사회복지 프로그램 기획은 단순한 일회성의 작업이 아니라 끊임없는 재검토가 이루어지는 반복되는 과정이다. 프로그램 기획 과정에서 고려되어야 할 몇 가지 기준을 정리하면 다음과 같다(정무성, 2005).

첫째, '가치'이다. 프로그램 참여자들이 받아들일 수 있는 가치가 반영되어 있는가에 관련된 부분이다.

둘째, '실현 가능성'이다. 프로그램을 실행할 만한 정치적 승인과 경제적 자원을 동원할 수 있는지에 관련된 부분이다.

셋째, '준비성'이다. 프로그램의 주관 기관 또는 조직이 제안받은 프로그램을 진행할 만한 준비가 되어 있는가에 대한 부분이다.

넷째, '합리성'이다. 프로그램이 객관적 사실에 근거하여 준비되고 있는지에 관련된 부분이다.

요점 정리

- ✔ 사회복지 프로그램의 기획은 사회복지의 가치와 인권을 보호하기 위해 지역사회 내에 존재하는 문제를 해결하기 위해 프로그램을 설계하기 위한 기초적인 과정이다.
- ✔ 사회복지 프로그램의 기획을 통해 합리성을 증진하며, 효율성과 효과성을 증진하고, 책임성을 증진하며, 프로그램 관련자들의 이해와 욕구를 충족할 수 있게 된다.
- ✔ 사회복지 프로그램 기획은 지속적인 과정이며, 지향점을 가져야 하고, 목표 지향적이며, 미래 지향적인 속성을 갖는다. 또한 현장 중심으로 이루어지며, 개방성을 가져야 하고, 다양한 대안들을 탐색하는 과정이며, 지속적인 의사결정 과정이다. 그리고 기획은 인증을 받아야 실행이 가능하며 학습과 성장을 지향하는 속성이 있다.
- ✔ 사회복지 프로그램 기획의 유형으로는 크게 사용처별, 개발동기별, 의사소통별, 사업 목적별로 나뉜다. 사용처별로는 내부용 기획과 외부용 기획이 있으며, 개발동기별로는 개선형과 개발형, 홍보마케팅 기획형, 학습형 기획 등이 있다. 의사소통별 유형으로는 상의하달식 기획과 하의상달식 기획이 있으며, 사업 목적별로는 문제해결형, 역량강화형, 삶의 질 개선형, 보호원조형으로 나뉜다.
- ✔ 사회복지 프로그램 기획의 과정은 준비 단계, 계획수립 단계, 프로그램 실행 단계, 평가 단계로 나뉜다.
- ✔ 사회복지 프로그램 기획 과정에서 가치, 실현 가능성, 준비성, 합리성 등이 반드시 고려되어야 한다.

연습 문제

1 사회복지 프로그램 기획의 개념 및 필요성에 대해 설명해 보시오.

2 사회복지 프로그램 기획의 속성에 대해 설명해 보시오.

3 사회복지 프로그램 기획의 유형에 대해 설명해 보시오.

4 사회복지 프로그램의 기획 과정에 대해 설명해 보시오.

5 사회복지 프로그램 기획 시 고려해야 할 사항들에 대해 설명해 보시오.

PART 02

사회복지 프로그램 개발의 기획과 설계

Chapter 04. 사회문제 분석과 욕구 사정
Chapter 05. 대상자 선정
Chapter 06. 목적 및 목표 설정
Chapter 07. 프로그램의 세부 계획 수립
Chapter 08. 프로그램 예산 수립

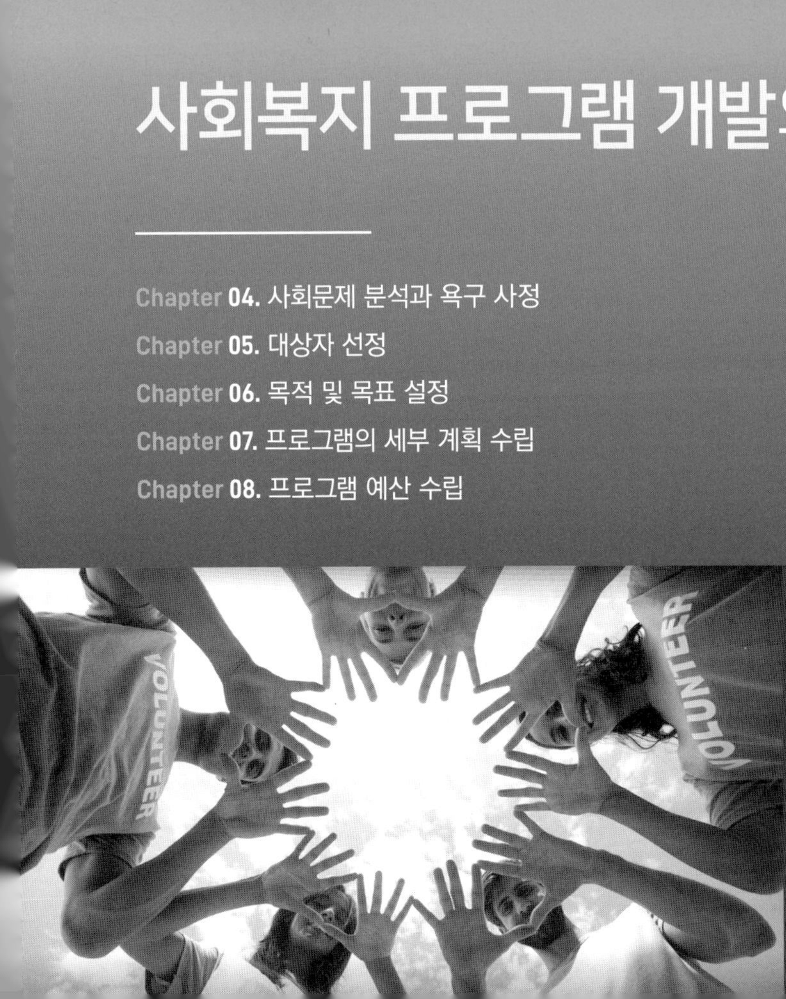

Social Welfare Program
Development and Evaluation

Social Welfare Program
Development and Evaluation

CHAPTER

04 사회문제 분석과 욕구 사정

학습목표

1. 사회문제의 개념을 설명할 수 있다.
2. 사회문제의 특성과 유형을 설명할 수 있다.
3. 사회문제 분석 방법을 설명할 수 있다.
4. 사회문제 해결을 위한 단계를 설명할 수 있다.
5. 요구와 욕구의 차이, 욕구의 유형, 욕구조사 방법을 이해한다.

프로그램을 개발하는 과정에서 무엇을 문제로 볼 것인가에 관한 문제는 중요한 이슈이다. 문제를 분석하는 것에서 프로그램 개발이 시작되기 때문이다. 사회복지 프로그램은 개인적으로 원하는 바를 위해 개발하지 않는다. 사회복지 프로그램에 적합한 내용은 사회에서 많은 이들이 필요로 한다고 인정되는 부분과 관련되어 있다. 이 장에서는 사회문제의 분석과 욕구 사정과 관련된 내용을 학습하고자 하는데, 사회문제의 개념, 사회문제의 특성, 사회문제의 유형, 사회문제 분석 방법, 사회문제 해결을 위한 단계 및 해결을 위한 요소, 욕구 사정을 중심으로 파악하도록 한다.

1. 사회문제의 개념

우리는 많은 사람들이 필요하다고 인식하는 문제들을 해결하기 위하여 사회복지 프로그램을 개발하고 실천해야 한다. 그렇다면 많은 사람들이 필요하다고 인식하는 사회문제라는 것을 어떻게 정의내릴 수 있을까? 사회문제는 말 그대로 '우리 사회에서 나타나고 있는 해결해야 할 문제'로 이야기할 수 있다. 사회문제를 조금 더 자세하게 언급한 다양한 학자들의 정의를 살펴봄으로써 프로그램을 위한 사회문제를 분석하는 데 도움이 되고자 한다.

정무성(2014)은 '사회문제란 많은 사회 구성원에게 영향을 미치는 바람직하지 않은 조건'이라고 하였고, 고성호 등(2008)은 '상당히 많은 사람으로부터 가치관에 어긋나고, 자신들의 삶과 사회에 위협이 된다고 믿어 개선할 필요가 있다고 동의하는 어떤 사회적 조건'으로 정의하였다.

반면 사회문제는 시대의 상황과 문화 등의 요인으로 인하여 어떤 시대에는 사회문제로 언급되던 것이 현재에 들어서는 사회문제로 인정되지 않는 경우도 있고, 그 반대로 과거에 사회문제로 받아들여지지 않은 것이 현재에는 사회문제로 인식되는 경우도 있다. 사회문제를 정의하는 것이 이러한 이유로 쉬운 것이 아니라고 한다면, 사회문제라고 정의할 수 있는 조건을 알고, 이 조건에 입각하여 사회문제 여부를 판단하는 것이 더 쉬울 수 있다. 첫째, 사회문제는 많은 사람들에게 바람직하지 않은 것으로 인식되어야 한다. 둘째, 바람직한 해결방안을 가지고 있는 것으로 인식되어야 한다. 셋째, 사람들로 하여금 현재 보이고 있는 상황을 변화시키고자 하는 욕구를 유발시킬 만큼 중요해야 한다(신원식·김민주, 2009). 사회문제를 분석하는 것이 중요한 이유는 프로그램을 개발하는 첫 단계이기 때문이다. 사회문제를 어떻게 바라보고 설정하였는가는 프로그램 개발에 중대한 영향을 미친다. 사회문제 분석이 제대로 되지 않을 경우, 프로그램 목적과 목표 설정이 명확하게 작성되기 어려워지고, 그 결과 프로그램 내용 자체도 일관성 없는 프로그램이 탄생하기 쉽다. 또한 프로그램 개발 기간 동안 지속적으로 어떠한 목적을 가진 프로그램인지 혼란스럽게 된다. 따라서 사회복지 프로그램을 개발하기 전에 사회문제에 대한 명확한 분석이 필요하다.

2. 사회문제의 특성

사회문제는 위와 같은 개념과 조건을 갖는데, 그 이외에 사회문제가 갖는 여러 가지 특성이 있다. 사회문제의 특성은 많은 학자들에 의하여 언급되었는데 여기에서는 최선화 등(2008)이 최일섭과 최성재(1995)의 사회문제에 대한 견해를 정리한 내용으로 살펴보기로 한다.

첫째, 사회문제는 그 원인이 사회에 있다. 자연재해(홍수, 가뭄, 지진 등) 그 자체는 사회문제가 될 수 없다. 원인이 자연적인 것이기 때문이다. 그런데 만일 한 지역에서 지진으로 많은 사람들이 사망하거나 삶의 터전을 잃었는데 복구가 이루어지지 않아 전염병이 창궐하고 오랜 기간 거리에서 생활하고 있다면 이것은 사회문제이다. 그 사회의 부족한 자원 등이 원인이 되기 때문이다. 또한 만일 청소년 개인이 게임 의존 상태에 놓여 있다고 했을 때 그것은 개인 차원의 문제일 수 있지만 성적 위주의 학교 분위기와 청소년의 적절한 여가 활동 부재가 그 원인이라면 이 또한 사회문제일 수 있다는 것이다. 개인적이거나 비개인적인 문제에 대한 경계선이 모호할 수 있으므로, 그 문제의 원인이 어디에서 기인하는지 살펴보아야 한다(박정자 외, 2013).

둘째, 사회문제는 사회 구성원이 지배적 사회가치나 규범에서 벗어난 것이라고 판단하는 현상이어야 한다. 이는 도덕적 평가 요소와 관련된다. 즉, 사회문제 규정은 도덕적 잣대가 판단의 기준이 됨을 의미한다. 사회문제는 사회적 규범이나 가치에 의해 규정된다. 한 사회의 규범이 잘 정립되어 있고 그것이 사회 안에 적절하게 녹아 있다면 규범에서 벗어난 사회문제를 비교적 잘 찾아낼 수 있다. 만일 사회의 구성원들이 함께 거주하는 지역사회를 아끼고 깨끗하게 가꾸어야 한다는 가치와 규범을 가지고 있다면 지역사회 내에 무단으로 쓰레기를 투기하는 경우가 적을 것이다. 그러나 지역사회는 나의 집이 위치하는 곳일 뿐 나의 집만 깨끗하면 그 이외 문제는 신경 쓰지 않아도 된다는 생각을 한다면 그 지역사회에서 쓰레기 무단 투기가 사회문제인지 규정하는 것조차도 어렵게 될 것이다.

셋째, 다수 또는 사회적으로 영향력이 있는 사람들이 사회문제로 규정한 문제이다. 즉, 많은 사람들에게 사회적 관심을 유발하는 데 성공한 문제이다. 문제 자체로 보았을 때 객관적으로 사회문제의 조건이 갖추어졌다고 하더라도 많은 사람들이 그 문제에 관심을 갖지 않는다면 사회문제가 되지 않는다. 다수의 사람들이 그 문제를 인식하고 개선하기 위한 관심을 가질 때 그 문제는 사회문제가 된다.

넷째, 사회문제는 국가적 개입 또는 사회운동을 불러일으킨다. 사회문제는 '사회'라는 언어에서 주는 거시적 차원의 어감에 걸맞게 많은 자원을 필요로 한다. 자원은 대부분 국민의 세금으로 충당되므로 문제를 인식하는 일정한 국민들 이외에 대다수 사회 구성원들에게 영향을 미친다. 국가는 많은 자원을 집행하는 과정에서 정책과 자원 투입이 계속 연기되거나 투입하지 않을 수 있다. 또는 충분히 사회문제의 조건에 부합하나 그 문제를 해결할 사람들의 참여가 저조하거나 이뤄지지 않을 때 시민단체나 종교단체 등의 옹호활동과 연대가 일어나기도 한다.

3. 사회문제의 유형

사회문제는 문제의 원인이나 성격에 따라 학자마다 다양하게 분류하고 있다. 최근 다양하고 새로운 유형의 사회문제가 등장함에 따라 유형화 자체가 어려워지고 있다. 사회가 복잡하고 다양한 요소들이 섞여 사회문제를 분류하는 기준조차 설정하기 어려운 실정이다. 그럼에도 여러 학자들이 이미 분류해 놓은 사회문제의 유형을 살펴봄으로써 사회문제에 대한 인식을 구조화할 수 있도록 한다(박정자 외, 2013; 양정하 외, 2011; 최선화 외, 2008; 최일섭·최성재, 1995; 황성철, 2011).

1) 머튼과 니스벳(Merton & Nisbet, 1971)의 분류

① 사회해체문제: 인구문제, 인종문제, 가족해체, 노동과 자동화 문제 빈곤문제, 지

역사회 해체 및 갈등, 폭력 등

② 일탈행위문제: 정신장애, 범죄 및 청소년 비행, 약물 중독, 알코올 중독, 자살, 성문제 등

2) 헨슬린(Henslin, 1990)의 분류

① 사회적 상황에서의 일탈 행동: 성적 일탈 행위, 알코올 및 약물 중독, 강간, 살인, 범죄 등

② 사회적 불평등: 부와 빈곤, 인종차별, 성차별, 신체 및 정신건강 등

③ 사회변화와 거대문제: 가족 변화, 도시문제, 인구 및 식량문제, 환경문제, 전쟁, 테러리즘 등

3) 아이쩬과 진(Eitzen & Zinn, 1992)의 분류

① 사회의 규범과 가치를 위반하는 행동과 조건: 범죄, 정신질병, 약물중독 등

② 정신적 및 물질적 고통을 야기하는 사회적으로 형성된 조건: 빈곤, 인종차별, 성차별, 노인문제, 가족문제, 건강보호문제 등

4) 최일섭과 최성재(1995)의 분류

① 사회변동 또는 사회해체 문제: 가족문제, 환경문제, 노인문제

② 사회적 불평등 문제: 빈곤문제, 성차별문제, 노사문제

③ 사회적 일탈 문제: 청소년 비행 문제, 범죄문제, 성폭력문제, 약물중독 문제, 정신건강 문제

5) 최선화 등(2008)의 분류

① 사회구조적 문제: 빈곤문제, 노동문제, 주택문제, 범죄문제

② 취약계층의 문제: 가족문제, 아동문제, 청소년문제, 장애인문제, 여성문제, 노인문제, 다문화가족 문제

1)~5)에서 분류한 사회문제의 유형은 현재 사회복지가 관심을 가지고 있는 대부분의 이슈에 대해 언급하고 있다. 이러한 문제들에 대해 사회복지 프로그램을 기획하고 개선을 위한 행동을 진행할 수 있다. 물론 1)의 지역사회 해체 및 갈등문제, 2)의 ③ 전체, 3)의 인종차별 등과 같은 사회문제는 사회복지 영역에서 다루기에는 너무 광범위한 문제이다.

사회복지사는 최근 우리 사회 주변에서 일어나는 다양한 사회문제에 관심을 가지고 주목할 필요가 있다. 다른 직종에 비해 항상 열린 자세로 주변에서 일어나는 인간 삶의 다양한 문제에 대해 관심을 가져야 한다.

4. 사회문제 분석 방법

최근에는 사회가 복잡해지고 과거에는 생각하기 어려웠던 다양하고 복잡한 구조의 문제들이 발생하고 있다. 사회문제를 분석하는 다양한 방법들이 있는데 여기에서는 요크(York)의 방법과 이봉주·김기덕(2014)의 방법을 살펴보고자 한다.

1) 요크(York)의 분석 방법(황성철, 2011)

York는 사회문제를 분석하는 데 다음의 10가지 질문에 답을 구하는 방법을 제안하였다.

① 바람직하지 못한 상황과 조건은 무엇인가?

사회복지 프로그램 개발자는 지역사회에서 일어나고 있는 바람직하지 못한 현실과

상황에 민감해야 한다. 예를 들면, 빈곤, 실업, 노인차별, 아동학대, 성차별, 사회적 소외 등을 들 수 있다.

② 누가 그 문제로 고통을 받고 있는가?

사회문제를 정의하는 과정에서 구체적으로 위험에 노출된 대상이 누구인지 명확하게 규정하는 것이 필요하다. 예를 들면, 아동방임의 사회문제는 그 문제로부터 고통을 받고 있는 집단이 아동이 된다. 저소득가정의 아동, 한 부모 가정의 아동, 실직자가정의 아동들이 비율적으로 일반 가정의 아동보다 더욱 위험에 노출된 가능성이 크다는 사실을 객관적인 데이터를 바탕으로 분석하는 것이다.

③ 누가 그 문제로부터 이득을 얻는가?

사회문제는 그 문제로부터 고통을 받는 집단이 있는 반면, 그 문제로 인해서 이득을 보는 사람과 집단도 있다. 예를 들면, 근로자들의 빈곤문제를 해결하려고 최저임금 수준을 올리면 중소기업의 기업주들은 반대할 것이다. 따라서 근로자의 빈곤문제의 미해결은 결국 중소기업주들의 기업이윤을 높은 상태로 유지시켜 주기 때문에 문제해결에 저항적일 수 있다.

④ 누가 그것을 사회문제로 규정하는가?

프로그램 개발자가 어떤 문제를 사회문제로 규정하였으나 정작 그 문제에 직면한 당사자들이 사회문제로 인식하지 못할 수도 있기 때문에 당사자들의 인식 여부를 따져 볼 필요가 있다.

⑤ 누가 그것을 사회문제로 규정하지 않는가?

현실에서는 사회문제를 외부 전문가나 일반인들이 규정하며 당사자의 의견에 상관없이 판단하는 경우가 많다. 따라서 사회문제로 규정하는 집단과 그렇지 않은 집단이 일치하지 않을 수 있다.

⑥ 문제의 원인이 무엇인가?

이 질문은 사회문제의 해결방안 또는 프로그램으로 연결시켜 주는 중요한 질문이다. 문제의 원인을 일차적으로 어디에 두느냐에 따라 개입 방법도 달라지게 된다. 예를 들어 실직문제의 원인을 실직자들의 기술과 기능의 미숙으로 파악하면 직업훈련 프로그램이 만들어지나, 자동화와 구조조정으로 파악하면 정부의 산업구조 개편에 초점을 맞추는 거시적 실천의 일환으로 정책옹호 프로그램이 만들어질 수 있다.

⑦ 그 문제를 다루는 현재의 프로그램은 무엇인가?

이 질문은 사회문제로 규정한 것을 다루고 있는 프로그램이 존재하는지, 존재한다면 현재 구상하고 있는 프로그램과 차별성이 있는지에 관한 기준을 제시한다. 기존 사회문제들에 대해서는 이미 어떤 형태로든 프로그램으로 접근하고 있기 때문에 동일한 표적집단을 대상으로 유사한 프로그램의 존재 여부를 파악하는 것은 프로그램 또는 서비스의 중복과 자원 남용을 방지하는 데에도 중요한 정보를 제공하게 된다.

⑧ 이 프로그램들을 중단함으로써 예상되는 결과는 무엇인가?

이 질문은 프로그램을 중단할 때 발생할 수 있는 문제를 예측함으로써 프로그램의 지속 여부나 프로그램을 평가할 때 사용되는 기준이 된다. 프로그램 중단으로 발생할 심각한 문제를 예측해 볼 수 있다.

⑨ 사회변화의 목표는 무엇인가?

현재 사회에서 나타나는 어떠한 문제가 얼마나 변화되었을 때 그 문제를 해결했다고 할 수 있는지에 관한 질문이다. 예를 들면, 실업문제의 해결은 실업 수준이 몇 %로 내려가야 실업문제가 해결되었다고 규정할 수 있는지에 관한 것이다. 사회문제의 존재에 대한 규정도 일치된 견해를 갖기 어려운 것과 마찬가지로 해결의 수준에 관해서도 사람들의 견해가 다르다.

⑩ 욕구와 자원 간의 격차를 줄이는 데 찬성하는 사람과 반대하는 사람은 누구인가?

이 질문은 앞의 질문들, 누가 문제로 고통을 받고, 이득을 보며, 누가 문제로 규정하지 않으며, 누가 문제해결에 부정적 태도를 보이는지에 관한 것을 종합한 것이다. 이것은 다시 한번, 정치사회적 관점에서 사회문제의 해결에 도움을 주는 세력과 방해하는 세력을 명확히 규정하려는 질문이다.

2) 이봉주·김기덕(2014)의 문제 분석 방법

- 1단계: 현존하는 서비스 또는 자원의 공백이나 결함을 찾아낸다.
- 2단계: 그러한 공백이나 결함의 크기와 특성에 대한 증거자료를 수집한다.
- 3단계: 왜 그러한 공백과 결함이 생겼는지를 알아낸다.
- 4단계: 그러한 공백과 결함을 메울 필요가 있다는 의식을 지역사회에 불어넣는다.

사례

현재 : "이렇다"		이상: "이래야 한다"
우리 동네 영구 임대아파트 단지에 사는 가구들은 대부분 한부모가구이거나 양부모가구일지라도 대부분 낮 동안에 맞벌이를 하기 때문에 초등학생들이 방과 후에는 길거리에 방치되는 경우가 많다. 그러다 보니 숙제를 봐줄 사람도 없어 성적이 상당히 떨어지고 학교에 대한 관심도 없어져 비행을 일찍 경험하게 된다.	공백 혹은 결함	영구 임대단지 내에 아이들이 안심하고 갈 수 있는 공부방이 있어 방과 후에 아이들을 돌봐주어야 할 곳이 있어야 한다. 공부방에서 아이들의 숙제도 정기적으로 도와주고 또 이웃 대학교의 대학생 형, 언니들이 자원봉사로 아이들의 공부도 돕고 같이 놀아 준다면 아이들이 비행으로 빠지는 것을 예방할 수 있을 것이다.

5. 사회문제 해결을 위한 단계 및 해결을 위한 요소

사회문제 해결을 위한 단계 및 해결을 위한 요소는 다음과 같다(지은구, 2005).

1) 문제로 정의하기

어떤 현상이나 조건이 사회문제인지 아닌지를 명확히 알 수 있기 위해서는 먼저 사회문제를 구성하고 있는 요소를 분석해야 한다. 이를 통해 사회문제가 누구에게 문제가 되는지 알 수 있다. 또한 왜 그러한 현상이나 조건들이 문제인가를 설명해 주며, 그리고 사회개입을 위한 잠재성을 결정할 수 있도록 돕는다.

2) 해결되어야 하는 사회문제로의 건설

일단 집단이나 사람들이 문제가 있는 조건을 지적하면 그 조건은 요구가 필요한 상태로 전환된다. 다시 말해, 문제에 개입하기에 앞서 조건이 문제로서 정의되도록 요구하는 과정을 거치는데, 이 과정을 사회문제로의 건설 과정이라고 한다. 즉, 요구수렴 과정을 거쳐야 비로소 한 조건이 문제로 인정받게 되고 해결을 위한 대책이 제시된다.

3) 사회문제의 공식화

사회문제가 공식적으로 인정받게 되는 과정을 사회문제의 공식화(formulation)라고 한다. 이 단계에서 대중매체는 주민들이나 시민들이 문제에 관심을 갖기 전에 일련의 이슈나 문제들을 알려주는 중요한 역할을 수행한다. 대중매체에 의해 알려진 사회문제가 공식화되면 프로그램 기획가는 사회문제를 해결하기 위한 구체적인 계획을 수립한다.

4) 문제가 존재하는 사회적 현실에 대한 인식

어느 한 조건이 문제로 정의된다는 것은 대다수 사람들에 의해서 문제가 사회적으로 건설된다는 것을 의미하며, 사회적으로 건설되지 못한 어떤 조건은 집단적 대응을 필요로 하는 사회문제라기보다 개인적 또는 어떤 특정한 집단들만의 문제일 가능성이 크다. 문제로의 개입을 위해서 사회 구성원들이나 클라이언트들이 가지고 있는 사회와 현실에 대한 인식에 있어 그들과 하나의 공동의 현실에 대한 이해와 함께, 프로그램 기획가들은 문제에 존재하는 지역, 사회 또는 세계의 개념화를 위해서 특정 지역의 문화적 정황을 이해해야 한다. 그리고 사회 안에 있는 다양한 사회적 계층(예를 들어, 빈민들이나 취약 계층)에 대한 인식도 중요하다.

6. 욕구 사정

욕구에 대해 살펴보기 전에 요구와 욕구의 차이에 대해 알아야 한다.

〈표 4-1〉 요구와 욕구의 차이

구분	내용
요구(want)	•개인적 차원에서 무엇인가 필요하지만 현재 가지지 못할 때 생기는 인지 및 정서 상태 •요구는 당사자 개인 차원에서 필요한 무엇을 의미함
욕구(need)	•개인적 차원이 아니라 개인이 필요한 무엇을 다른 사람들의 판단과 인정을 거쳐 확인된 것 •다른 사람들의 판단과 평가를 거치므로 사회적 차원으로 이해해야 함

1) 욕구의 유형

(1) 매슬로우(Maslow)의 욕구 유형(5단계 욕구위계모형, 5단계 욕구위계설)

인간이 생활을 영위하는 데 필요하거나 필수적인 것이 결핍될 때 공통적으로 갖게 되는 욕구가 있으며, 인간행동의 동기가 바로 이러한 욕구충족의 행위로 나타난다는 것이 매슬로우의 욕구 유형이다.

5단계 욕구의 위계에서 제일 기저에 해당하는 욕구는 생리적 욕구 또는 생존욕구이며, 이러한 욕구가 충족되면 안전 욕구, 사회적·소속 욕구, 자기존중 욕구, 자아실현 욕구 등의 순서로 욕구충족의 행위가 일어난다는 것이다. 하위 욕구가 충족되지 않으면 상위 욕구충족을 위한 행위 또는 동기를 보이지 않기 때문에 하위 욕구가 더욱 긴급하고 절실한 욕구로 간주된다. 5단계에 대하여 각각 살펴보면 다음과 같다(황성철, 2011).

① 생리적(physiological) 욕구

의식주에 대한 기본적 욕구를 말한다. 성적 욕구와 고통을 피하려는 욕구 등을 포함한다. 이러한 욕구는 인간이 생존하기 위해서 필수적으로 충족되어야 하는 욕구이며, 이 욕구가 충족되어야 다음 단계의 욕구를 기대할 수 있게 된다.

② 안전(safety) 욕구

이 단계에서 욕구는 이미 충족된 생리적 욕구를 바탕으로 신체적 안정상태를 유지하려는 욕구이다. 환경으로부터 발생하는 다양한 위협과 예측 불가능한 위험으로부터 자신을 보호받고자 하는 욕구이다.

③ 사회적 또는 소속 욕구

의식주에 대한 생리적 욕구와 안전 욕구가 충족되고 나면 다른 사람과 친밀감을 쌓고 정서적 만족을 추구하려는 욕구가 발생한다. 소속감의 욕구는 다른 사람들과 친분과 사랑을 주고받으면서 인정을 추구하는 욕구이다. 인간은 동호회활동과 같은 집단을 형성하고 그 집단에서 공유하는 규범을 따르면서 이러한 욕구를 충족하고자 한다.

④ 자기존중(self-esteem) 욕구

자신을 존중하고 타인으로부터 존경받고자 하는 욕구이다. 인간은 자신이 가지고 있는 힘과 능력, 지위와 우월성, 경험 등을 타인에게 인정받길 원하며, 타인의 인정을 통하여 성취감과 자신감을 가지게 된다.

⑤ 자아실현(self-actualization) 욕구

가장 고차원적인 욕구로서 일반적으로 앞의 네 가지 욕구가 충족된 이후 일어나는 욕구이다. 자신의 잠재력을 최대한 끌어올리고자 하는 욕구이며 자아탐색, 발견, 창의성 등을 추구한다. 완전한 충족 가능성보다는 이상을 추구하는 지속적인 개념으로 이해하여야 한다.

위에서 살펴본 매슬로우의 욕구 유형은 사회복지 프로그램 개발 및 기획과 관련하여 두 가지 중요한 의미를 부여한다.

한 가지는 '클라이언트 집단의 파악된 다양한 욕구 간에 우선순위를 정하는 데 도움을 준다'는 것이다. 실제로 사회복지기관의 서비스나 프로그램은 클라이언트의 복합적 문제나 욕구를 대상으로 하는 경우가 대부분이다. 이렇게 다양한 욕구들 중에서 1~2단계인 생리적 욕구와 안전의 욕구를 우선적으로 충족시킬 수 있어야 함을 강력히 시사하고 있다. 예를 들어 가정폭력으로 고통받고 있는 피해자를 주된 클라이언트로 삼아 서비스를 제공하는 기관에서는 우선 의식주 해결을 위한 쉼터를 마련해주고, 그 다음으로 폭력과 위협으로부터 보호하는 안전장치가 마련된 이후 소속감과 친밀감을 추구할 수 있는 프로그램으로 발전시켜야 욕구의 우선순위에 따른 적절한 보호조치가 이루어질 수 있다는 것이다.

다른 한 가지는 매슬로우의 욕구위계설에 따른 욕구 유형은 '클라이언트가 인지하는 개별적인 욕구를 사회복지 프로그램과 서비스로 구현해 내는 데 도움을 준다'는 것이다. 예를 들면, 생리적 욕구충족을 위해서는 의식주의 제공과 의료서비스가 필요하고, 안전의 욕구 충족을 위해서는 범죄, 학대, 방임 등으로부터 보호하는 각종 안전장치의 구실을 하는 사회복지서비스를 보다 구체화하는 것이 필요하다.

(2) 브래드쇼(Bradshaw)의 욕구 유형

브래드쇼는 욕구를 정의하는 데 있어서 가장 중요한 문제는 "누가 욕구의 기준을 정하는가?"에 있다고 보고, 욕구의 유형을 다음과 같이 네 가지로 구분한다.

① 규범적 욕구

규범적 욕구는 전문가의 지식에 기반한 판단으로 일정한 기준이 정해지고 그 기준에 도달하지 못하는 경우 욕구로 규정하는 것이다(여기서 규범이라는 용어는 기준 또는 규범이 존재한다는 의미로 사용됨).

규범적 욕구는 전문가에 의해 욕구의 일정 기준이 파악되면 프로그램을 기획하고 목표하는 데 유리하며, 목표 달성 정도를 평가하는 데 장점이 있다. 그러나 욕구의 정도가 전문가에 따라 달리 규정될 수 있으며, 지식, 기술, 가치관, 시간 변화에 따라 변할 수 있는 탄력성을 지니지 못한다는 단점이 있다.

② 인지적 욕구

인지적 욕구는 욕구를 갖는 당사자 스스로가 인지하는 욕구를 말한다(욕구를 갖는 잠재적 클라이언트들이 욕구충족이 필요하다고 느끼는 욕구).

당사자가 인지하는 욕구를 파악하는 방법에는 여러 가지가 있는데, 직접 면접하거나 전화, 우편조사, 전자설문 등 다양한 방법을 통하여 당사자가 필요한 것을 직접 물어보는 방식으로 파악할 수 있다. 그러나 응답자별로 인지욕구의 수준이 천차만별하여 적절한 기준을 정하기가 어렵고, 현재나 가까운 장래의 여건과 상황에 따라서 욕구의 정도가 수시로 변할 수 있다는 단점이 있다.

③ 표현적 욕구

표현적 욕구는 어떠한 욕구를 갖는 당사자가 그 욕구를 충족하기 위하여 표출하는 행위로 드러나는 욕구를 말한다. 또한 서비스에 대한 수요에 기초한 욕구를 의미한다. 표현적 욕구는 도움을 요청하거나 서비스를 이용하기 위해 대기하는 사람의 수로 측정된다. 따라서 대기자 명단과 실제로 현재 프로그램에 참여하고 있는 사람의 수를 계산한다.

표현적 욕구를 고려하여 프로그램을 개발하여 진행하는 경우 어느 정도 욕구가 비교적 명확하게 판단할 수 있어 서비스 수요와 공급을 적절하게 조절할 수 있다. 그러나 어떠한 욕구를 표현했다고 하더라도 자격요건에 미흡하거나 기관을 이용할 수 있는 물리적 여건이 되지 않을 때, 또는 서비스에 대한 정보를 알고 있지 못하는 당사자 집단은 배제될 가능성이 많다.

④ 비교적 욕구

비교적 욕구는 상대적 욕구라고도 한다. 욕구를 갖는 당사자와 유사한 조건에 있는 사람들을 비교하거나 다른 지역과 비교하여 정해지는 욕구이다.

이때 비슷한 욕구를 가진 집단들 간의 비교 또는 지역들과 비교하는 경우 비교적 쉽게 욕구의 정도를 파악할 수 있다는 장점이 있다. 그러나 이렇게 비교가 되는 다른 집단과 지역이 실제로 기준으로 삼을 만큼 동일한 수준의 욕구가 있는지는 명확히 파악할 수 없다는 단점이 있다(비교집단의 선정과 대표성 문제가 제기됨).

2) 욕구조사의 필요성

① 프로그램 기획, 실행, 성과평가의 근거가 된다. 욕구조사는 기획의 정당성과 책임성을 확보하는 데 중요한 구실을 한다.
② 이미 진행하고 있는 프로그램의 방향을 재설정할 수 있다.
③ 잠재적 클라이언트의 존재 여부와 특성 등을 파악하는 데 도움이 된다.
④ 타 기관에서 진행하는 프로그램을 알 수 있고, 서비스 활용에 있어 장애요인을 파악할 수 있다.

3) 욕구조사의 절차

욕구조사는 다음과 같은 절차를 따른다.

- 1단계: 욕구조사의 목적 및 자원 확인
  - 욕구조사의 목적을 분명히 확인하고, 욕구조사에 투입될 수 있는 예산, 인력, 시간을 자원의 관점에서 확인해야 함

- 2단계: 구체적 정보나 자료의 확인
  - 욕구조사를 시행하기 전 표적집단을 분명히 하고 표적집단의 분포도와 문제의 심각성을 파악하기 위해서는 어떤 자료가 필요한지 목록을 작성해야 함
- 3단계: 조사설계
  - 지역주민 서베이의 경우 설문지 작성에서 제기될 수 있는 타당도와 신뢰도의 문제를 검토하고 조사대상자의 선정에서는 주민의 대표성을 고려한 적절한 표집 방법을 사용해야 함
- 4단계: 자료 수집과 분석
  - 적절한 조사설계에 따라 측정 도구들이 선정되면 실제 조사에 들어가서 자료를 수집함
- 5단계: 조사보고서 작성
  - 조사보고서 목차 구성, 수차례 검토와 피드백을 통한 수정 및 보완

4) 욕구조사의 방법

(1) 직접적 욕구조사 방법

지역주민 및 표적집단 서베이, 초점집단기법, 지역사회 공청회 또는 포럼 개최를 통하여 직접적으로 욕구를 파악하는 방법이다.

① 지역주민 및 표적집단 서베이

- 지역주민 서베이: 지역에 거주하는 지역주민을 잠재적 클라이언트 집단으로 간주하고 그들의 욕구를 파악하는 사회조사를 진행할 때 유용하다.
- 표적집단 서베이: 문제 해결의 주 대상으로 삼는 특정 클라이언트 집단(노인, 장애인, 여성, 아동 등)을 중심으로 그들이 인식하고 있는 욕구에 대한 정보를 수집할 때 필요하다.

② 초점집단기법(focus group technique)

- 문제나 욕구를 갖는 클라이언트 집단을 대상으로 서베이를 통해서 얻을 수 없는 그들의 심층적인 인지적 또는 표현된 욕구를 파악하고 그들이 인식하지 못하거나 현재 제공되지 않는 서비스의 내용을 파악하는 질적 조사의 방법이다.
- '초점집단'은 집단구성 목적이 토론 주제에 대한 분명한 초점(focus) 이 있다는 의미이다. 관련 주제에 대해 풍부하게 의견을 제시할 수 있는(동질성을 가진) 7~12명 정도의 사람들이 참여하여 관련 주제에 대해 토론하여 질적 자료를 수집하는 집단이다.

③ 지역사회 공청회 또는 포럼 개최

- 지역사회에 거주하는 다양한 주민들이 모여 자신들의 욕구나 문제를 직접 청취함으로써 욕구를 파악하는 방법이다. 한 자리에서 다양한 의견을 청취할 수 있기 때문에 당사자들의 욕구나 문제를 확인할 수 있어 시간과 비용 면에서 효율적이다. 그러나 관심이 있는 사람들만 참여하므로 대표성의 문제나 힘을 가진 집단의 특정 이슈가 부각될 수 있고, 때로는 진행상 어려움이 있을 수 있다(공격적이거나 주장이 강한 참석자들이 과도하게 발언하여 특정 요구의 중요성을 강조할 수 있음. 또한 시간적 제약으로 인해 모든 참석자들에게 공평한 발언기회를 주지 못하므로 소수의견이지만 중요한 욕구가 가볍게 취급되거나 간과되는 경우가 많음).

(2) 간접적 욕구조사 방법

2차 자료 분석, 서비스 제공자와 주요 정보 제공자 조사, 델파이 기법 등과 같이 간접적인 방법으로 욕구를 조사하는 방법이다.

① 2차 자료의 분석

기존의 사회지표(social indicators)와 기관의 서비스 통계자료 등을 이용하는 방법이다. 정부기관이나 다양한 연구기관, 지방자치 단체 및 민간 단체 등에서 체계적으로 수집한 자료로서 일정 수준 이상의 신뢰성을 갖춘 자료를 바탕으로 특정 클라이언트

집단의 욕구를 간접적으로 파악하는 것이다(매년 발표하는 통계청, 보건복지부 등의 자료-인구·가족·주택·소득·평균수명 등, 지방자치단체나 민간연구기관 등의 자료, 통계연보 등). 2차 자료 분석은 기존의 자료를 비교적 쉽게 수집할 수 있기 때문에 조사자가 자료를 잘 선택한다면 시간과 비용을 상당히 절약할 수 있다는 장점이 있다. 그러나 보여주는 지표가 클라이언트 집단에 대한 구체적인 조사가 아니므로 정확한 욕구라고 볼 수 없고, 조사자의 필요에 딱 맞는 자료를 구하기 어렵다는 단점이 있다.

② 서비스 제공자와 주요 정보 제공자 조사

서비스 제공자 조사는 클라이언트 집단에게 서비스를 제공하는 기관의 직원이나 프로그램 운영자를 대상으로 특정 클라이언트 집단의 욕구를 간접적으로 파악하는 방법이다. 주요 정보 제공자 조사는 서비스 제공 조사와 달리 직접 서비스를 제공하거나 프로그램을 운영하지는 않지만 특정 지역의 문제나 상황을 잘 알고 있는 사람들을 대상(공무원, 지역통반장 등)으로 특정 집단의 욕구를 간접적으로 파악하는 방법이다.

③ 델파이 조사 방법

합의가 필요한 특정 주제에 대하여 전문가를 대상으로 익명으로 설문조사를 실시하는 방법이다. 집단 합의에 이를 때까지 설문조사를 반복함으로써 합의에 이르는 방식이다. 자신의 의견을 자유롭게 제시할 수 있으나, 합의에 이르는 과정에 계속되고 반복되는 설문지의 발송과 재송부로 시간이 많이 걸리며, 전문가적 판단이 얼마나 욕구를 갖는 당사자의 실제적 욕구와 일치하는지에 관한 증거를 확보하지 못한다.

5) 클라이언트 문제 정의와 욕구 파악

① 클라이언트 문제의 정의와 우선순위 결정

위에서 살펴본 것처럼 사회문제로 규정될 만한 다양한 조건을 갖추게 된다면 이를 바탕으로 사회복지 프로그램이 설계된다. 그러나 이때 사회문제가 단순히 하나로 압축되는 것이 아니라 보통 해결해야 하는 여러 가지 문제로 귀결된다. 이때 프로그램 기획자는 문제의 심각성과 파급력 등을 고려하여 우선순위를 매긴 뒤 접근해야 한다(황성철, 2011).

② 클라이언트 문제를 욕구로 전환

위에서 살펴본 것처럼 욕구는 클라이언트의 생존과 인간다운 삶을 위하여 신체적, 심리적, 경제적, 문화적, 사회적으로 필요한 것을 의미한다. 얼핏 보면 클라이언트의 문제와 욕구는 동일한 것으로 보이나 프로그램 기획자는 반드시 클라이언트의 문제를 욕구로 전환시켜야 한다. 즉, 클라이언트의 욕구는 개인적 차원의 문제를 떠나 체계적 사정을 통해 좀 더 공식적이고 누구나 인정할 만한 성격의 주제로 전환된다. 이후 클라이언트의 욕구는 프로그램의 참여자로 선택되며 개입을 위한 적극적 근거로 작용하게 된다.

③ 욕구 파악을 위한 절차

첫째, 욕구의 충족 상태나 정도를 파악하기 위한 정보수집: 정부나 공공기관, 지방자치단체 등의 보고서 및 통계자료

둘째, 타 기관의 유사한 활동이나 프로그램 탐색

셋째, 유사한 클라이언트 집단에 대한 서비스를 제공하고 있는 담당자와 면담

넷째, 클라이언트와의 면담과 대화

다섯째, 공식적 욕구조사의 실행과 보고서 작성

요점 정리

- ✔ 사회문제란 많은 사회 구성원에게 영향을 미치는 바람직하지 않은 조건이다.
- ✔ 사회문제의 특성은 ① 사회문제는 그 원인이 사회에 있다. ② 사회문제는 사회 구성원이 지배적 사회가치나 규범에서 벗어난 것이라고 판단하는 현상이어야 한다. ③ 다수 또는 사회적으로 영향력이 있는 사람들이 사회문제로 규정한 것이다. ④ 사회문제는 국가적 개입 또는 사회운동을 불러일으킨다.

✔ 사회문제의 유형은 학자별로 다양하게 제시하고 있는데, 최일섭과 최성재(1995)에 따른 사회문제 유형 분류는 다음과 같다.

① 사회변동 또는 사회해체 문제: 가족 문제, 환경 문제, 노인 문제
② 사회적 불평등 문제: 빈곤 문제, 성차별 문제, 노사 문제
③ 사회적 일탈 문제: 청소년 비행 문제, 범죄 문제, 성폭력 문제, 약물중독 문제, 정신건강 문제

사회복지사는 최근 우리 사회 주변에서 일어나는 다양한 사회문제에 관심을 가지고 주목할 필요가 있다. 다른 직종에 비해 항상 열린 자세로 주변에서 일어나는 인간 삶의 다양한 문제에 대해 관심을 가질 필요가 있다.

✔ 사회문제 분석은 다양한 방법으로 가능하며, 그 가운데 이봉주와 김기덕(2014)이 제시한 방법은 다음과 같다.

- 1단계: 현존하는 서비스나 자원의 공백이나 결함을 찾아낸다.
- 2단계: 그러한 공백이나 결함의 크기와 특성에 대한 증거자료를 수집한다.
- 3단계: 왜 그러한 공백과 결함이 생겼는지를 알아낸다.
- 4단계: 그러한 공백과 결함을 메울 필요가 있다는 의식을 지역사회에 불어넣는다.

✔ 요구(want)는 무엇이 필요하나 그것을 가지지 못할 때 생기는 개인의 인지 또는 정서상태를 말한다. 또한 요구를 갖는 당사자인 클라이언트 개인 차원에서 절실히 필요한 무엇을 말한다.

✔ 욕구(need)는 어떤 사람이 필요한 그 무엇을 다른 사람의 판단과정을 거쳐 확인된 것이고, 개인적 요구를 바탕으로 다른 사람의 평가와 판단과정을 거친 사회적 차원의 개념으로 이해해야 한다.

✔ 매슬로우(Maslow)의 욕구 유형 5단계는 생리적(physiological) 욕구, 안전(safety) 욕구, 사회적 또는 소속 욕구, 자기존중(self-esteem) 욕구, 자아실현(self-actualization) 욕구이다.

✔ 브래드쇼(Bradshaw)의 욕구 유형은 규범적 욕구, 인지적 욕구, 표현적 욕구, 비교적 욕구이다.

✔ 욕구조사 방법은 크게 직접적 욕구조사 방법과 간접적 욕구조사 방법이 있다. 직접적 욕구조사 방법에는 지역주민 및 표적집단 서베이, 초점집단기법, 지역사회 공청회 또는 포럼 개최 등이 있다. 간접적 욕구조사 방법에는 2차 자료 분석, 서비스 제공자와 주요 정보 제공자 조사, 델파이 기법 등이 있다.

연습 문제

1 사회문제란 무엇인지 설명하시오.

2 사회문제의 특징을 설명하시오.

3 사회문제의 분석 방법 중 이봉주와 김기덕이 제시한 방법으로 사회문제 분석 단계를 설명하시오.

4 매슬로우(Maslow)의 욕구 단계를 설명하고 이것이 사회복지 프로그램 기획에 어떻게 영향을 미치는지 설명하시오.

Social Welfare Program
Development and Evaluation

CHAPTER

05 대상자 선정

학습목표

1. 타버와 피네건(Taber & Finnegan, 1980)이 제시한 클라이언트집단 추정 방법에 대해 설명할 수 있다.
2. 프로그램 참가자 선정 방법에 대해 설명할 수 있다.

사회문제 분석과 욕구분석이 끝나면 나타난 문제를 해결하기 위해 본격적으로 사회복지 프로그램을 개발하게 된다. 이 단계에서 해야 할 일은 누가 프로그램에 참여할 것인지를 선택하는 것이다. 이 장에서는 프로그램 대상자 선정과 관련하여 학습하고자 하는데, 프로그램 참가자 확인, 대상자 선정 기준, 대상자 선정의 실제에 대하여 파악하도록 한다.

사회복지는 언제나 적은 자원으로 실행되며 이 과정에서 클라이언트의 공정한 선발은 중요한 이슈가 된다. 프로그램 참가자를 선정하는 과정은 프로그램의 정당성 확보를 위해 명확한 기준과 프로그램 참가 대상자들의 동의를 거치는 과정이 반드시 필요하다. 실제로 공공 및 민간에서 프로포절을 심사할 때 프로그램 참가자를 선발하는 과정에 대한 절차를 중요한 평가 기준으로 삼는다(조승석 외, 2017).

프로그램 참가자에 대한 부정확한 정의나 선정은 진정으로 프로그램이 필요한 대상자의 혜택을 줄어들게 하고, 나아가 프로그램 효과성도 저해하는 요인이 된다. 누가 프로그램에 참여할 것인지를 선발하는 것으로부터 프로그램의 목적과 목표, 세부 프로그램의 내용, 실행방법의 결정까지 프로그램 기획 단계에 영향을 미칠 수 있다(이민홍·정병오, 2017; 표갑수 외, 2013).

1. 프로그램 참가자 확인

이 과정은 프로그램에 참가할 최종적인 인원을 선발하는 단계로, 누구에게 프로그램을 제공할 것인가에 대한 논리적 답변을 내놓아야 하는 단계이다. 사회복지 프로그램은 사회문제라고 분석한, 특정 대상이 가지고 있는 욕구를 해결하기 위해 의도적으로 만들어진다. 프로그램이 애초에 가지고 있던 문제들을 바람직한 방향으로 해결하기 위해서는 그 문제를 꼭 해결해야 하고 개선하기 바라는 특정한 대상에게 서비스를 제공해야 한다.

사회복지 프로그램 대상자를 선정하는 절차는 프로그램을 기획하는 사람들에 따라 또는 프로그램 제안서의 양식에 따라 다양한 방법이 동원된다. 그중 가장 많이 활용하는 방법은 타버와 피네건(Taber & Finnegan, 1980)이 제시한 방식이다. 일반인구 집단에서부터 프로그램에 참가할 클라이언트 집단까지를 4단계로 나누고, 일반인구에서부터 클라이언트 집단까지 인구집단을 점차 좁혀가는 방식이다. 제안서 양식이 어떠하든, 프로그램 기획을 누가 하든 간에 중요한 것은 클라이언트 집단을 선정할 때에는 명확한 기준을 가지고 선정하여야 하고 이러한 기준을 충분히 설명하여야 한다는 점이다.

본 장에서는 타버와 피네건(Taber & Finnegan, 1980)에 의한 선정 방법을 살펴보자.

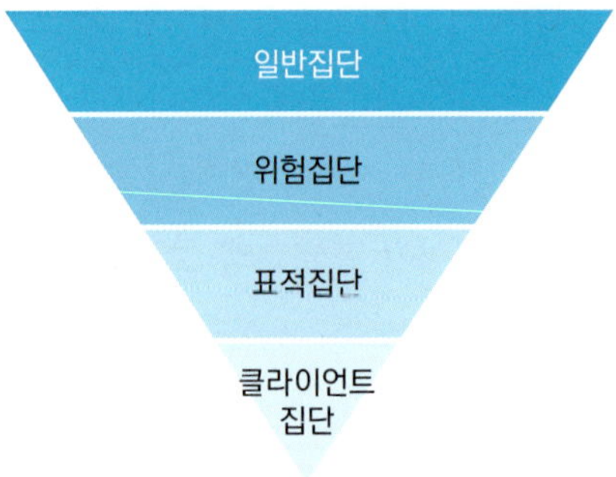

[그림 5-1] 클라이언트 집단 추정 방법

1) 일반집단(general population)

사회복지 프로그램의 대상자 집단 가운데 가장 포괄적인 인구집단이다. 일반적으로 문제나 욕구를 갖고 있다고 판단되는 해당 지역의 전체 대상 집단을 말한다. 프로그램이 실제 운영될 지역 또는 행정구역 내에 거주하는 모든 사람들을 말한다.

예를 들어, 정신장애인의 취업 준비 프로그램을 기획하는 경우, 일반집단은 "○○시에 거주하는 20세 이상 장애등록을 한 정신장애인 전체 ○○○명"으로 기술할 수 있다.

2) 위험집단(at-risk population)

일반집단 중 특정 사회문제에 더욱 취약성을 보이거나 특히 더 많은 욕구를 가지고 있거나 이미 문제에 노출되었던 경험이 있는 인구집단을 말한다.

예를 들면, "등록한 정신장애인 중 발병한 지 5년 이상 경과한 정신장애인 ○○○명"으로 기술할 수 있다.

3) 표적집단(target population)

위험집단의 하위집단으로 프로그램의 대상자로 일차적 자격요건을 갖춘 사람들이다. 따라서 당장 클라이언트 집단에 소속된다 하더라도 문제가 되지 않는 집단이라고 할 수 있다. 표적집단을 추정할 때에는 특정 기준을 선정하고 문제의 심각성이 높은 집단부터 선정하되, 기관의 서비스를 이용할 수 있는 지리적 위치를 고려하여 집단을 한정한다.

예를 들면, "발병한 지 5년 이상 된 정신장애인 중 사례관리자와 논의한 후 취업 준비 프로그램이 필요하다고 판단된 정신장애인 ○○명"으로 기술할 수 있다.

4) 클라이언트 집단(client population)

표적집단의 하위집단으로 프로그램에 참가할 클라이언트 집단을 말한다. 클라이언트 집단이 되기 위해서는 물론 명확한 기준으로 선정되어야 하지만 특히 표적집단에서 참여를 희망하고 실제로 물리적으로 프로그램에 참여할 수 있는 사람들로 한정한다. 클라이언트가 집단에 참여하기 원하는 자발성이 중요하다. 때에 따라서는 본인 또는 보호자의 동의를 구하여 특별한 자격을 갖춘 사람들을 선발할 수도 있다.

2. 대상자 선정 기준

프로그램에 참가하게 될 클라이언트 집단은 엄밀하게 말하면 표적집단부터 가능하다. 따라서 표적집단으로부터 프로그램에 실제 참여하게 될 클라이언트를 선정하는 것은 특정한 기준에 따라야 한다. 다음 기준들은 표적집단에서 클라이언트 집단을 선정하는 데 기준이 되는 요소이다(김상아 외, 2013; 정무성, 2005; 조승석, 2017; 표갑수 외, 2013).

1) 실현 가능성(수용성)

클라이언트 선정에 있어 가장 일반적인 고려는 프로그램에 수용할 수 있는지 여부이다. 프로그램에 필요한 클라이언트 수가 많다고 해서 기관의 능력을 고려하지 않고 프로그램을 자주 개설한다거나 클라이언트들이 충분히 참석할 수 없는데도 불구하고 프로그램이 너무 자주 제공되는 것은 적절하지 않다. 이 경우 기관 담당자나 클라이언트, 후원자 모두에게 실망감을 주게 된다. 따라서 어떤 사례가 우선시되어야 하는지를 신중하게 결정해야 한다. 프로그램 대기자 리스트 순서로 선발할 것인가? 문제의 심각성에 따라 우선순위를 결정할 것인가? 먼저 온 사람이 먼저 프로그램을 받게 될 것인가? 중요한 것은 이러한 결정이 프로그램 담당자에 의해 프로그램 기획 단계에서 이루어져야 한다는 점이다.

2) 자발성과 자기결정권

윤리성으로 표현할 수 있다. 클라이언트 집단이 되기 위해서는 프로그램에 참여하고자 하는 자발성이 필요하다. 프로그램이 꼭 필요하다고 인정되더라도 본인이 프로그램을 거부할 경우 이들을 프로그램에 참여하게 하는 것은 신중히 판단되어야 한다. 특정한 경우가 아니라면 클라이언트들은 프로그램에 자발적으로 참여하여야 하고, 자신이 서비스를 받을 것인지를 선별할 수 있는 지각이 있어야 한다.

3) 참여 동의서

프로그램에 참가할 집단을 선정할 때 반드시 모집과정에서 클라이언트의 참여 동의를 받아야 한다. 프로그램의 정보에 대하여 충분히 설명하여야 하는데, 프로그램의 목적, 주요 내용, 참여로 인한 변화 등에 대해 자세하게 설명하고 최종 참여 여부는 클라이언트의 결정으로 이루어져야 한다(이민홍·정병오, 2017). 클라이언트가 프로그램에 참여할 충분한 이유가 있다고 하더라도 본인의 자발적인 의사가 있는 클라이언트로 집단을 구성해야 하는 윤리적 책임이 있기 때문이다.

고지된 동의를 제공하고 실제로 관련 내용을 작성하여 참가 동의서를 받는 것이 좋다. 그러나 만일 동의서를 작성하기 어려운 경우, 즉 의사결정 능력이 부족한 경우나 미성년자 등의 경우에는 보호자가 대리 동의서를 작성할 수 있다. 만일 프로그램이 필요함에도 욕구가 없는 경우 충분한 설득과정이 필요할 수 있지만, 결국 클라이언트의 자기결정 원칙을 언제나 염두에 두어야 한다.

4) 클라이언트의 능력

프로그램으로부터 도움을 받기 위해서는 클라이언트가 어느 정도 능력을 보이거나 자원을 가지고 있어야 한다. 즉, 프로그램이 기획자의 입장에서 만들어지는 것이 아니라, 클라이언트의 독특성과 능력이 발휘될 수 있도록 클라이언트의 강점을 고려하여 기획되어야 한다는 것이다. 표적집단에서 클라이언트 집단으로 선정되기 위해서는 자신의 시간을 할애하여야 하며 프로그램 장소에 도착하기 위해 특별한 노력을 해야 할 수도 있다. 클라이언트는 집단에 참여하기 위해서는 의지와 능력을 보여주어야 한다. 관리자는 클라이언트가 프로그램으로부터 이익을 얻을 합당한 기회를 가지기 위해 필요한 최소한의 능력(조건)이 무엇인지를 고려하여 프로그램을 기획해야 한다.

3. 대상자 선정의 실제

앞서 타버와 피네건(Taber & Finnegan, 1980)이 제시한 방법으로 클라이언트 집단 선정 과정을 살펴보았다. 대상집단을 좁혀가는 과정은 언뜻 쉬운 과정으로 보일 수도 있으나 실제로 작성해 보면 그렇지 않다는 것을 알 수 있다. 이 과정은 논리적으로 연결되어 있어야 하고 사고의 흐름이 원만해야 하며 기준은 일정해야 한다.

대상집단을 좁혀가는 과정에서 다양한 자료들을 검색하여 단위수를 추정하여야 한다. 추정하는 과정에서 단위수가 비교적 명확한 집단이 있고(〈표 5-1〉), 어떤 곳에서도 자료를 찾을 수가 없어 전체 인구수에서 특정 집단의 비율을 가지고 추정해야 하는 경우도 있다(〈표 5-2〉).

〈표 5-1〉 사업명: 1, 2학년 초등학생 학교적응 지원사업

대상 구분	서비스 대상자 산출 근거	단위수(명)
① 일반대상	마산시 거주하는 1, 2학년 초등학생	11,597명
② 위기대상	일반대상 중 합포 지역 내 1, 2학년 초등학생	1,450명
③ 표적대상	위기대상 중 맞벌이 저소득층 부모를 둔 초등학생	290명
④ 클라이언트 수	표적대상 중 본 P/G에 참여하고자 하는 아동	20명

출처: 사회복지공동모금회(2009)

〈표 5-2〉 사업명: S시 노인 자살 예방을 위한 정신건강 프로그램

대상 구분	서비스 대상자 산출 근거	단위수
① 일반대상	S시 만 65세 이상 노인인구	1,108,857명*
② 위기대상	S시 만 65세 이상 노인인구 중 최근 1년 이내에 자살충동을 경험한 노인인구	83,165명**
③ 표적대상	S시 만 65세 이상 노인인구 중 최근 1년 이내에 자살충동을 경험한 노인인구 중 국민기초생활수급자	6,237명***
④ 클라이언트 수	표적집단 노인 중 일반 교통수단을 이용하여 센터에 다닐 수 있으며 가족이나 본인이 프로그램 참여를 희망한 노인	100명

* S시청, 2010 통계연보

** 보건복지가족부 2008 통계 결과로 추정(만 65세 노인인구의 7.6%)

*** 보건복지가족부 2009 노인복지 실태조사 결과로 추정

출처: 김상아 외(2013: 53)

프로그램 기획 시, 쉽게 저지르는 실수는 일반집단에서 클라이언트 집단으로 차츰 좁혀가는 과정에서 단순히 지역을 기준으로 대상자를 선정해 가는 것이다. 예를 들면, 일반집단은 "서울시에 거주하는 정신장애인", 위험집단은 "서울시 ○○구에 거주하는 정신장애인", 표적집단은 "서울시 ○○구 ○○동에 거주하는 정신장애인"으로 좁혀가는 것이다. 클라이언트 집단을 선정하는 과정은 명확한 근거와 기준을 필요로 하는 것이지 단순히 지리적 범위로 좁히는 것은 의미가 없기 때문이다(김상아 외, 2013).

요점 정리

- ✔ 프로그램 기획에서 대상자 선정은 프로그램 목적과 목표 달성, 평가 방법 등에 영향을 주기 때문에 중요한 과정이다.
- ✔ 프로그램 제안서를 심사할 때에 클라이언트 집단 선정 절차는 중요한 심사기준이 된다.
- ✔ 프로그램 참가자를 선발할 때에는 프로그램의 정당성 확보를 위해 명확한 기준과 그들의 동의를 거치는 과정이 반드시 필요하다.
- ✔ 타버와 피네건(Taber & Finnegan, 1980)이 제시한 클라이언트 집단 선정방식은 일반집단에서부터 클라이언트 집단까지 네 집단으로 나누고 대상을 좁혀가는 것이다.
- ✔ 타버와 피네건(Taber & Finnegan, 1980)이 제시한 네 집단은 일반집단, 위험집단, 표적집단, 클라이언트 집단이다.
- ✔ 일반집단은 사회복지 프로그램의 대상자 집단 가운데 가장 포괄적인 인구집단이다.
- ✔ 위험집단은 일반집단 중 특정 사회문제에 더욱 취약성을 보이거나 특히 더 많은 욕구를 가지고 있거나 이미 문제에 노출되었던 경험이 있는 인구집단이다.
- ✔ 표적집단은 위험집단의 하위집단으로 프로그램의 대상자로 일차적 자격요건을 갖춘 사람들이다.
- ✔ 클라이언트집단은 표적집단의 하위집단으로 프로그램에 참가할 클라이언트 집단을 말한다.
- ✔ 일반집단, 위험집단, 표적집단, 클라이언트 집단으로 좁혀가는 과정에서 단순히 지리적 범위만을 기준으로 삼는 것은 적절하지 않다.
- ✔ 프로그램에 참가하는 클라이언트 집단에 참여하는 기준이 되는 요소에는 실현 가능성(수용성), 자발성과 자기결정권(윤리성), 참여 동의서, 클라이언트의 능력 등이 있다.

연습 문제

1 타버와 피네건(Taber & Finnegan, 1980)이 제시한 클라이언트 추정방법에 대해 그림으로 표현한 후, 각각의 집단에 대하여 설명하시오.

2 사회복지공동모금회의 양식에 따라 참여 대상 및 인원을 작성하시오.

•사업 참여자 모집 전략

1) 참여 대상 및 인원

핵심 참여자	
주변 참여자	

■ 누가 이 사업에 참여합니까?
- (핵심 참여자) 성과를 측정하게 되는 대상은 누구이며, 인원은 몇 명입니까? (이 사업에 참여하게 함으로써 누구의 변화를 이끌어내려고 하는 것입니까?)
- (주변 참여자) 성과 측정 대상은 아니지만 핵심 참여자의 변화를 이끌어내는 데 중요한 역할을 하는 사람은 누구이며, 인원은 몇 명입니까?

2) 참여자 선정 기준

■ 어떤 기준을 세워서 참여자를 모집하게 됩니까?

3) 참여자 모집 방안

■ 기준에 적합한 참여자를 어떻게 모집할 예정입니까?

3 2번에서 선정한 인원에 대하여 타버와 피네건(Taber & Finnegan, 1980)이 제시한 방법을 적용하여 클라이언트 집단을 선정하시오.

대상 구분	서비스 대상자 산출 근거	단위수(명)
① 일반대상		
② 위기대상		
③ 표적대상		
④ 클라이언트 수		

CHAPTER

06 목적 및 목표 설정

학습목표

1. 목표의 개념을 설명할 수 있다.
2. 프로그램에서 목표의 역할을 명확하게 이해한다.
3. 목표가 갖추어야 할 조건을 설명할 수 있다.
4. 목표를 설정하는 방법을 이해하고, 실제 적용할 수 있다.

사회복지 프로그램은 분명한 의도를 가지고 설계하여야 한다. 프로그램 기획의 전 단계에서 사회문제를 분석하고 목표를 설정하는 과정까지는 난해하고 많은 고뇌가 필요한 과정이라고 할 수 있다. 그렇다면 목표를 어떻게 설정해야 할까? 기본적으로 목표란 무엇일까? 왜 프로그램에 목표가 설정되어야 할까? 이 장에서는 프로그램에서 목표 설정이 필요한 이유, 프로그램 목적, 목표, 세부 목표의 개념, 프로그램 목표의 요소, 목표의 유형, 목표 설정의 기준, 목표 진술의 방법, 목표 위계화를 중심으로 학습하고자 한다.

1. 프로그램에서 목표 설정이 필요한 이유

많은 사람들이 새해가 되면 각자 마음속에 또는 다이어리 등에 '다이어트하기', '외국어 공부하기', '운동하기', '여행가기' 등과 같은 그해의 각오나 목표를 되새기곤 한다. 그렇게 하는 이유는 목표가 삶의 방향성을 잃지 않고 해야 할 일이나, 나아가야 할 방향을 명확하게 알려주기 때문이다. 목표가 잘 설정되어 있다면 그 방향대로 나아갈 수 있고, 스스로 자신의 삶을 평가해 볼 수도 있을 것이다. 이것을 프로그램에 적용해 보면 목표는 프로그램이 진행되는 동안 프로그램이 궁극적으로 달성하기를 바라는 곳에 도달하도록 구체적인 방향과 방법을 제시해 준다고 할 수 있다. 따라서 목표는 세부적인 단계와 구조를 가지고 있을 정도로 구체적이어야 하면서도 프로그램의 수립, 실행, 평가 전반에 걸쳐 방향과 지침을 제공할 수 있을 정도로 포괄적이어야 한다(이봉주·김기덕, 2014).

많은 학생들이 목표를 설정해 보라는 제안에 추상적이고 철학적인 측면의 문장을 만들곤 한다. 그러나 목표는 궁극적으로 달성하고자 하는 포괄적이고 철학적인 측면을 담고 있는 목적과는 구별해야 한다. 사회문제 분석을 통해 개선하여야 할 필요가 있는 프로그램을 기획하고자 할 때 분석한 문제에 맞는 목적과 목표를 설정하고 프로그램 기획을 진행하여야 한다.

2. 프로그램 목적, 목표, 세부 목표

1) 프로그램 목적, 목표, 세부 목표의 개념

사회복지 프로그램은 나열한 목표들을 실행하면 궁극적으로 도달하고자 하는 프로그램의 목적이 달성될 수 있도록 구성된다. 이렇듯 궁극적으로 달성하고자 하는 곳에 다다르기 위해 하나씩 실행하여야 하는 것이 목표이므로, 목표를 설정하는 것은 프로그램 기획에 있어 매우 중요한 과업이다. 그뿐만 아니라 목표는 프로그램 활동의 결과로서 이루고 싶어 하는 변화의 정도 등을 포함한다(정무성·정진모, 2001).

프로그램의 목표를 설정할 때 함께 설정하는 목적(purpose)은 프로그램이 궁극적으로 달성해야 하는 이상적인 상태이며 이념적 틀을 제시한다. 이러한 이유로 목적은 관념적이고 철학적이다. 따라서 목적은 측정의 대상이 되지 않으며, 측정되기 어렵다. 다만 누구의 어떤 문제를 어떻게 변화시킬 것인지로 제시된다. 즉, 누구를 표적집단으로 하여, 현재의 어떤 문제를, 미래 어떠한 상태로 변화시킬 것인지에 대한 진술의 형태를 띤다. 다음의 예를 통해 목적을 진술하는 문장을 살펴보자(황성철, 2005).

> "일정한 지역 내의 증상관리가 가능한 정신질환자를 각종 (집단 및 개별서비스를 통해서)
> 표적집단(클라이언트집단) 프로그램의 수단 및 도구
>
> 자신의 사회적 또는 직업적 기능을 향상시켜 독립생활과 취업이 가능하도록 한다."
> 어떤 문제 미래 어떠한 상태

목표(goal)는 목적을 구체화하고, 프로그램의 지향점을 의미하나 여전히 포괄적인 개념이다(박정자 외, 2013). 우리가 프로그램 개발에서 일반적으로 말하는 목표(goal)는 사실상 세부 목표(objective)를 의미한다. 세부 목표는 단어에서 드러나듯, 목적을 달성하기 위하여 구체적으로 실행되어야 할 것들을 의미한다. 즉, 위의 예시에서 미래에 어떠한 상태를 달성하기 위한 구체적인 실행 방법들이 제시되어야 한다. 결국, 세부 목표에 대한 실행을 마치면 목표와 목적이 달성될 수 있어야 한다는 것이다. 프로그램 성과에 대한 평가는 프로그램의 세부 목표가 달성되었는지를 평가하는 것이다. 따라서 세부 목표를 작성할 때에는 실현 가능하게, 구체적으로, 그리고 현실적인 언어로 표현하여야 한다. 또한 반드시 목표 달성 정도를 평가하여야 하므로 측정 가능한 언어로 개념을 조작화하여 표현하여야 한다(정무성·정진모, 2001). 세부 목표는 사람에 따라 해석되는 내용이 달라서는 안 되며 누가 보더라도 동일하게 해석되도록 작성되어야 한다. 이것을 염두에 두고 작성한다면 보다 쉽게 세부 목표를 작성할 수 있을 것이다. 정리하면, 프로그램 개발에서 목표란, 세부 목표를 의미하며 세부 목표는 프로그램이 궁극적으로 도달하여야 하는 목적을 달성하기 위하여 구체적인 실행방안을 제시한 것으로, 현실적 언어로 작성되어야 하며 구체적이고 측정 가능하게 표현한 실행 목록이라고 할 수 있다.

목표를 작성할 때 주의해야 할 점은 사회문제 분석으로부터 프로그램의 필요성이 도출되어야 하고, 사회문제를 해결하는 데 도움이 되는 프로그램이 되도록 목적과 목표, 세부 목표가 매우 긴밀한 논리적 틀을 가지고 있어야 한다는 점이다. 이 부분은 매우 중요하다. 프로그램 개발에서 이 부분을 가장 난해하게 여기는 경우가 많다. 다음에서 목적과 목표를 비교해 보자.

〈표 6-1〉 **목적과 목표(세부 목표) 간의 비교**

목적	목표(세부 목표)
• 문제 정의와 인과관계에 대한 설명 • 개입의 포괄적 수준 결정 • 클라이언트 집단의 성격과 규모는 문제의 규모와 범위에 따라 결정되어야 함 • 프로그램 실행의 한계와 지침 제공	• 과정보다는 결과에 중심을 둠 • 명확한 시간 기준과 구체적 성취 수준을 제공 • 산술적인 측정이 가능: 정확하게 측정되고 관찰되어야 함 • 목적의 위계화와 조직의 활동 범위에 맞아야 함

출처: 이봉주·김기덕(2014: 137) 재인용

〈표 6-2〉 **프로그램 목적 및 목표의 예**

목적	산출목표	성과 목표
1. 부부간의 문제점과 실태를 파악하여 서비스 질 향상	1-1. 월 2회 지역복지팀과의 협동 사례관리	대상가정 부부의 문제점 및 욕구파악
2. 장애인다문화가정 부부모임을 통한 세대 간 정보교류 및 부부관계 강화	2-1. 월 1회 부부모임을 통한 세대 간 정보교류	부부관계 향상 및 유대감 형성
	2-2. 연 2회 부부가 함께 하는 등산 프로그램 시행	
	2-3. 연 2회 문화여가활동을 통한 문화적 차이 해소	
	2-4. 연 2회 유대감 강화를 위한 부부체험 시행	
	2-5. 앨범을 제작하여 추억 제공	
3. 배우자에 대한 이해와 문제점 및 갈등 해소	3-1. 연 1회 한마음 캠프를 통해 일체감 형성 및 갈등 해소	부부간의 이해 증진 및 갈등 해소
	3-2. 연 3회 역할극을 통해 서로를 이해	

출처: 김천시장애인종합복지관(2011). 사회복지공동모금회 배분사례. 「장애인다문화가정 부부의 갈등해소를 위한 부부관계강화 프로그램, "환상의 커플"」.

프로그램의 목적과 목표는 프로그램 진행이 완료되면, 클라이언트들이 얻게 되는 인지적·정의적 심리, 운동적(기능적) 영역 등에 있어서 나타나는 변화로 표현된다. 김영숙 외(2002)는 목적과 목표의 본질적 기능을 다음과 같이 설명하였다.

첫째, 목적과 목표는 그 달성을 위해 제공하여야 할 프로그램 결정, 구성을 명확하게 제시하는 기능을 가진다. 그러므로 목적과 목표에는 프로그램 내용이 상세하게 드러나야 한다.

둘째, 목적과 목표는 프로그램의 실행 방법을 규정해 주는 기능을 지닌다. 그러므로 목적과 목표에 의해 실행 방법이 구체화되면, 프로그램 활동이 지향하는 바가 명확해진다.

셋째, 목적과 목표는 클라이언트의 활동을 촉진 내지 활성화시키는 기능적 역할을 한다. 모든 활동이 그러하듯이, 어떤 구체적인 방향이 계획되어 있고, 조직화되어 있다면 그 활동의 방향·내용·방법을 찾는 데 명확해지고, 활동에 대한 능률성을 기대할 수 있게 되는 것이다.

넷째, 목적과 목표는 프로그램 평가의 방향·내용·결과 해석의 규준을 결정하는 기준이 된다. 프로그램 평가에서는 일차적으로 목적과 목표를 기준으로 그 달성 정도를 판정하기 때문에, 프로그램의 목적과 목표는 평가의 방향과 내용 및 결과 해석의 규준 역할을 하게 된다.

2) 프로그램 목표의 요소

프로그램 목표는 다음과 같이 네 가지 요소가 구비되어야 한다(황성철, 2005).

(1) 유의미성

목표는 목적을 달성하기 위한 어떠한 활동들이 전개된 결과이므로 프로그램 목적을 달성하는 데 기여해야 한다. 따라서 목적과 목표 간의 관계는 충분히 상호관련성을 갖고 논리적으로 영향을 주고받는 관계에 있어야 한다.

(2) 구체성

매우 구체적이고 분명하게 진술되어야 한다. 목표의 구체성을 확보하기 위해서는 목표를 계량화한 진술의 형태로 만들어야 한다. 이때 흔히 사용되는 용어는 '증가', '감소', '유지' 등이다.

예 6개월 이내 부부 간의 결혼만족도를 10% 증가시킨다.

(3) 측정 가능성

구체성이 있는 목표라 하더라도 그것이 측정 가능한 형태로 진술되지 않으면 목표 달성의 정도를 평가하기 어렵다. 따라서 측정 가능한 목표는 계량화되는 것이 일반적이다.

예 직업능력과정 수료생 중 50% 취업, 교육 참석자 만족도 70% 이상

(4) 지향성

모든 사회복지적 개입은 클라이언트에게 변화를 유도하기 위해 이루진다. 따라서 목표는 클라이언트를 중심으로 변화된 양상에 관해 기술되어야 한다.

예 아동양육기술의 향상, 공격성 감소, 삶의 만족도 증가

3) 목표의 유형

목표는 제시해야 하는 목적에 따라 다양한 유형으로 진술된다. 목표의 유형을 숙지하고, 프로그램 기획자가 목표 작성의 목적이나 프로그램 기획 양식에 따라 그에 맞는 유형으로 기술할 수 있다. 목표의 유형은 학자들에 따라 다르게 제시되는데, 황성철(2005)의 기준으로 살펴보고자 한다.

(1) 과정 목표와 성과 목표

과정 목표는 프로그램 수행과정 단계별로 이루어지거나 설정될 수 있는 목표이다. 과정이라는 단어에서 알 수 있듯 프로그램 수행과정마다 이루어져야 하는, 또는 설정해야 하는 목표이다. 성과 목표는 일련의 프로그램이 수행된 결과 클라이언트의 변화를 나타내는 최종 목표이다. 즉, 최종적으로 클라이언트가 도달해야 하는 성과 목표를

위해 그 과정에 어떤 활동들이 이루어져야 하는지에 따라 과정 목표를 수립하는 것이다. 과정 목표는 성과 목표를 달성하는 데 필요한 도구 및 수단이므로 통상 사회복지기관이나 사회복지사에 의해 실행되며, 기관 목표나 활동 목표와 동일할 수 있다.

다음은 앞에서 프로그램 목적의 개념을 설명하면서 제시했던 진술문이다.

> "일정한 지역 내의 증상관리가 가능한 정신질환자를 각종 집단 및 개별서비스를 통해서
> 표적집단(클라이언트집단) 프로그램의 수단 및 도구
>
> 자신의 사회적 또는 직업적 기능을 향상시켜 독립생활과 취업이 가능하도록 한다."
> 어떤 문제 미래 어떠한 상태

비록 목적에 대한 진술문이지만, 이로부터 목표를 구체화해야 하므로 함께 과정 목표와 성과 목표를 설명하기 위하여 다시 한번 살펴보자. 여기에서 과정 목표와 성과 목표를 도출해 보자면 성과 목표는 '독립생활'과 '취업'일 것이다. 과정 목표는 독립생활과 취업을 준비하기 위해 '사회적 또는 직업적 기능'을 향상시키는 활동들을 구성하겠다고 제시될 것이다. 여기에서는 집단 및 개별서비스의 종류와 양이 제시될 것인데 그것이 바로 과정 목표가 된다. 과정 목표와 성과 목표의 예를 나열한 것이다. 어디에 해당하는지 체크해 보자.

목표 진술문	목표	
결석하지 않고 학교에 나온 청소년에게 토큰을 제공한다.	☐ 과정 목표	☐ 성과 목표
여가지원 프로그램 후 게임시간을 평균 30% 감소시킨다.	☐ 과정 목표	☐ 성과 목표
부부관계의 만족도를 6개월 이내 30% 향상시킨다.	☐ 과정 목표	☐ 성과 목표
매월 부모와 자녀 간에 효과적 의사소통훈련 서비스를 제공한다.	☐ 과정 목표	☐ 성과 목표
프로그램 참여자 50%가 취업에 성공한다.	☐ 과정 목표	☐ 성과 목표

(2) 기관 목표와 활동 목표

기관 목표는 어떤 프로그램을 수행할 때 기관의 입장에서 설정한 목표이다. 활동

목표는 프로그램 수행과정에서 사회복지사가 스스로 정하는 목표이다. 과정 목표가 기관 목표와 활동 목표와 동일할 수 있다. 주의할 점은 기관 목표나 활동 목표는 프로그램의 세부 목표와 목적 달성을 위한 구체적인 방법을 제시하기 때문에 과정 목표로 동일하게 취급될 수 있으나, 프로그램의 궁극적 목표 또는 상위 목표로 설정할 수는 없다는 것이다.

(3) 영향 목표

사회복지기관의 프로그램 차원을 넘어선 지역사회 전체의 측면에서 또는 전체 클라이언트 집단 측면에서 어떤 파급효과를 가늠하거나 전체 사회문제의 해결과 클라이언트 집단의 욕구충족의 정도를 나타내주는 목표를 말한다.

예 S시의 독거노인 1,400세대 중 식사배달 서비스를 받는 세대를 80%로 정하는 경우

(4) 서비스 목표

서비스 목표란 프로그램의 구성 요소인 상담, 치료, 교육, 재활, 보호, 정보 제공, 의뢰 등 각종 사회복지 서비스들이 클라이언트에게 제공되어 개별 클라이언트가 바람직한 미래 상태로 전환됨으로써 갖는 변화를 의미한다. 다시 말해서, 서비스 목표는 개별 클라이언트의 목표를 말한다.

예를 들면, 사회복지사는 서비스 목표를 '청소년 K의 결석률을 20% 감소한다.'로 설정할 수 있다. 프로그램이 집단으로 운영된다고 하더라도 집단의 목표 설정과 개별적으로 집단에 참여하는 개별 클라이언트별로 목표가 설정되는 것이 좋다. 같은 문제를 해결하고자 프로그램에 참여한다고 하더라도 개인마다 목표가 다를 수 있기 때문이다.

4) 목표 설정의 기준

목표를 설정할 때 염두에 두어야 하는 사항을 살펴보자. 또한 목표를 설정할 때 유의할 점과 목표를 설정하는 방법을 구체적인 예시를 통해 살펴보자.

목표를 설정할 때에는 반드시 클라이언트 중심에서 클라이언트의 입장으로 진술해야 한다. 따라서 클라이언트가 주어가 되어야 하고 클라이언트의 변화양상이 동사가 되는 형태로 목표가 진술되어야 한다. 좀 더 구체적으로 살펴보면 다음과 같다(양정하 외, 2011).

① 목표는 클라이언트 중심의 '성과 목표'가 되어야 한다. ② 목표는 기관의 목적 또는 프로그램 목적과 논리적으로 연관성을 유지해야 한다. ③ 목표는 클라이언트 집단이 달성할 수 있는 성취 가능한 형태로 긍정적 방향으로 설정되어야 한다. ④ 목표는 가능한 한 측정할 수 있도록 설정하는 것이 바람직하다. ⑤ 목표는 실현 가능해야 하고 현실적이어야 한다. ⑥ 목표는 분명하고 정확해야 한다. ⑦ 목표는 시간과 연계되어야 한다.

〈표 6-3〉 이상적인 목표 설정의 원칙

이상적인 목표 설정의 원칙: SMART

Specific: 구체적이어야 한다.
Measurable: 측정 가능해야 한다.
Achievable: 성취 가능해야 한다.
Result-oriented: 결과 지향적이어야 한다.
Time-bounded: 달성할 날짜가 표시되어야 한다.

5) 목표 진술의 방법

1. **누가**(who): 프로그램 참가자(반드시 클라이언트 입장에서 진술되어야 함)
2. **무엇을**(what): 변화의 내용과 정도(문제와 관련된 핵심 요소)
3. **어떻게 한다**(do): 행위 또는 결과(~한다, ~된다 등으로 표현)
4. **도구**(how): 프로그램 및 서비스(~을 통해서 등으로 표현)

목표 진술문은 위의 4가지 요소가 포함되도록 작성한다.

예시

비행청소년들이 미술치료 프로그램을 통해 자아존중감을 향상한다.
누가 / 도구 / 무엇을 / 어떻게 한다

가족구성원이 가족관계의 응집력을 증진한다.
누가 / 무엇을 / 어떻게 한다

알코올 의존증 환자의 자녀들이 다양한 교육활동을 통해서 자기표현 능력을 향상한다.
누가 / 도구 / 무엇을 / 어떻게 한다

〈표 6-4〉 **프로그램의 목표 진술에서 유용하게 사용될 수 있는 표현**

1. 긍정적 표현
- '증가한다, 발전한다, 확장한다, 확대한다' 등

2. 부정적인 것의 감소 또는 소거와 관련한 표현
- '감소한다, 줄여 나간다, 소멸시킨다' 등

3. 무엇을 시작하고 구성해 가는 표현
- '시작한다, 창조한다, 발휘한다, 주도한다, 건설한다' 등

즉, 목표 진술 시에는 **객관적이고 쉽게 이해되며 측정 가능한 결과 지향적**으로 표현되어야 한다.

다음의 표현이 목표 진술문으로 적합한지 판단해 보자.

목표 진술문	○, ×	
클라이언트가 대인관계에서 건설적 관계를 발견하도록 돕는다.	○	×
학생들이 학생으로서 자신의 역할을 충실히 하도록 한다.	○	×
클라이언트 자신에 대한 이해도를 향상시킨다.	○	×
가족이 술과 알코올리즘에 대한 지식을 습득한다.	○	×

위에 제시한 목표 진술문은 모두 적합하지 않은 형태의 진술문이다. 왜냐하면 밑줄 친 진술이 누구나 쉽게 이해하기 어려운 부분이 존재하고, 측정하기에는 모호한

부분이 있다. 프로그램을 기획할 때에는 목표를 작성한 후 진술문에 객관성, 측정 가능성, 구체성 등이 명확히 제시되어 있는지 점검해야 한다.

6) 목표 위계화

지금까지 목표에 대해 살펴보았는데, 사회문제 분석에서 시작하여 세부 목표를 도출하기까지의 과정은 여전히 난해하고 명확하게 구분되지 않을 수도 있다. 그럼에도 불구하고 위에서도 계속 언급했듯이 프로그램의 목적과 목표, 세부 목표를 명확히 하는 것이 프로그램이 나아가야 할 방향과 구조 등을 명확히 하는 것이고, 이것이 선행되어야 타당성 있는 프로그램 평가로 이어질 수 있다는 점에서 매우 중요하다. 목표를 위계화하는 것에는 다양한 방법이 있지만, 가장 많이 활용하는 핵심 요소로부터 하위 목표를 분화하는 방법과 성과 목표에서 몇 개의 과정 목표 또는 기관이나 활동 목표로 분화하는 방법에 대해 살펴보고자 한다.

(1) 하위 목표 분화 요령-1

먼저, 목적으로부터 목표를 작성한다. 이 목표는 목적보다는 구체적이지만 여전히 포괄적인 측면이 존재한다. 목표에서 가장 핵심이 되는 요소에 밑줄을 긋고 그 핵심 요소를 2~3개로 나누어 하위 목표를 분화하는 방법이다.

예시

- **목표**: 알코올 의존 환자들이 의사소통훈련을 통해 대인관계 기술을 향상한다.
  (핵심 요소: 대인관계 기술)

- **하위 목표**

1. 자기표현훈련을 통해 대화 기술을 향상한다.
2. 부정적 감정을 효과적으로 표현함으로써 술 없이 말할 수 있는 자신감을 향상한다.

위의 예에서는 알코올 의존 환자들의 대인관계 기술 향상을 위한 프로그램을 진행하고자 한다. 예문에서는 의사소통훈련을 도구로 하여 대인관계 기술을 향상시키는 것을 목표로 하고 있다. 대인관계 기술을 향상하기 위해서 핵심 요소로 자기표현과 부정적 감정을 효과적으로 표현하는 것으로 세분화하고 있다.

(2) 하위 목표 분화 요령-2

일반적으로 성과 목표가 가장 상위 목표이자 중요한 목표라고 할 수 있다. 여기에서는 성과 목표를 달성하기 위한 몇 개의 과정 목표를 설정하거나, 기관이나 활동 목표로 나누어서 하위 목표로 분화하는 방법이다. 결과적으로 하위 목표를 따라가다 보면 성과 목표에 도달할 수 있는 과정으로 생각할 수 있다.

예시

- **목표**: 조현병 환자의 취업 준비 프로그램을 통하여 취업에 성공한다.
  성과 목표

- **하위 목표**

1. 사례관리자와 개별상담을 통해 원하는 직업의 종류와 구직 동기 등을 구체화한다.
2. 직업훈련 프로그램을 통해 기술을 습득한다.
3. 구직훈련을 통해 이력서 작성법과 면접 기술을 습득한다.
4. 사례관리자와 구인광고를 검색하고, 동행면접을 통해 구직활동을 실제 시도한다.

위의 예에서는 취업 성공이라는 성과 목표를 달성하기 위한 과정으로 개별상담, 직업훈련 프로그램, 구직훈련, 실제 구직활동이라는 과정을 거치게 된다. 이러한 과정 자체가 세부 목표이자 하위 목표가 된다.

앞에서 살펴본 하위 목표 분화 요령 두 가지 중 프로그램의 목적과 기획자의 선택에 따라 진행하면 되는데, 중요한 점은 어떠한 경우라도 성과 목표가 가장 상위의 목표가 되어야 한다는 점이다. 즉, 과정 목표와 기관 목표, 활동 목표는 하위 목표로 설정할 수 있지만 상위의 목표는 될 수 없다는 점을 반드시 명심하여야 한다.

요점 정리

- ✔ 목표란, 프로그램이 궁극적으로 개선되기를 바라는 이상적인 측면에 도달하기 위하여 필요한 구체적인 실행 목록이다.
- ✔ 프로그램은 집단이나 지역사회에 만연한 문제를 해결하기 위한 목적으로 기획한다. 프로그램에서 목표는 프로그램 수립, 실행, 평가 전반에 걸쳐 방향과 지침을 제공할 수 있을 정도로 포괄적이어야 한다.
- ✔ 목표가 갖추어야 할 네 가지 요소는 유의미성, 구체성, 측정 가능성, 지향성이다.
- ✔ 세부 목표는 성과 목표를 달성하기 위하여 실행해야 하는 구체적인 행동 계획이다. 따라서 구체적이고 현실적이며 측정 가능해야 한다. 세부 목표 설정에 의해 평가 방법도 결정되므로 프로그램 목적에 맞는 세부 목표 설정은 매우 중요한 과제이다.
- ✔ 세부 목표를 작성하는 첫 번째 방식은 목표를 작성하고, 그 진술문에서 핵심 요소를 파악한 뒤 그 핵심 소를 2~3개로 나누어 하위 목표를 분화하는 방법이다.
- ✔ 세부 목표를 작성하는 두 번째 방식은 성과 목표를 달성하기 위한 몇 개의 과정 목표를 설정하거나, 기관이나 활동 목표로 나누어서 하위 목표로 분화하는 방법이다.
- ✔ 세부 목표를 작성할 때 가장 상위가 되는 목표는 성과 목표이다. 성과 목표를 달성하기 위해 과정 목표나 기관이나 활동 목표를 하위 목표로 설정할 수 있으나, 상위 목표가 될 수 없음을 반드시 기억해야 한다.

연습 문제

1 목적과 목표의 차이점을 설명하시오.

2 본인이 선호하는 분야의 프로그램을 기획한다고 가정하고, 목적과 목표를 설정하시오.

3 산출 목표와 성과 목표를 설정해 보시오. 본문 내용에서 성과 목표가 갖추어야 할 요소를 가지고 있는지 평가해 보시오.

1) 산출 목표

세부 사업명	산출 목표

2) 성과 목표 및 평가 방법

성과 목표	평가 도구 및 방법
	– 성과 지표: – 평가 도구: – 평가 방법:
	– 성과 지표: – 평가 도구: – 평가 방법:

CHAPTER

07 프로그램의 세부 계획 수립

학습목표

1. 프로그램 내용 구성이란 무엇인지 이해한다.
2. 프로그램 대안 선택 기준에 대해 이해한다.
3. 프로그램 구성 요소에 대해 이해한다.
4. 프로그램 내용의 선정 원칙에 대해 이해한다.
5. 프로그램 내용의 조직 원리와 방법에 대해 이해한다.
6. 프로그램 활동 내용을 실제 작성해 본다.

프로그램 목적 및 목표가 설정되면 프로그램 목표를 구체적으로 달성하기 위한 프로그램 세부 계획을 수립해야 한다. 프로그램 세부 계획을 작성할 때에는 목표를 달성하기 위한 프로그램 활동 내용을 구성하여 구체적으로 작성해야 한다. 프로그램 활동 내용을 작성하기 위해서는 프로그램 활동 내용에 대한 전반적인 지식과 기술을 학습하고 이해해야 한다. 따라서 이 장에서는 프로그램의 목표를 달성하기 위해 프로그램 활동 내용을 구성하는 것과 대안 선택의 기준, 구성 요소, 프로그램 내용 선정 원칙과 조직 원리에 대해 학습하고 실제적으로 프로그램 활동 내용을 작성해 보고자 한다.

1. 프로그램 내용 구성

사회복지 프로그램 내용을 구성하는 것은 프로그램의 목적 및 목표를 달성하기 위해 주어진 여러 가지 대안 중 가장 적절한 대안을 선택하여 구체화해 나가는 과정이다. 전체적인 맥락에서 프로그램 목적과 목표 달성에 가장 부합하고 클라이언트에게 가장 도움이 되는 활동 내용을 결정하는 것이다. 프로그램의 활동 내용을 구성할 때에는 구성 요소별로 계획을 수립하여 구체적으로 작성해야 한다. 프로그램의 목표를 달성하기 위한 전략을 구체화하는 내용으로 구성되며 이는 곧 클라이언트 문제나 욕구를 해결하는 개입전략이 되는 것이다. 프로그램 활동 내용 구성은 클라이언트 문제해결과 욕구를 충족하고 프로그램 목표를 달성하기 위해 사회복지사가 어떻게 과업을 수행할 것인지에 대한 내용을 포함한다. 이렇듯 프로그램 활동 내용을 구성함에 있어서 사회복지사가 사용하는 기술과 클라이언트의 어떤 부분의 변화에 초점을 맞출 것인가에 따라 개입전략이 구분되는 기준이 되며 개입전략별 내용은 〈표 7-1〉과 같다(김영종 외, 2007; 이민홍·정병오, 2017).

〈표 7-1〉 개입전략과 접근 방법

개입 방법	주요 내용
인지적 접근	• 클라이언트의 인식과 인지의 변화를 유도 • 클라이언트에게 필요한 정보를 제공해 주거나, 학습지도, 인식개선 교육 등을 포함
정서적 접근	• 클라이언트의 정서, 감정, 태도 등을 변화시키는 것으로 개인에 대한 개입활동에서 주로 사용 • 개인의 문제가 대개 내·외부로부터의 스트레스에 대한 대처능력 부족에서 비롯된다는 시각에서 출발
생물학적 접근	• 클라이언트의 생물학적, 신체적 측면의 변화를 추구 • 사례: 이미용서비스나 목욕서비스, 각종 의료서비스 등
환경적 접근	• 클라이언트의 생태적, 경제적, 사회적 환경을 다룸 • 클라이언트와 그를 둘러싸고 있는 지역사회와의 관계 개선이나 물리적 환경을 변화시키는 전략 • 사례: 경제 보장, 주거환경 개선 등

사회복지 프로그램의 내용을 구체적으로 구성하는 데 도움이 되는 개입전략과 서비스를 정신보건, 아동복지, 노인복지 영역별로 나눈 것을 개인, 가족, 집단, 근린지역, 사회제도, 전체 사회 등 모든 클라이언트 체계에 따라 〈표 7-2〉에 제시하였다(황성철, 2005; 이민홍·정병오, 2017). 〈표 7-2〉에서 제시한 사회복지 프로그램 개입전략과 서비스

는 프로그램 내용을 구체적으로 구성하고 선정하는 데 있어서 실질적인 도움을 줄 수 있다.

〈표 7-2〉 사회복지 프로그램 개입전략과 서비스

<table>
<tr><th colspan="2">대상체계</th><th>지역사회 정신보건</th><th>아동복지</th><th>노인복지</th></tr>
<tr><td rowspan="3">미시체계</td><td>개인</td><td>• 사례관리
• 심리치료
• 약물치료
• 자원봉사자와 클라이언트의 관계
• 직업재활</td><td>• 아동상담
• 부모상담
• 부모 개별교육
• 아동·부모 옹호</td><td>• 사례관리
• 노인교육
• 사례 옹호</td></tr>
<tr><td>가족</td><td>• 가족치료
• 가족지지집단
• 일시보호
• 심리교육 워크숍</td><td>• 가족치료
• 위탁가정 계약
• 가정관리 서비스
• 가정봉사원</td><td>• 가족부양자 지지 프로그램
• 가족문제 해결 프로그램
• 서비스 이용자 가족 프로그램</td></tr>
<tr><td>집단</td><td>• 집단치료
• 약물복용 모니터 집단
• 사회적 지지집단</td><td>• 익명부모모임
• 부모교육교실
• 가해자 집단
• 부모 지지집단</td><td>• 가족돌봄자 지지
• 노인 주간 보호
• 지역사회 옹호</td></tr>
<tr><td rowspan="3">거시체계</td><td>지역사회</td><td>• 일시보호
• 아동위기개입센터
• 응급보호소</td><td>• 아동보호
• 청소년보호센터
• 한부모센터</td><td>• 상호협력
• 이웃 조직화
• 노인대학, 경로당</td></tr>
<tr><td>사회제도</td><td>• 재입원 규정 변화
• 퇴원 규정 변화
• 강제입원 규정 변화
• 클라이언트 중심 서비스
• 클라이언트 옹호</td><td>• 입양 규정 변화
• 학교체벌 금지
• 학교사회사업</td><td>• 후견인 프로그램 개선
• 옴부즈맨 프로그램
• 노인보호법</td></tr>
<tr><td>전체사회</td><td>• 시설보호 중심에서 지역사회보호로 패러다임 변화</td><td>• 양육보호에서 가족지원으로 패러다임 변화
• 부모교육 의무화</td><td>• 재산분할 입법
• 노인학대 예방 인식 개선
• Aging in Place 지원</td></tr>
</table>

출처: Rapp & Poetner(1992: 38)

2. 프로그램 대안 선택의 기준

프로그램 목표를 달성하기 위한 여러 가지 대안들 중에서 프로그램을 실행하기 위해 무엇을 선택할 것인가에 있어서 선택의 의사결정에는 기준이 필요하다. 여러 가지 대안들 중에서 가장 적절한 대안을 선택할 때 고려해야 할 기준은 크게 타당성과 실행 가능성이다(이민홍·정병오, 2017; 이봉주·김기덕, 2014; 정무성·정진모, 2001).

1) 타당성

타당성은 선택된 대안이 목표와 내적인 인과관계를 가지고 있어야 하며, 선택된 대안을 수행하면 반드시 설정된 목표가 달성되어야 한다(이봉주·김기덕, 2014). 예를 들어 결식의 우려가 있는 노인들의 결식 예방을 통한 건강한 삶의 영위라는 목표가 설정되었다면 노인들의 결식 예방을 위한 여러 가지 대안들 중 결식 예방에 도움이 될 것이라는 인과관계가 맞는 대안들 중에서 선택되어야 한다. 결식 예방이 목표인데 체력증진과 관련된 대안으로 선택할 수는 없다. 왜냐하면 체력 증진은 결식 예방과 인과관계가 맞지 않기 때문이다. 목표를 달성하기 위해서는 수단과의 인과관계가 맞아야 타당성이 있다고 볼 수 있다. 이렇듯 프로그램 목표 달성을 위한 수단으로 내적인 인과관계가 맞는지를 검증하는 타당성에는 효과성, 효율성, 적절성, 형평성이 있다.

(1) 효과성

효과성은 프로그램이나 서비스를 통해 처음에 계획했던 대로 프로그램의 목표를 얼마나 달성했는지 목표 달성 정도를 뜻한다. 예를 들어, 다문화가정 이주여성 10명에게 한글교실을 통해 한국어 습득이라는 목표를 설정해 다문화가정 이주여성 10명이 모두 한글을 습득했다면 100% 효과성이 있다고 볼 수 있다. 이처럼 효과성은 자원 투입과 상관없이 프로그램 목표를 얼마나 달성했는지를 판단의 기준으로 삼는다.

(2) 효율성

효율성은 최소의 자원 투입으로 최대의 산출을 냈는지 정도를 의미하며, 자원의 효율적인 사용에 대한 정보를 제공해 준다. 서비스 단위당 얼마의 비용이 들었는가를 계산하여 프로그램들 간의 비교가 이루어진다. 예를 들어, 다문화가정 이주여성의 한국어 습득이 한글교실을 운영하여 효과성이 있다고 하더라도 한글교실을 운영하는 데 많은 인적, 물적 자원이 투입된다면 한글교실을 운영하는 것에 대해 고려를 하게 될 것이다. 한글교실 운영이 한글을 습득하는 데 아무리 효과성이 높다고 하더라도 많은 자원이 투입된다면 비효율적이기 때문에 한글습득을 위해 한글교실 운영이 아닌 다른 대안을 선택해야 한다는 것이다. 이처럼 프로그램의 대안 선택에 있어서 효과성이 높다고 해서 효율성도 높다고 볼 수는 없기 때문에 많은 자원이 투입되는 프로그램보다는 현실적으로 적은 비용으로 효과성을 얻을 수 있는 대안을 선택해야 한다는 것이다.

(3) 적절성

적절성은 해결하고자 하는 문제는 복합적으로 존재하기 때문에 문제를 가진 대상자나 인구 집단의 특성, 상태, 문제가 놓여 있는 지역적 특성, 환경 등을 고려하여 적절하게 선택해야 한다는 것이다. 예를 들어, 사회성 향상이라는 목표를 달성하고자 장애인의 사회적응 프로그램을 실시할 때 시골 지역에 거주하고 있는 장애인이라는 대상자, 지역적 특성을 고려해 다양한 사회적응 프로그램 중 이러한 특성을 반영하여 보다 적합한 사회적응 프로그램 내용을 구성하여 수행할 수 있을 것이다.

(4) 형평성

프로그램 참여 대상자는 개별인 경우도 있지만 대부분 프로그램의 경우 집단으로 이루어져 있다. 프로그램 목표를 달성하기 위해 프로그램 참여 대상자 중 몇몇 참여자에게만 유리하게 구성되었다면 형평성에 어긋나는 것이며, 프로그램을 성공적으로 수행하지 못할 것이다. 또한 프로그램 참여 대상자 중 다수가 불만을 가지고 있다면 이는 곧 프로그램 목표 달성이 불가능하게 될 것이다.

2) 실행 가능성

가장 적절한 대안이 선정되어 타당성이 확보되었더라도 현실적으로 실행 가능하지 않다면 그 대안은 바람직하지 못하다. 따라서 가장 적절한 대안이 실행 가능한지를 검증해야 하며, 실행 가능성 기준에는 기술적·경제적 실행 가능성, 이용자 확보 여부, 윤리적·정치적 실행 가능성이 있다.

(1) 기술적 실행 가능성

가장 적절한 대안이 타당성을 갖추고 있다고 하더라도 프로그램을 실행할 기관이나 시설의 조직구조, 인력수준, 기관의 장비, 기술적 능력을 고려할 때 실행 불가능한 경우가 있다. 예를 들어, 경기도 전체 어린이를 대상으로 어린이날 기념행사 프로그램을 수행한다고 할 때 개별기관에서 수행하기는 조직구조, 인력 수준 등을 고려할 때 현실적으로 실행이 불가능한 것이다.

(2) 경제적 실행 가능성

가장 적절한 대안이 기술적으로 실행 가능하다고 할지라도 프로그램을 수행하는데 많은 예산이 투입되면 현실적으로 수행하기가 힘들다. 특히 사회복지시설은 외부환경에 의존도가 높아 프로그램 예산을 지원받는 경우가 많고 예산을 투명하고 적절하게 사용해야 하므로 경제적 실행 가능성은 중요하게 고려해야 하는 부분이다.

(3) 이용자 확보 여부

가장 적절한 대안이 기술적으로 실행 가능하고 경제적으로도 실행 가능하지만 프로그램에 참여할 이용자가 확보되지 않았다면 아무런 의미가 없다. 프로그램에 참여할 이용자를 확보하는 데 있어서 많은 어려움을 겪을 수 있는데 특히 사회적으로 부정적인 시각으로 바라보거나 민감한 경우에는 더 힘들 것이다. 예를 들어, 성폭력 피해자들을 위한 프로그램, 중독자들을 위한 프로그램 등은 사회적으로 민감한 부분이므로 프로그램에 참여할 이용자를 확보하는 데 있어서 많은 어려움이 있을 수 있다. 실질적으로 프로그램 기획은 잘했지만 참여할 대상자를 모집하지 못해 프로그램을 실행하지 못하는 경우가 간혹 있다.

(4) 윤리적 실행 가능성

가장 적절한 대안이 기술적·경제적으로 실행 가능하고 이용자도 확보했다고 하더라도 사회적으로 윤리적이지 못하면 프로그램으로 실행하기 어렵다. 따라서 프로그램으로 실행하기 위해서는 윤리적인 측면에서 문제가 없는지 철저히 분석하고 파악해야 한다.

(5) 정치적 실행 가능성

정치적 실행 가능성은 가장 적절한 대안이 이해관계집단들로부터 정치적 지지를 얻을 수 있는가를 의미한다(최일섭·이창호, 1993). 프로그램을 수행하는 기관의 설립목적, 조직의 가치 등이 예산을 지원하는 공공, 민간 등 기관의 규정이나 지침 등의 측면에서 부합하지 않으면 프로그램을 실행하는 데 어려움이 있다. 따라서 프로그램의 목표를 달성하기 위해서는 이해관계집단들과 상호 협력하는 관계를 유지할 수 있어야 한다.

3. 프로그램 구성 요소

간단한 프로그램일지라도 프로그램으로 모습을 갖추기 위해서는 반드시 갖추어야 할 구성 요소들이 있다. 프로그램 내용, 참여 대상, 수행 시기 등에 따라 강조되는 요소가 각각 다를 수는 있지만, 기본적으로 프로그램 구성 요소들이 포함되어야 목표를 달성하는 수단으로 프로그램의 위치를 확보할 수 있다. 이봉주와 김기덕(2014)이 제시한 다음 프로그램 구성 요소 중 한 가지라도 빠지면 프로그램 담당자는 프로그램을 성공적으로 수행할 수 없게 된다.

1) 참가자

참가자는 프로그램에 참여할 서비스 대상자를 의미한다. 사회복지 프로그램 대상자를 일반집단, 위험집단, 표적집단, 클라이언트 집단으로 나누었을 때 프로그램에 참여하기로 동의한 클라이언트 집단을 의미한다. 프로그램의 참가자는 프로그램 내용을 구성하는 데 있어서 가장 핵심적인 요소이다.

2) 실시 주체의 의도

프로그램 내용에는 실시 주체의 의도가 분명하게 담겨 있어야 한다. 예를 들어, 프로그램을 수행하는 기관의 철학, 목표, 설립목적 등이 프로그램 내용에 분명하게 표현되어야 한다. 프로그램 실시 주체의 의도는 프로그램 목표뿐만 아니라 프로그램 참가자를 통해 표현되기도 하지만 프로그램 활동 내용에 구체적으로 표현되어야 한다.

3) 활동 내용

프로그램 활동 내용에는 시행 시기, 서비스의 양과 질, 수행 방법, 시간, 장소, 담당 인력, 참여 인원 등 구체적인 내용이 담겨 있어야 한다. 이러한 구체적인 활동 내용을 바탕으로 전문가인 사회복지사를 통해 프로그램이 수행된다.

4) 프로그램 담당자

프로그램은 전문가가 수행하는 활동이므로 반드시 전문 인력에 의해 수행되어야 한다. 특히 사회복지는 휴먼서비스로 인간을 대상으로 하는 실천학문으로 프로그램 담당자의 역할이 매우 중요하다. 사회복지 프로그램을 수행하는 인력은 프로그램을 직접 수행하는 사회복지사, 사회복지사를 지원하는 슈퍼바이저, 전문가의 지도를 받고 프로그램 수행을 돕는 자원봉사자가 프로그램 담당자이다. 프로그램 구성에 있어서는 각각 담당자들 간의 역할과 책임을 분명히 제시해야 상호 간의 업무를 원활하게 수행할 수 있다.

5) 경비

프로그램 목표를 달성하고 프로그램 활동 내용을 수행하기 위해서 어떤 자원이 필요하며, 이러한 자원을 어떻게 확보할 것인지를 구체적으로 표시하는 것을 경비 또는 예산이라고 할 수 있다. 프로그램 활동에 필요한 인건비, 사업비, 관리 운영비 등을 어떻게 조달할 것이며, 산출 근거를 일목요연하게 제시할 수 있어야 한다.

6) 프로그램 평가계획

프로그램 내용을 구성하고 실행하는 것은 궁극적으로 프로그램에서 계획한 목표를 달성하기 위함이다. 따라서 프로그램 구성에는 프로그램 과정과 결과에 대해 평가를 어떻게 할 것인지 구체적인 계획을 반영해야 한다. 프로그램 활동 내용을 평가함으로써 유사한 다른 프로그램을 기획하는 데 있어서 기초 자료로 활용할 수 있다.

4. 프로그램 내용의 선정 원칙

프로그램 목표를 달성하기 위한 프로그램 내용은 다양하게 제시될 수 있다. 다양하게 제시된 여러 가지 프로그램 내용들 중 목표를 달성하고 클라이언트에게 실질적인 도움을 줄 수 있는 내용을 선정해야 한다. 프로그램 대안 선택 기준을 고려하여 가장 적절한 대안을 선택하고 이를 근거로 프로그램 활동 내용을 선정할 때 고려해야 할 점은 합목적성, 동기유발, 성취 가능성, 포괄성, 현실성, 지역성 등이 있다(이민홍·정병오, 2017; 정무성, 2014; 황성철, 2005).

1) 합목적성

프로그램 내용이 선정되었다면 프로그램 목적과 목표에 부합되어야 한다는 것이 합목적성이다. 프로그램 내용이 아무리 창의적인 내용이라 할지라도 프로그램 목적과 목표에 부합하지 않는다면 의미가 없다는 것이다. 다시 말해서 프로그램 내용은 목적과 목표를 고려하여 선정해야 한다는 것이다. 예를 들면 프로그램 참여자의 게임중독 예방을 목표로 설정했다면 게임중독 예방을 위한 치료와 교육적인 내용이 선정되어야 한다.

2) 동기유발

프로그램 내용 선정에 있어서 프로그램 참여자의 동기를 유발할 수 있도록 하는 것은 중요한 요인이다. 프로그램이 성공적으로 실행되기 위해서는 프로그램 참여자가 적극적으로 참여할 수 있도록 유도하고, 참여 동기를 향상시키려는 노력이 필요하다. 프로그램 참여자가 프로그램에 관심과 흥미를 가질 수 있도록 해야 하며 이를 통해 동기유발이 촉진될 수 있도록 해야 한다.

3) 성취 가능성

프로그램에서 실행하고자 하는 활동 내용은 실제로 성취 가능해야 한다. 프로그램 내용이 아무리 효과적이고 효율적이라고 하더라도 참여자가 프로그램에 참여하지 않고 포기하거나, 기관의 인력, 시설, 장비 등의 문제가 발생하여 실행할 수 없다면 아무런 의미가 없다.

4) 포괄성(다양성)

프로그램의 목표를 달성하기 위한 프로그램 내용은 여러 가지 성과를 얻을 수 있도록 가능한 한 포괄적이고 다양해야 한다. 하나의 목표를 달성하기 위해 한 가지의 프로그램 활동을 실시하는 것보다 여러 가지의 다양한 프로그램 활동을 실시하여 목표를 달성할 수 있도록 하는 것이 바람직하다. 프로그램 활동 내용은 목표와 직접적인 상호 관련성이 있어야 하며, 목표 달성이라는 전체적인 맥락에서 실현되어야 한다.

5) 현실성

프로그램 내용이 사회적 특성과 상황을 고려하여 현실성 있게 선정되어야 한다는 것이다. 즉, 실제 사회생활 속에서 적용될 수 있는 실용성이 있어야 한다는 것이다. 예를 들면, 정신장애인을 대상으로 하는 사회재활 프로그램이라면 프로그램의 내용이 실제로 대중교통수단을 이용할 수 있고, 대형 쇼핑몰에서 필요한 물품을 구매하고 대금을 지불할 수 있는 교육과 훈련을 중심으로 구성되어야 한다(황성철, 2005).

6) 지역성

프로그램이 수행되는 지역적 특수성을 반영해서 프로그램 내용을 선정해야 한다. 사회복지 프로그램을 시행하는 기관은 특정한 지역에 위치하고 있어서 그 지역의 문화, 전통, 관습, 인구특성 등의 요인을 반영하여 프로그램 내용을 구성하고 실행해야 한다. 예를 들면, 농촌과 도시, 빈곤층 밀집지역과 중산층 지역 등 지역적 또는 인구사회학적 특성을 반영한 프로그램의 내용 선정이 필요하다(황성철, 2005).

5. 프로그램 내용의 조직 원리와 방법

사회복지 프로그램의 경우 한 번의 활동으로 계획되기보다는 시기와 횟수에 따라 반복되는 활동으로 계획된다. 프로그램의 특성에 따라 짧은 기간에 종료되는 경우도 있지만, 1년 이상 지속되어 실행되는 프로그램도 있다. 따라서, 프로그램의 목표를 달성하기 위한 대안으로 선정된 내용을 구성하여 프로그램을 성공적으로 실행하기 위해서는 프로그램의 내용을 조직하는 원리와 방법에 대한 이해가 있어야 한다. 프로그램 내용의 조직 원리란 프로그램 내용이 선정된 후 프로그램 실행을 하기 위해 프로그램 내용을 체계적으로 배열하고 구성하는 것을 말한다. 프로그램의 목표를 달성하기 위해 선정된 대안들 간의 관계에 따라 프로그램의 내용을 적절하게 조직하고 배치해야 한다. 이렇듯 프로그램 목표를 달성하기 위해 프로그램 내용을 구성하고 조직할 때 고려해야 하는 기준에는 연속성, 계열성, 통합성, 다양성의 원리가 있다(이민홍·정병오, 2017; 이봉주·김기덕, 2014; 정무성, 2014; 황성철, 2005).

1) 연속성

연속성의 원리는 프로그램 내용의 조직에 있어서 참여자가 프로그램 활동에 참여할 때 한 번 참여하고 끝나는 것이 아니라 연속적으로 참여할 수 있는 경험을 가질 수 있어야 한다는 것이다. 즉, 중요한 프로그램의 활동은 반복적으로 참여하여 참여자가 강화 효과를 얻을 수 있도록 해야 한다는 것이다. 프로그램의 목표를 달성하기 위해 프로그램의 내용을 반복적으로 조직하는 방법이며, 특히 교육이나 훈련 프로그램의 내용을 조직화할 때 보편적으로 적용되는 원리 중의 하나이다. 예를 들어, 다문화가정에 대한 인식개선 교육이 중요한 목표라면 다문화가정에 대한 이해를 위해 다양한 교육 프로그램을 구성하여 반복적으로 진행할 때 더 효과적일 수 있다(황성철, 2005).

2) 계열성

계열성의 원리는 프로그램 내용이 일정한 순서에 따라 조직화되어야 한다는 것이다. 프로그램을 성공적으로 수행하기 위해서 프로그램 선행 내용을 기초로 하여 상호 관련성을 가지고 점차적으로 깊이와 넓이를 더해 갈 수 있도록 조직하는 것을 의미한다.

좀 더 구체적으로 살펴보면 첫째, 단순한 프로그램에서 복잡한 프로그램으로 조직해 나간다. 프로그램 참여자가 프로그램 내용을 충분히 알고 적응하여 참여하는 것은 중요하다. 참여자가 프로그램을 잘 이해하지 못하고 참여하게 되면 참여 동기나 흥미를 잃어버릴 수 있기 때문에 단순한 프로그램을 진행하다가 어느 정도 적응이 되면 복잡한 프로그램으로 전개해 나가는 것이 프로그램 목표를 달성하는 데 있어서 더 효과적이라고 할 수 있다.

둘째, 쉬운 프로그램에서 어려운 프로그램으로 조직해 나간다. 프로그램 참여자가 자발적으로 참여할 수 있는 동기를 강화하고 목표의식을 향상시킬 수 있도록 하는 것은 중요한 일이다. 따라서 프로그램 초기에 참여자의 자발성과 흥미를 이끌어 내고 관계를 형성할 수 있는 쉬운 프로그램을 진행하고 난 후 참여자와 관계 형성이 이루어진 후 어려운 프로그램을 진행해 나가는 것이 바람직하다.

셋째, 구체적인 프로그램에서 추상적인 프로그램으로 조직해 나간다. 프로그램이 비슷하거나 상호 연관성을 가지고 동시에 진행할 경우에는 구체적인 프로그램을 먼저 실시하고 추상적인 프로그램을 실시해야 참여자들이 보다 쉽게 적응하고 이해할 수 있다. 예를 들어, 부모-자녀 간의 관계개선 프로그램을 진행할 경우 부모와 자녀와의 대화 방법, 강점 발견 등 구체적인 프로그램을 먼저 실시한 후 부모와 자녀의 자기성장 체크하기, 가족헌장 만들기 등 추상적인 프로그램을 실시하는 것이 좀 더 효과적일 것이다.

넷째, 이미 알고 있는 것에서 모르는 것으로 조직해 나간다. 프로그램을 성공적으로 수행하기 위해서 참여자가 프로그램에 대해 충분히 알고 참여하는 것이 중요하다. 따라서 프로그램 내용을 구성할 때 참여자가 익히 알고 있는 것을 실시하고 난 후, 어느 정도 흥미와 관심을 갖게 되면 모르는 것을 실시하는 것이 프로그램 목표를 효과적으로 달성할 수 있을 것이다.

다섯째, 포괄적인 것으로부터 세부적인 것으로 점진적으로 조직해 나간다. 프로그램 참여자들이 프로그램에 대한 전반적이고 포괄적인 이해가 없이 진행을 하다 보면 시간이 지날수록 프로그램에서 탈락하거나 흥미를 잃게 되는 경우가 있다. 따라서 프로그램 내용을 조직할 때는 참여자가 전체적으로 이해할 수 있는 프로그램을 먼저 구성하고 난 후 세부적인 내용을 구성하는 것이 효과적이다. 예를 들어, 프로그램을 수행하기에 앞서 오리엔테이션, 사업설명회 등을 통해 참여자들에게 프로그램에 대한 정보를 제공하여 이해를 높이고 수행을 하면 좀 더 효과적으로 프로그램을 수행할 수 있을 것이다(이봉주·김기덕, 2014; 황성철, 2005).

3) 통합성

통합성의 원리는 프로그램 내용을 조직할 때 여러 가지 프로그램의 내용들이 따로 분리되어 있는 것이 아니라 상호 관련성을 가지고 관계를 맺고 있다는 것을 확보하는 것이다. 프로그램의 궁극적인 목표를 달성하기 위해서는 프로그램 각각 하위 목표의 내용들을 모두 수렴해서 궁극적인 목표가 달성되도록 해야 한다. 예를 들어, 인간발달은 신체, 인지, 정서, 사회 측면의 발달이 상호 연관되어 전체로서 인간의 성장과 발달을 가능하게 하므로 프로그램 내용들이 이를 반영하여 조직화되어야 한다(이민홍·정병오, 2017; 황성철, 2005).

4) 다양성

다양성의 원리는 프로그램 참여자 개인들이 갖고 있는 욕구, 특성, 관심, 흥미, 능력 등이 충분히 발휘될 수 있도록 다양하고 융통성 있는 방법으로 프로그램 내용들이 구성되어야 한다는 것을 말한다. 개별 클라이언트를 대상으로 하는 프로그램의 경우 다양성의 원리를 적용하기가 쉽지만, 집단 프로그램의 경우에는 집단활동의 목표를 달성해야 하므로 집단의 노력과 활동도 필요해서 쉽지가 않다. 하지만 집단 프로그램도 개별 클라이언트의 특성과 요구를 반영할 수 있도록 프로그램 내용이 구성되어야 한다(황성철, 2005).

6. 프로그램 활동 내용 작성

프로그램 활동 내용을 작성할 때는 적절한 계획을 수립하고 계획 수립에 있어서 필요한 요소들이 포함되었는지 점검하고 확인하는 것이 중요하다. 프로그램은 전문가에 의해 수행되는 활동으로 활동 내용을 작성할 때는 누가 프로그램을 실행하는가, 언제 프로그램을 실행하는가, 어디서 프로그램을 실행하는가, 무슨 프로그램을 실행하는가, 왜 어떤 목적으로 이 프로그램을 실행하는가, 어떻게 프로그램이 실행되는가 등을 적절한 방법으로 제시할 수 있어야 한다. 사회복지 프로그램의 관리기법으로 활용되고 있는 〈표 7-3〉의 5W1H 체크리스트 기법을 통해 프로그램 계획 수립 시 구체적인 요소를 점검하고 확인할 수 있다.

〈표 7-3〉 프로그램 실행 계획 수립과 실행 과정별 문제 확인을 위한 5W1H 체크리스트

5W1H	실행 계획 수립의 주요 요소	실행 과정에서의 문제 확인 요소
1. Who (누가)	**누가 프로그램을 실행하는가** 1) 프로그램의 주최자와 주관자는 누구인가 2) 프로그램 실행을 준비하는 사람은 누구인가 3) 프로그램 담당자, 외부전문가, 자원봉사자는 누구인가	**실행 주체와 관련된 문제** 1) 현재 실행하는 사람은 누구인가 2) 그 밖에 실행할 수 있는 사람은 누구인가 3) 반드시 실행에 참여해야 할 사람은 누구인가 4) 무리하게 무관하게 일관성 없이 참여하는 사람은 누구인가
2. When (언제)	**언제 프로그램을 실행하는가** 1) 프로그램 실행의 예정 일시 2) 프로그램 실행의 기간	**실행 시기와 기간과 관련된 문제** 1) 언제 실행하는 것이 바람직한가 2) 정해진 시기와 기간 외에 할 수는 없는가 3) 실행 시기가 무리하게 정해지지 않았는가
3. Where (어디서)	**어디서 프로그램을 실행하는가** 1) 가장 적합한 장소 2) 차선으로 간주되는 장소	**실행 장소 및 주변 여건과 관련된 문제** 1) 여기서 실행하는 것이 좋은가 2) 그 밖에 다른 장소는 없는가 3) 실행 장소가 무리하게 정해지지 않았는가
4. What (무엇을)	**무슨 프로그램을 실행하는가** 1) 프로그램 형태와 제목 2) 프로그램의 핵심 요소	**실행 활동과 관련된 문제** 1) 어떤 활동이 실행되고 있는가 2) 다른 활동으로 필요한 것은 없는가 3) 무관하게 이루어지는 활동은 없는가
5. Why (왜)	**왜 어떤 목적으로 이 프로그램을 실행하는가** 1) 프로그램의 목적은 무엇인가 2) 프로그램의 주제는 무엇인가 3) 프로그램에서 강조점은 무엇인가	**실행 목적 달성과 관련된 문제** 1) 왜 그 사람이 그 활동을 하는가 2) 왜 그 시간과 장소에서 하는가 3) 왜 그 방법으로 활동을 하는가 4) 목적 달성에서 무리, 무관성, 무일관성은 없는가
6. How (어떻게)	**어떻게 프로그램이 실행되는가** 1) 프로그램의 구조와 절차 2) 예산과 인력의 준비 3) 홍보와 프로그램 수단	**실행 방법과 관련된 문제** 1) 어떤 방법으로 실행되고 있는가 2) 다른 방법은 없는가 3) 방법상의 일관성은 유지되는가

출처: 황성철(2005)

프로그램의 목표를 달성하기 위해 여러 가지 대안 중 가장 적절한 대안이 설정되면 구체적인 실천계획이 수립되어야 한다. 프로그램이 실제 가능하도록 제시해야 하는

단계이므로 프로그램을 실행하기 위한 활동으로 프로그램명, 시행 시기, 서비스의 양과 질, 수행 방법, 시간, 장소, 담당 인력, 참여 인원 등 구체적인 작성을 해야 한다. 사회복지공동모금회의 경우 세부 사업 내용 작성 시 자유롭게 작성하되, 사업을 어떻게 추진할 것인지에 대하여 세부 사업별 시행 방법, 시행 시기 및 횟수, 사업 진행 일정 등 구체적인 작성을 요구하고 있다. 즉, 사업 내용을 작성 시에는 프로그램 목표를 달성하기 위한 구체적인 내용을 포함하여 프로그램 간 상호 관련성이 있게 작성해야 수행하고자 하는 사업이 무엇인지를 명확하게 알 수 있다는 것이다. 사회복지공동모금회 2018년 배분사업 안내서에서 제시하고 있는 작성 방법을 살펴보면 무엇을, 언제, 누구에게, 언제부터 언제까지 몇 회를, 누가 수행하는지와 함께 홍보 계획에 대해서는 적절한 방법으로 작성하도록 하고 있다. 사업을 몇 개의 단위 사업으로 구분하여 제시된 양식을 활용하거나, 글로 표현하여 자유롭게 작성하도록 하고 있다.

이러한 작성 방법을 바탕으로 프로그램 활동 내용 작성은 2017년, 2018년 사회복지공동모금회에서 제시하고 있는 사업 내용 순서에 따라 구체적으로 살펴보고자 한다. 〈표 7-4〉는 2018년 사회복지공동모금회 배분사업 안내에서 제시하고 있는 '아동학대 고위험 가정의 재학대 예방을 위한 심리정서지원 프로그램' 사업 내용이다.

〈표 7-4〉 프로그램 주요 활동 내용 및 수행 방법

세부 사업명	활동(수행 방법)
맞춤형 서비스 지원	• 상담/심리치료: 담당자의 가정 방문을 통한 문제 파악 및 해결방안 모색/가정별 5회, 전문 심리 검사/가정별 1회, 심리치료/가정별 6회 • 일상생활 지원: 주거환경 개선, 긴급생계지원, 학습지원 등 서비스 연계/가정별 1회 • 사례 회의: 참여자 및 사업 담당자 대상 사례별 진행 상황 점검 및 상호 피드백 실시/1회 • 정신건강 지원: 정신의학 전문가 진단에 따라 치료 정신과 진료 지원/10가정 선정, 가정별 1회
양육교육 프로그램	• 담당자 상담을 통해 양육교육이 필요한 10가정 선정 • 전문기관 연계를 통한 양육기술 상담 교육 • 행위자 초기 상담, 종합심리평가, 양육태도검사 각 1회 실시 • 양육태도 및 감정코칭 등 전문가를 통한 교육 2회 실시

〈표 7-5〉는 2017년 사회복지공동모금회 배분사업 안내서에서 제시하고 있는 프로그램 중 세부 내용에 관한 사례 '저소득층 방임아동의 보호·학습지원을 위한 야간보호사업'으로 2018년 사회복지공동모금회 배분사업 안내에서 제시하고 있는 사례(〈표 7-4〉)보다 좀 더 구체적으로 작성된 사례이다.

〈표 7-5〉 프로그램 세부 사업 내용

성과 목표	프로그램	활동 (수행 방법)	시행 시기	수행 인력	참여 인원	시행 횟수 시간
보호아동의 야간 안전 사고율 감소	야간아동 보호 및 안전귀가 동행서비스	• 복지관 방과후교실 오후 1~10시까지 운영(야간시간대 오후 6~10시) • 아동보호자 귀가 시간에 따라 귀가일정 조정 • 보호자가 동행귀가를 하지 못하는 경우, 복지관 차량을 통한 귀가 서비스 제공(운선자, 귀가 지도교사 동승)	연간	복지사 1명 봉사자 1명 운전자 1명	20명	보호 –1일 4시간 주 5회 · 귀가 –1일 1시간 주 5회
평균 신체발달 지수 향상	무료 석식 간식 제공 및 건강체조	• 야간보호아동에 대한 무료급식 제공(자체 급식시설 운영) • 야간보호아동에 대한 무료 저녁 간식 제공(비타민 공급을 위한 과일 위주의 간식 제공) • 매일 1시간 스트레칭과 근육이완 체조 진행	연간	복지사 1명 봉사자 2명	20명	1일 1시간 주 5회
기초학습 능력 향상	기초학습 지도	• 자체 자원봉사 대학생을 활용한 기초학습(국어, 영어, 수학) 지도 • 자체 자원봉사대학생을 활용한 숙제지도, 매일 숙제 알림장 점검	연간	복지사 1명 봉사자 2명	20명	1일 1시간 주 5회
보호아동의 가족 유대감 증대	가족관계 개선 프로그램	• 월 1회 가족관계 개선 프로그램 시행(가족음식 만들기, 가족나들이, 가족체육대회, 영화 보기 등) • 상담 전공자를 통한 가족상담 시행(해결 중심 기법 활용)	연간	복지사 2명 봉사자 2명	40명	월 1회 4시간 · 월 20회 회당 30분

프로그램 주요 활동 내용을 구성하고 프로그램을 효과적으로 진행하기 위해 프로그램 내용과 수행 방법을 프로그램 진행 일정에 따라 계획해야 한다. 프로그램 활동에 대한 관리기법으로 일반적으로 활용되고 있는 것은 활동별 시간계획표(Gantt Chart)이다. 활동별 시간계획표는 프로그램 시작에서부터 종료까지 수행될 세부 사업 내용별로 진행 일정 계획을 일목요연하게 나타낼 수 있다. 프로그램 세부 목표와 수행해야 할 과업을 세로축에 작성하고 프로그램 전체 시간을 가로축에 작성하여 해당 프로그램의 진행 시기와 일정을 도표로 나타낸 것이다. 〈표 7-6〉은 2018 사회복지공동모금회 배분사업 안내에서 제시하고 있는 프로그램 활동별 시간계획표이다.

〈표 7-6〉 프로그램 활동별 시간계획표

주요 내용	기간	1월	2월	3월	4월	5월	6월	7월	8월	9월	10월	11월	12월
참여자 선정		■	■	■									
맞춤형 서비스지원	상담/심리치료			■	■	■	■	■	■	■	■	■	
	일상/정신건강 지원				■	■	■	■	■	■	■	■	■
	사례 회의					■		■		■		■	
양육 교육 프로그램	초기상담/검사					■	■						
	교육 진행							■	■	■	■	■	

또한 사업 수행 전략과 관련하여, 지역사회 내에서 어떤 기관들과 유기적인 협조관계를 가질 것인지 작성한다. 사업의 아이디어는 좋은데 수행기관이 보유하고 있는 전문성이 부족한 경우에는 사업을 수행함에 있어서 지역사회 내 유관기관들과 연계협력하는 것을 강조하고 있다. 예를 들어, 지역사회복지관에서 재가장애인에게 영양교육 사업을 하면서도 관내 장애인 관련 시설 내 영양사 또는 보건소 직원 영양사와 연계협력 없이 대학의 영양교육과 관련한 전문성만 빌려서 사업을 수행하는 것은 한계를 지닐 수밖에 없다.

사업수행기관이 중심이 되어 여러 기관들이 컨소시엄으로 사업을 수행하는 경우에는 대등한 관계에서의 파트너십이 필요하다. 사업수행기관이 사업을 수행하는 과정에서 필요한 부분에 대한 협조를 받는 형태 등 연계협력의 방식은 사업의 내용과 성격에 따라 다양하게 나타난다. 이렇듯 네트워크가 구축된다는 것은 사업을 수행하면서 우리 기관이 할 일이 무엇이고, 협력기관이 해야 할 일이 무엇인지, 순환적 관계를 어떻게 이루어 나갈 것인지를 명확하게 한다는 것을 의미한다. 네트워크를 구축할 기관·단체가 많은 경우에는 어떤 기관들이 네트워크 구축 대상인지 간단하게 작성하고 네트워크 구축에서 핵심 파트너 기관 2~4개 기관에 대한 내용만 작성하도록 요구하고 있다. 협력 기관이 세부 사업에서 어떤 역할을 담당하게 되는지, 그때 신청기관의 역할은 무엇인지, 이러한 협력체계는 어떤 절차를 통해 진행되는지 등에 대해 작성하며 〈표 7-7〉, 〈표 7-8〉은 2018년 사회복지공동모금회 배분사업 안내서에서 제시하고 있는 기관 연계협력 전략 예시이다.

사회복지기관은 외부자원 의존도가 높은 특성을 가지고 있기 때문에 지역사회 내 네트워크 구축을 통한 기관 연계협력이나 자원 확보는 프로그램을 수행함에 있어서 중요한 부분이다. 따라서 사회복지사는 프로그램 수행 시 기관 연계협력 전략과 자원 확보 방안에 대해서 체계적인 계획을 수립하고 구체적으로 작성해야 한다.

〈표 7-7〉 기관 연계협력 전략

협력 기관명	세부 사업명	협력 계획	비고
△△복지관	맞춤형 서비스 지원	• 일상생활 지원(긴급생계지원) 연계	협약 체결 예정
○○대학병원	맞춤형 서비스 지원	• 정신의학 자문 제공, 의료서비스 연계	협약 체결(20○○)

〈표 7-8〉 기관 연계협력 전략

협력 기관명	세부 사업명	협력 계획	비고
☆☆장애인 종합사회복지관	재가장애인 영양교육	• 본 기관: 참여자 발굴 협조 요청, 사업수행 관련 자문 요청 • 협력 기관: 참여자 의뢰 및 정보 제공, 사업수행 관련 자문 제공, 본 기관과 공동 모니터링	
☆☆구 복지행정팀	긴급지원 기금 모금	• 본 기관: 사업 홍보 콘텐츠 제공, 기금 및 후원자 관리 • 협력 기관: 본 기관과 공동모금행사 주관, ○○단지 입주기업 대상 사업홍보	MOU 체결 예정

요점 정리

- 프로그램 내용을 구성하는 것은 프로그램의 목적 및 목표를 달성하기 위해 주어진 여러 가지 대안 중 가장 적절한 대안을 선택하여 구체화해 나가는 과정이며, 전체적인 맥락에서 프로그램 목적과 목표 달성에 가장 부합하고 클라이언트에게 가장 도움이 되는 활동 내용을 결정하는 것이다.
- 프로그램 활동 내용 구성 요소에는 참가자, 실시 주체의 의도, 활동 내용, 프로그램 담당자, 경비, 프로그램 평가계획 등이 있다.
- 프로그램 대안 선택 기준은 타당성과 실행 가능성이다. 타당성에는 효과성, 효율성, 적절성, 형평성이 있으며, 실행 가능성으로 기술적 실행 가능성, 경제적 실행 가능성, 이용자 확보 여부, 윤리적 실행 가능성, 정치적 실행 가능성이 있다.
- 프로그램 내용의 선정 원칙은 합목적성, 동기유발, 성취 가능성, 포괄성(다양성), 현실성, 지역성 등이 있다.
- 프로그램 내용은 연속성, 계열성, 통합성, 다양성의 원리를 고려하여 구성되어야 한다.
- 프로그램 내용 구성은 일정한 순서 ① 단순한 프로그램에서 복잡한 프로그램으로 ② 쉬운 프로그램에서 어려운 프로그램으로 ③ 구체적인 프로그램에서 추상적인 프로그램으로 ④ 이미 알고 있는 것으로부터 모르는 것으로 ⑤ 포괄적인 것으로부터 세부적인 것으로 점진적으로 조직해 나가는 것이 바람직하다.
- 프로그램 활동 내용을 작성할 때는 프로그램을 실행하기 위한 활동으로 프로그램명, 시행 시기, 서비스의 양과 질, 수행 방법, 시간, 장소, 담당 인력, 참여 인원 등 구체적인 작성을 해야 한다.
- 프로그램 시작에서부터 종료까지 실행될 모든 프로그램 활동들의 진행 일정을 일목요연하게 정리한 표는 활동별 시간계획표(Gantt Chart)이다.
- 지역사회 내에서 어떤 기관들과 유기적인 협조관계를 가질 것인지 작성할 때에는 협력기관이 세부 사업에서 어떤 역할을 담당하게 되는지, 그때 신청기관의 역할은 무엇인지, 이러한 협력체계는 어떤 절차를 통해 진행되는지 등에 대해 작성한다.

연습 문제

1 프로그램 내용 구성이란 무엇인지 설명해 보시오.

2 프로그램 대안 선택 기준에 대해 설명해 보시오.

3 프로그램 활동 구성 요소에 대해 설명해 보시오.

4 프로그램 내용의 선정 원칙에 대해 설명해 보시오.

5 프로그램 내용의 조직 원리와 방법에 대해 설명해 보시오.

6 사회복지공동모금회 『2017년 배분사업안내: 세부 사업 양식』에 제시된 작성 방법을 참고하여 작성해 보자.

프로그램명 저소득 독거노인의 우울감 해소를 위한 사회성 향상 프로그램

성과 목표	프로그램	활동 (수행 방법)	시행 시기	수행 인력	참여 인원	시행 횟수 시간

CHAPTER

08 프로그램 예산 수립

학습목표

1. 예산의 개념에 대해 이해한다.
2. 예산 수립의 특성에 대해 이해한다.
3. 예산 수립의 방식에 대해 이해한다.
4. 예산 수립 과정에 대해 이해한다.
5. 프로그램 예산을 수립할 수 있다.

프로그램 계획이 잘 수립되었어도 프로그램을 수행할 예산이 확보되지 않으면 프로그램은 실행될 수 없다. 따라서 프로그램 목표를 달성하기 위해서는 예산 확보가 필수적이며, 이를 위해 사회복지사는 필요한 자원이 얼마인지, 어떻게 확보할 것인지에 대해 구체적인 활동을 하게 된다. 일반적으로 사회복지 프로그램은 전체 예산 중에서 정부보조금이나 민간 후원금이 차지하는 비중이 크기 때문에 투명한 예산관리에 대한 책임이 크다. 그러므로 프로그램의 목표 달성을 위해 필요한 예산을 합리적이고 계획적으로 동원, 배분하고 효율적으로 집행하는 것이 중요하다. 이렇듯 프로그램이 성공적으로 실행되기 위해서는 예산 수립 과정에 대해 이해해야 한다. 따라서 이 장에서는 프로그램 예산에 대한 개념, 예산 수립의 특성과 방식, 예산 수립 과정에 대해 학습하고 실제적으로 예산을 수립하고 예산서를 작성해 보고자 한다.

1. 예산의 개념

프로그램 예산(budget)은 프로그램이 실행되기 위해 필요한 수입과 지출을 구체화한 재정계획이다(황성철, 2005). 즉, 프로그램을 실행하면서 사용할 지출과 그 지출에 필요한 자원의 조달계획이라고 할 수 있다. 예산은 프로그램을 실행하는 일정 기간 동안 사용할 지출을 어떻게 배분할 것인지에 초점을 맞추는 협의적 개념과 프로그램 실행에 필요한 예산을 어떻게 확보할 것인가에 대한 조달계획까지 포함하는 광의적 개념으로 구분한다(이봉주·김기덕, 2008).

프로그램의 효율적인 실행은 예산서만 봐도 한눈에 알 수 있다. 실제 수립된 예산서를 보면 프로그램을 수행함에 있어서 필요한 인적, 물적 자원에 대한 정보를 파악할 수 있도록 일목요연하게 제시하고 있다. 이처럼 프로그램 내용과 예산은 긴밀한 관련이 있는 불가분의 관계이기 때문에 프로그램 실행에 필요한 예산의 연계성을 잘 파악해서 구체적으로 포함하여 작성해야 한다. 실질적으로 프로그램 내용에 맞지 않게 예산을 과다 책정하거나, 불필요한 예산을 책정하게 되면 신뢰성이 떨어지고 예산 지원이 삭감되거나 프로그램 제안서가 선정되기 어렵다.

2. 예산 수립의 특성

프로그램 목표를 달성하고 실행하기 위해서 예산을 수립하는 것은 매우 객관적이고 명확한 활동이며, 또한 매우 복잡한 의사결정을 요구하는 정치적 과정이다. 아무리 단순한 프로그램이라도 실제로 프로그램을 수행하기 위해서 예산을 수립하는 과정은 복잡하다. 프로그램의 성공적인 실행을 위해서는 예산 수립의 특성을 충분히 이해해야 적절하게 예산 수립이 가능하다. 일반적으로 프로그램 예산 수립 과정은 프로그램 내용 구성과 밀접한 관련이 있으며 다음과 같은 특성을 가지고 있다(이봉주·김기덕, 2014).

첫째, 예산 수립은 정치적 과정이다. 예산 수립은 명확하게 설정된 절차에 따라 투명하게 진행되는 과업이 아니라 정치적 성격을 내포하고 있다. 예산 수립에 프로그램 내용을 수행하기 위해 어느 정도의 예산을 어디에 어떻게 분배할 것인가에 대해서 다양한 관련 집단들로부터 여러 가지 의견들이 존재할 수 있으므로 이러한 이해집단들끼리 갈등이 존재하게 된다. 따라서 프로그램 개발자는 다양한 의견의 조정과 협력을 하면서 예산 수립을 해 나가야 한다.

둘째, 예산 수립은 프로그램 기획 및 설계의 과정이다. 예산 수립은 프로그램의 목적을 달성하기 위해 목표 설정, 대안 개발 및 기대효과 분석, 효과성 평가 기준 설정 등의 프로그램 기획 절차와 동시에 진행되기 때문에 프로그램의 기획 및 설계 과정이라 할 수 있다(황성철, 2005). 프로그램 기획에서 예산 수립 과정은 프로그램 기획의 전체적인 맥락 속에서 프로그램의 목적 및 목표를 달성하기 위해 수행해야 할 활동은 프로그램 예산 범위 내에서 모색하게 된다.

셋째, 예산 수립은 프로그램 관리 과정이다. 예산이 확보되지 않으면 프로그램은 실행할 수 없으며, 예산의 집행 정도나 과정을 보면 프로그램 실행 과정이나 상황을 충분히 파악할 수 있다. 예를 들어, 예산이 계획대로 적정하게 집행되지 않았다면 프로그램 내용이 원활하게 진행되지 않은 것이고 예산과 달리 과도하게 집행되고 있다면 프로그램 진행상에 뭔가 잘못이 있다는 것이다. 따라서 예산을 수립하고 관리하는 것은 전반적으로 프로그램을 관리하는 과정으로 볼 수 있다.

넷째, 예산 수립은 인간적인 과정이다. 사회복지 프로그램은 개인이나 지역사회 주민들의 문제해결 및 욕구 충족을 위해 계획되며, 프로그램 참여자와 프로그램 수행인력의 상호작용 활동으로 실행된다. 이러한 프로그램 실행을 위해 필요한 인적, 물적 자원을 확보하고 예산을 집행하는 과정 역시 인간의 변화나 행복을 지향하는 과정이라고 할 수 있다.

다섯째, 예산 수립은 미래 지향적이다. 프로그램 기획 과정 자체가 미래 지향적이며, 프로그램을 실행하기 위해 예산은 필수조건이다. 프로그램의 실행이 미래의 긍정적인 변화를 이끌어낼 수 있을 것이라는 확신을 가지고 프로그램 개발자는 활동하게 된다. 이러한 목표를 달성하기 위해 프로그램 활동 내용이 구성되고 예산이 수립되므로 미래 지향적이라고 볼 수 있다.

3. 예산 수립의 방식

예산 수립의 방식은 학자들마다 정의가 다소 차이가 있지만 항목별 예산, 기획 예산, 영기준 예산, 성과주의 예산 등의 네 가지로 분류되며, 가장 일반적으로 사용되고 있다(최성재·남기민, 2006).

1) 항목별(품목별) 예산

항목별 예산(LIB: Line-Item Budget)은 단순하고 간편하여 정부와 비영리조직에서 예산 수립 방식 중 가장 많이 사용하고 있으며, 대개 회계연도를 기준으로 작성한다. 예산은 수입과 지출 각 항목별로 구체적으로 제시하고 예산에 대한 행정책임을 분명히 하여 회계책임에 대한 외재적 통제가 쉽도록 하고 있다(남기민·최성재, 2006). 점증주의적 특성이 있어 예산의 증감을 신축성 있게 할 수 없으며, 전반적인 인상률을 적용하므로 효율성이 무시된다. 예를 들어, 올해 예산 중 사례관리사업에 100만 원을 책정했다면 다음 해에는 이 기준보다 20%를 증액시켜 120만 원으로 배정하는 것이 점증주의 예산 편성이다. 이처럼 항목별 예산의 목적은 예산통제에 있으며, 수입과 지출의 모든 내용을 나타내는 것으로 사회복지 예산 방식의 근간이 되고 있다(김통원, 2004). 〈표 8-1〉은 항목별 예산의 장단점이며, 〈표 8-2〉는 항목별 예산의 예시이다.

〈표 8-1〉 항목별 예산의 장단점

장점	단점
• 사용하기 간편하고 단순하여 예산구조를 이해하기 쉬움 • 지출 근거가 명확하므로 예산통제에 효과적 • 예산 항목별로 지출이 정리되어 회계에 유리 • 회계책임을 묻는 데 유용하며 점증주의적 특성을 지니고 있음	• 전년도 예산을 기준으로 하므로 예산 증감의 신축성이 없고 비탄력적 • 예산 편성 근거에 대한 정보가 불충분하여 책임성 확보가 어려움 • 사업의 목표나 내용, 성과와의 연계가 부족 • 과학적 포괄성, 합리성, 효율성이 결여

출처: 표갑수 외(2013)

〈표 8-2〉 항목별 예산의 예

항목	2018년도 예산(원)	2019년도 예산(원)	증감액(원)	증감률(%)
급여	100,000	110,000	10,000	10
상여금	50,000	5,500	500	10
제수당	2,500	2,800	300	12
총계	2,000,000	2,200,000	200,000	10.0

출처: 김동훈(2018)

2) 성과주의 예산(PB-Performance Budget)

성과주의 예산(PB-Performance Budget)은 사회복지조직이 성취하고자 하는 목표를 세부 사업으로 분류하고 각 세부 사업별로 단위원가와 업무량을 고려하여 편성하는 예산이다. 프로그램에서 필요한 항목별 예산이 아니라, 목표를 달성하기 위해 수행하는 업무에 비용이 얼마나 소요되는지에 중점을 두는 관리 지향의 예산으로 기능주의 예산이라고도 부른다(이민홍·정병오, 2013; 황성철, 2005). 사회복지 조직의 업무수행 과정에서 책임성에 대한 외부의 요구가 증가됨에 따라 성과주의 예산이 중요해졌다. 성과주의 예산의 특징은 세부 사업별로 단가계산을 하는 방식으로 예를 들어, 방과 후 아동보호 프로그램의 한 달 예산이 5,000,000원이고 20명의 아동에게 서비스를 제공했다면 1인당 서비스 단가 비용은 250,000원이 되는 것이다. 이렇듯 프로그램 성과에 대한 단가계산을 하기 때문에 기관별로 제공하는 서비스를 서로 비교할 수 있게 해 주며, 각 서비스의 산출물에 대한 투입비용의 적절성과 효율성을 근거로 예산을 편성한다(이민홍·정병오, 2013). 〈표 8-3〉은 성과주의 예산의 장단점이며, 〈표 8-4〉는 성과주의 예산의 예시이다.

〈표 8-3〉 성과주의 예산의 장단점

장점	단점
• 프로그램의 목표와 운영에 대한 모니터링 가능 • 사업의 효율성 강조 • 단위비용을 계산하므로 합리적 자금 배분 가능 • 계획 수립과 실적평가 용이 • 예산집행에 신축성 부여	• 효과성 기준을 제시하지 못함 • 직접비와 간접비 계산이 어려움 • 단위원가 책정이 어려움 • 효율성을 강조하다 보니 효과성이 무시됨

출처: 표갑수 외(2013)

〈표 8-4〉 성과주의 예산의 예

담당부서	세부 사업명	세입(원)	세출(원)
상담 지도	**청소년집단상담** 참가비: 50,000원 × 7명 = 350,000원	350,000	200,000
	열린 전화 상담원 교육 참가비: 30,000원 × 30명 = 900,000원	900,000	3,320,000
	심리치료 이용료: 8,000원 × 11월 × 80% = 7,040,000원	7,040,000	1,400,000
	심리진단 5,000원 × 25명 × 11월 = 1,375,000원	1,375,000	800,000
총계		9,665,000	5,720,000

출처: 김동훈(2018)

3) 기획 예산(PPBS: Planning Programming Budgeting System)

기획 예산은 장기적인 사업계획을 바탕으로 목표를 세우고 목표를 달성하기 위해 당해 연도의 프로그램 계획을 가장 효율적으로 실행할 수 있는 방향으로 예산을 통합하여 수립하는 예산체계이다(이봉주·김기덕, 2014). 장기적 계획수립의 목표를 달성할 수 있도록 자원 배분에 관한 의사결정에 있어서 일관성, 합리성, 계획성을 추구한다. 기획 예산의 가장 핵심적인 특징은 프로그램 기획과 예산을 통합하는 데 있으며, 사업의 목표를 얼마나 달성했는지를 판단하는 효과성을 강조한다. 사회복지 조직이 목표를 달성하기 위해 드는 비용을 편성한 것이므로 예산을 지원해 주기 위한 기관의 의사결정에 정보를 제공할 수 있다. 사회복지기관이 예산을 투입하여 어느 정도의 목표를 달성했는지 책무성을 보여줄 수 있는 예산 수립 방식으로 사회복지 조직들이 확대해 나가야 할 예산 방식이다. 하지만 사회복지 조직에서 나타나는 목표의 불명확성, 개입기술의 불확정성, 성과평가의 어려움 때문에 프로그램 기획 예산이 널리 사용되기에는 한계가 있다(남기민·최성재, 2006). 〈표 8-5〉는 기획 예산의 장단점이며, 〈표 8-6〉은 기획 예산의 예시이다.

〈표 8-5〉 기획 예산의 장단점

장점	단점
• 목표를 명료화하고 효과성 강조 • 비용효과분석 등을 통해 의사결정에서의 주관적 편견을 배제하고 객관적이고 합리적 판단 기능 • 프로그램의 목표를 명확히 할 수 있고 계획과 예산이 결합되어 조직 운영의 통합성 확인 가능	• 실제 현장에서는 목표 설정이 어려움 • 사업에 필요한 품목이 제시되지 않고 단위원가가 제시되지 않음 • 결과에만 치중하여 과정을 무시하고 이 과정에서 권력과 의사결정이 중앙집권화될 우려가 있음

출처: 표갑수 외(2013)

〈표 8-6〉 기획 예산의 예

예산 항목		2018년도 예산	2019년도 예산	
			세입(원)	세출(원)
아동급식 프로그램	3,000,000원의 총비용으로 300명의 지역아동센터 이용 아동의 식생활 개선	……..	3,000,000	3,000,000
사회교육 프로그램	24,000,000원의 총비용으로 500명의 어르신의 심리·정서적 안정 도모 및 사회적 기능 강화	……..	24,000,000	24,000,000
자원봉사자 교통비 지급	1,200,000원의 총비용으로 자원봉사자 400명의 지역사회 봉사활동 지원	……..	1,200,000	1,200,000

출처: 김동훈(2018)

4) 영(零)기준 예산(ZBB: Zero-Based Budgeting)

영기준 예산은 전년도 사업이나 실적에 구애받지 않고 영(Zero)의 상태에서 새롭게 출발하여 계획을 수립하고 프로그램을 시작한다는 전제하에 예산을 편성하는 것을 말한다. 모든 사업을 매년 처음 시작한다는 전제하에 사업의 필요성에 대한 정당성을 제시하고 새로운 목표와 우선순위에 따라 예산을 수립한다(김동훈, 2018). 사회복지 실천영역에서 조직들이 영기준 예산을 채택하는 이유는 예산감축, 자원 재배정, 예산요구에 대한 지지 획득, 하급관리자들의 참여 확대, 능력 평가, 예산·계획·통제 기능의 연계 강화 등에 있다(표갑수 외, 2013). 반면 예산 수립을 위해 작성해야 할 서류가 많고 적용하는 데 시간이 많이 소요되고 근거를 위한 정보 제시에 어려움이 있다(정무성, 2008). 〈표 8-7〉은 영기준 예산의 장단점이다.

〈표 8-7〉 영기준 예산의 장단점

장점	단점
• 자원의 능률적, 효율적 배분과 예산절감에 기여 • 자원의 합리적 배분 가능 • 예산과정에 대한 참여를 촉진 • 사업의 중복성을 배제하는 데 도움을 주며, 계획기능의 개선에 기여	• 예산 편성에 대한 전문성이 상당히 요구되며, 비용, 노력의 과다한 투입을 요함 • 우선순위 결정 과정에서 정치적, 심리적 요인이 무시됨 • 각급 관리자들은 과중한 서류작업에 시달릴 수 있음

출처: 표갑수 외(2013)

지금까지 살펴본 예산 수립 방식의 특성을 간단하게 비교하면 〈표 8-8〉과 같다(정무성·정진모, 2001).

〈표 8-8〉 예산 수립 방식의 특성

특성	항목별 예산	성과주의 예산	프로그램 기획 예산	영기준 예산
기준 방향	통제	관리	계획	의사결정
범위	투입	투입·산출	투입·산출·효과·대안	투입·산출·효과·대안
가능	회계	관리	경제학·기획	관리와 기획
중요 정보	지출대상	기관 활동	기관목적	사업계획의 목적 또는 기관의 목적
정책 결정 방식	점증적	점증적	체제적	체계적
예산기관의 역할	재정적 적절성	능률	정책	정책의 우선순위화
기획책임	일반적으로 부재	분산적	중앙	분권화

4. 예산 수립의 과정

프로그램은 전반적으로 기관의 목적과 목표를 반영하여 계획되기 때문에 예산 수립에 있어서도 기관의 목표를 바탕으로 프로그램의 목표를 달성할 수 있도록 구체적으로 수립되어야 한다. 프로그램을 실행하기 위해서 어떤 자원이 필요하며, 이러한 자원을 어떻게 확보할 것인지를 구체적으로 표시하는 것을 예산이라고 할 수 있다. 이렇듯 프로그램 예산은 프로그램을 실제적으로 실행하기 위한 수입과 지출을 구체화하는 재정계획이다(황성철, 2005). 예산 수립은 지원하는 기관 및 단체의 예산작성 지침이나 기준에 의거하여 작성하는 것이 바람직하다. 프로그램 운영에 대한 충분한 자료수집을 바탕으로 우선순위에 따른 예산안을 잠정적으로 작성하고 재원조달 계획에 따라 예산안을 수정하고 확정한다(표갑수 외, 2013). 예산 수립 과정은 이봉주와 김기덕(2014)이 제시한 항목별 예산 수립 방식에 따른 산출 항목의 명확화, 산출 근거의 구체화, 예산조달 계획의 명확화 과정으로 살펴보고자 한다.

1) 산출 항목의 명확화

프로그램 목표를 달성하기 위해 구성된 프로그램 내용을 바탕으로 프로그램 수행에 필요한 모든 인적·물적 자원을 목록화한다. 그리고 난 후 프로그램에 소요되는 총예산을 〈표 8-9〉에서 제시한 항목을 바탕으로 인건비, 사업비, 관리비 등으로 분류하고 각 항목의 산출 근거를 구체적으로 구분한다. 세목은 사업 내용 작성 시 분류한 '세부 사업명' 단위로 기재하고 항목이 다양하거나 단위가 큰 경우에는 세세목으로 구분하여 작성한다.

〈표 8-9〉 산출 항목 예시

목	설명	해당 항목
인건비	• 해당 사업을 직접적으로 수행하는 인력에 투입되는 비용	• 프로그램 담당자/보조담당자 인건비
사업비	• 프로그램의 수행에 필요한 직접비용(실인원수에게 제공되는 서비스에 필요한 비용)	• 강사비, 자원봉사자 관리비, 자문비, 회의비, 행사진행비, 홍보물품 구입, 프로그램 준비물 구입, 사업결과보고서/결과물 제작 등
관리운영비	• 프로그램의 수행에 필요한 간접비용(사업관리에 필요한 비용)	• 사무용품, 냉난방비, 우편료, 사업담당자 교통비 등

출처: 사회복지공동모금회(2018a)

2) 산출 근거의 구체화

산출 항목을 명확하게 구분한 다음 산출 근거의 구체화 단계에서는 각 항목에 대해 구체적인 액수와 내용이 명확하게 계정되어 최종 비용이 분명하게 산출되어야 한다. 예산의 항목별 명확화는 단위가격과 항목의 총량으로 계산되고, 시장가격으로 산출 근거를 제시할 때는 명확하게 시장조사를 통해 해당 물품에 대한 몇 가지 시장가격의 평균으로 최종비용을 산정하면 큰 무리는 없다. 산출 근거는 실제단가, 수량, 인원수, 건수, 횟수 등을 구체적으로 제시하여야 한다. 사업내용에 있는 내용이 예산에 편성되지 않거나, 없는 내용이 예산에 편성되지 않도록 사업내용과 예산 편성 간의 연계를 잘 점검해야 한다.

산출된 비용이 해당 프로그램만을 위해 신규로 편성된 비용인지 아니면 다른 프로그램과 공유하는 비용인지 여부에 따라 직접비와 간접비로 구분한다. 직접비는 특정 프로그램만을 위하여 새롭게 편성되어 지출되는 비용이며, 간접비는 프로그램 수행 시 기존에 사용되던 시설이나 인력 가운데 새롭게 수행되는 프로그램에 활용될 비용으로 다른 프로그램의 수행과 공유되는 비용을 말한다. 예를 들어, 주민교육 프로그램에서 강사를 외부에서 초청해서 진행했다면 직접비이지만, 내부 직원이 수행했다면 간접비이다. 교육 장소 역시 특정 장소를 대관해서 사용했다면 직접비이지만 기관 프로그램실을 활용해서 진행했다면 간접비이다.

3) 예산조달 계획의 명확화

예산 수립의 마지막 단계는 프로그램 수행에 필요한 자원을 어떻게 동원할 것인가를 명확하게 하는 예산조달 계획의 명확화 단계이다. 프로그램 수행에 수반되는 예산의 경우 대부분 계획서를 작성하여 특정 지원단체 및 기관에 예산을 신청하는 방식으로 이루어진다. 예산조달 계획을 신청금액과 자부담으로 구분해야 한다. 신청금액은 프로그램을 수행하기 위해 외부기관 및 단체에 신청하는 프로그램 비용을 말하며, 자부담은 프로그램 수행에 필요한 예산 중 기관에서 자체적으로 조달하는 비용이다. 신청 금액에 대한 비율은 신청금액 대비 각 항목이 차지하는 비율을 의미하고 자부담의 경우, 전체 자부담 대비 해당 자부담의 비율을 산출하는 것을 말한다. 자부담 재원은 자체예산, 외부지원(지원처), 수익금(참가비 등) 등으로 구분한다.

5. 프로그램 예산 구성의 사례

다음 프로그램 예산 구성의 사례는 사회복지공동모금회 2018년 배분사업안내서에 성과 중심형 사업계획서로 제출된 '아동학대 고위험 가정의 재학대 예방을 위한 심리

정서지원 프로그램' 예산서이다. 예산서는 항목별 예산 수립 방식을 이용해 작성되었으며, 프로그램을 수행함에 있어서 필요한 모든 자원을 한눈에 볼 수 있게 일목요연하게 정리하였다. 산출 항목은 인건비, 사업, 관리운영비 항목으로 구분되어 있으며 각 목을 세목과 세세목으로 분류한 다음 해당하는 비용에 대한 산출 근거를 명확하게 제시하고 있다. 예산조달 계획에 있어서도 외부기관에서 신청하는 금액과 기관 자체적으로 해결할 수 있는 자부담재원으로 구분하였다.

(단위: 원)

목	세목	세세목	계	산출 근거	예산조달 계획				
					신청금액	비율(%)	자부담	비율(%)	자부담 재원
총 계			52,150,000		48,900,000	100	3,250,000	100	
인건비	전담 인력	급여	16,000,000	1,600,000원 × 10월 × 1명	16,000,000				
		사회보험	1,750,000	175,000원 × 10월 × 1명			1,750,000		자체예산
	소 계		17,750,000		16,000,000	32.7	1,750,000	53.8	
사업비	맞춤형 서비스 지원	상담/심리	17,500,000	가정 방문 다과 10,000원 × 20가정 × 5회			1,000,000		자체예산
				심리 검사 200,000원 × 20가정 × 1회	4,000,000				
				심리 치료비 100,000원 × 20가정 × 6회	12,000,000				
				사례 회의 자문 및 진행비 100,000원 × 5회			500,000		자체예산
		심화 프로그램	4,000,000	전문상담 100,000원 × 10가정 × 1회	1,000,000				
				정신과 진료 지원 300,000원 × 10가정 × 1회	3,000,000				
	양육교육 프로그램	양육기술 상담교육	12,000,000	강사비(특별강사, 2시간) 400,000원 × 20회	8,000,000				
				교재,교구 200,000원 × 10회	2,000,000				
				교육진행비 100,000원 × 20회	2,000,000				
	소 계		33,500,000		32,000,000	65.4	1,500,000	46.2	

목	세목	세세목	계	산출 근거	예산조달 계획				
					신청금액	비율 (%)	자부담	비율 (%)	자부담 재원
관리운영비	관리 운영비	교통비	600,000	50,000원 × 12월× 1명	600,000				
		사무용품비	300,000	100,000원 × 3회	300,000				
	소 계		900,000		900,000	1.9			

6. 프로그램 예산 편성의 실제

다음은 사회복지공동모금회의 2018년 배분사업신청 세부 양식이다. 양식에 맞추어 프로그램 예산을 수립해 보자.

- 프로그램명

저소득 독거노인의 우울감 해소를 위한 사회성 향상 프로그램

- 프로그램 예시 상황

저소득층 독거노인의 우울감 해소를 위한 사회성 향상 프로그램으로 예산은 1,000,000원이며, ◯◯시 ★★동에 거주하는 20명을 대상으로 하며, 세부 프로그램은 신체활동 프로그램, 대인관계 향상 프로그램, 정서지원 프로그램 등이다. 이러한 상황에 근거하여 프로그램 예산을 편성해 보자.

(단위: 원)

<table>
<tr><td>관</td><td colspan="8">사업비(단위: 원)</td></tr>
<tr><td>항</td><td colspan="8">공동모금회 '저소득 독거노인의 우울감 해소를 위한 사회성 향상 프로그램' 사업비</td></tr>
<tr><td rowspan="2">목</td><td rowspan="2">세목</td><td rowspan="2">계</td><td rowspan="2">산출 근거</td><td colspan="5">예산조달 계획</td></tr>
<tr><td>신청금액</td><td>비율(%)</td><td>자부담</td><td>비율(%)</td><td>자부담 재원</td></tr>
<tr><td colspan="2">총 계</td><td></td><td></td><td></td><td></td><td></td><td></td><td></td></tr>
<tr><td rowspan="3">인건비</td><td rowspan="2"></td><td></td><td></td><td></td><td></td><td></td><td></td><td></td></tr>
<tr><td></td><td></td><td></td><td></td><td></td><td></td><td></td></tr>
<tr><td>소 계</td><td></td><td></td><td></td><td></td><td></td><td></td><td></td></tr>
<tr><td rowspan="7">사업비</td><td rowspan="2"></td><td></td><td></td><td></td><td></td><td></td><td></td><td></td></tr>
<tr><td></td><td></td><td></td><td></td><td></td><td></td><td></td></tr>
<tr><td rowspan="2"></td><td></td><td></td><td></td><td></td><td></td><td></td><td></td></tr>
<tr><td></td><td></td><td></td><td></td><td></td><td></td><td></td></tr>
<tr><td rowspan="2"></td><td></td><td></td><td></td><td></td><td></td><td></td><td></td></tr>
<tr><td></td><td></td><td></td><td></td><td></td><td></td><td></td></tr>
<tr><td>소 계</td><td></td><td></td><td></td><td></td><td></td><td></td><td></td></tr>
<tr><td rowspan="3">관리운영비</td><td rowspan="2"></td><td></td><td></td><td></td><td></td><td></td><td></td><td></td></tr>
<tr><td></td><td></td><td></td><td></td><td></td><td></td><td></td></tr>
<tr><td>소 계</td><td></td><td></td><td></td><td></td><td></td><td></td><td></td></tr>
</table>

- 사업에 직접 투입되는 비용을 인건비, 사업비, 관리운영비로 구분하여 작성
  - (인건비) 해당 사업을 직접적으로 수행하는 인력에게 투입되는 비용
  - (사업비) 프로그램 수행에 필요한 직접비용
  - (관리운영비) 프로그램의 수행에 필요한 간접비용(사업관리에 필요한 비용)
- 세목은 세부 사업별로 구분하고 단위가 큰 경우 세세목으로 구분하여 작성
- 산출 근거는 실제 단가, 수량, 인원수, 건수, 횟수 등을 구체적으로 기록

요점 정리

- ✔ 프로그램 예산(budget)은 프로그램이 실행되기 위해 필요한 수입과 지출을 구체화한 재정 계획이다.
- ✔ 예산은 프로그램을 실행하는 일정 기간 동안 사용할 지출을 어떻게 배분할 것인지에 초점을 맞추는 협의적 개념과 프로그램 실행에 필요한 예산을 어떻게 확보할 것인가에 대한 조달계획까지 포함하는 광의적 개념으로 구분한다.
- ✔ 예산 수립 과정은 첫째, 예산 수립은 정치적 과정이다. 둘째, 예산 수립은 프로그램 기획 및 설계의 과정이다. 셋째, 예산 수립은 프로그램 관리 과정이다. 넷째, 예산 수립은 인간적인 과정이다. 다섯째, 예산 수립은 미래 지향적이다.
- ✔ 예산 수립의 방식에는 항목별(품목별) 예산, 성과주의 예산, 기획 예산, 영(零)기준 예산이 있다.
- ✔ 항목별 예산(LIB: Line-Item Budget)은 단순하고 간편하여 정부와 비영리조직에서 예산 수립 방식 중 가장 많이 사용하고 있으며, 수입과 지출 각 항목별로 구체적으로 제시하는 방식이다.
- ✔ 성과주의 예산(PB-Performance Budget)은 사회복지조직이 성취하고자 하는 목표를 세부 사업으로 분류하고 각 세부 사업별로 단위원가와 업무량을 고려하여 편성하는 예산이다.
- ✔ 기획 예산은 장기적인 사업계획을 바탕으로 목표를 세우고 목표를 달성하기 위해 당해 연도의 프로그램 계획을 가장 효율적으로 실행할 수 있는 방향으로 예산을 통합하여 수립하는 예산체계이다.
- ✔ 영(零)기준 예산은 전년도 사업이나 실적에 구애받지 않고 영(Zero)의 상태에서 새롭게 출발하여 계획을 수립하고 프로그램을 시작한다는 전제하에 예산을 편성하는 것을 말한다.
- ✔ 프로그램을 실행하기 위해서 어떤 자원이 필요하며, 이러한 자원을 어떻게 확보할 것인지를 구체적으로 표시하는 것을 예산 수립 과정이라고 할 수 있다.
- ✔ 예산 수립 과정은 항목별 예산 수립 방식에 따라 산출 항목의 명확화, 산출 근거의 구체화, 예산조달 계획의 명확화 과정으로 이루어진다.
- ✔ 인건비는 프로그램 수행에 있어서 필요한 모든 인적 자원의 동원과 활용에 사용되는 비용이다.
- ✔ 사업비는 구체적인 프로그램 활동에 사용되는 재료와 물품의 구입에 사용되는 비용이다.

- ✔ 예산 신청금액은 프로그램을 수행할 기관이 외부에 대해 지원을 신청하는 프로그램 비용이다.
- ✔ 자부담이란 프로그램 예산 가운데 프로그램 기획 및 수행기관에서 자체적으로 조달하는 부분이다.

연습 문제

1 예산의 개념에 대해 설명해 보시오.

2 예산 수립의 특성에 대해 설명해 보시오.

3 예산 수립의 방식에 대해 설명해 보시오.

4 예산 수립의 과정을 설명해 보시오.

PART 03

사회복지 프로그램의 평가

Chapter 09. 프로그램 평가 절차 및 평가 준비(계획)

Chapter 10. 프로그램 평가의 실행

Social Welfare Program
Development and Evaluation

Social Welfare Program
Development and Evaluation

CHAPTER

09 프로그램 평가 절차 및 평가 준비(계획)

학습목표
1. 프로그램 평가의 개념을 이해한다.
2. 프로그램 평가의 필요성을 설명할 수 있다.
3. 프로그램 평가의 절차를 설명할 수 있다.
4. 프로그램 평가 준비에 필요한 사항들을 파악한다.

프로그램을 개발하는 데 있어서 프로그램 평가 절차와 평가 관련 준비 사항들을 알고 있어야 시행착오를 최소화할 수 있으며, 보다 완성도 높은 프로포절을 작성할 수 있다. 프로그램 평가 절차와 평가 준비에 대한 기본 지식이 전혀 없을 경우, 프로그램의 과정이나 결과상에서 창출될 수 있는 다차원적인 요소들을 제대로 평가할 수 없으므로 이 장에서는 프로그램 평가의 개념, 프로그램 평가의 필요성, 프로그램 평가 절차를 학습하며, 끝으로 프로그램 평가 준비에 필요한 사항들을 파악하도록 한다.

1. 프로그램 평가의 개념

평가의 사전적 정의는 '사물 또는 그 속성에 대한 가치판단'이다(정무성·정진모, 2001). 우수명(2018)은 프로그램 평가를 "클라이언트의 존엄성과 욕구의 해결을 위하여 수행하는 사회복지 실천의 전 과정에 대한 긍정적 성과와 부정적 요인에 대한 총체적, 체계적인 가치판단"이라고 하였다. 슈어만(Schuerman, 1986)은 평가를 '어떤 활동의 성공 여부를 결정하는 것'으로 보았고, 마틴과 케트너(Martin & Kettner, 1996)는 평가를 '프로그램의 효율성과 품질, 그리고 효과성에 대한 정보를 일정한 규칙에 따라 모아서 보고하는 것'으로 보았다(우수명, 2018 재인용).

이를 종합하면, 사회복지 프로그램의 평가는 해당 프로그램의 목적이 달성되었는지를 체계적으로 가치판단하는 것을 의미한다. 즉, 프로그램을 통해서 나타난 성과, 프로그램의 실시로 인한 영향을 측정하는 것이다.

2. 프로그램 평가의 필요성

프로그램 평가의 필요성은 ① 개입의 효과 판단, ② 사회복지기관의 책무성 입증 및 전문적 실천의 타당성 확보, ③ 프로그램의 품질 혁신을 위한 피드백 제공, ④ 프로그램의 성과 향상의 핵심 도구, ⑤ 프로그램에 대한 합리적 의사결정의 근거 자료 제공, ⑥ 효과적 개입 방법 관련 지식기반의 확대 등이며, 그 내용은 다음과 같다.

① 개입의 효과 판단

프로그램을 통한 개입의 효과를 판단하도록 해 준다.

② 사회복지기관의 책무성 입증 및 전문적 실천의 타당성 확보

사회복지기관의 책무성을 입증시켜 주고 전문적 실천에 대한 타당성을 확보하도록 해 준다.

③ 프로그램의 품질 혁신을 위한 피드백 제공

프로그램의 품질을 혁신할 수 있도록 피드백을 제공해 줄 수 있다.

④ 프로그램의 성과 향상의 핵심 도구

프로그램에 대한 평가는 프로그램의 성과를 향상시키기 위한 일련의 과정들을 보강시켜 주는 핵심 도구가 된다.

⑤ 프로그램에 대한 합리적 의사결정의 근거 자료 제공

프로그램에 대한 합리적인 의사결정을 내리는 데 있어서 필요한 근거 자료가 될 수 있다. 예를 들어, 해당 프로그램을 어떻게 수정하고 보완해 나갈 것인지, 차후에 이 프로그램을 지속적으로 유지해 나갈 것인지, 축소할 것인지, 중단할 것인지, 확충할 것인지 등과 관련하여 주요 정보를 제공해 줄 수 있다.

⑥ 효과적 개입 방법 관련 지식기반의 확대

프로그램에 대한 평가를 통해 효과적인 개입 방법을 검증함으로써 적절한 실천 방법에 대한 지식기반이 확대될 수 있다.

3. 프로그램 평가 절차

프로그램을 평가하는 절차는 ① 평가 준비/계획 단계, ② 평가 자료 수집 및 분석 단계, ③ 평가 결과 판단 및 평가 결과의 활용 단계로 구분할 수 있다.

'평가를 준비/계획하는 단계'에서는 평가 목적 및 목표 확인[2], 평가하고자 하는 대상 및 평가 범위의 설정, 평가 방법과 평가 도구 결정, 자료(평가 정보) 수집 방법, 평가 일정 등에 대한 검토가 필요하다.

2) 목적은 목표보다 큰 개념이며, 프로그램의 목적을 달성하기 위하여 목적의 하위 개념인 목표를 설정하게 된다. 이 목표들은 프로그램의 궁극적인 목적에 부합하면서도 구체적이고(구체성, specificity), 측정 가능하고(측정 가능성, measurability), 달성 가능하며(attainable), 변화를 지향하는(지향성, result-orientation) 형태로 기술되어야 한다.

※ 평가 도구 결정 시 유의해야 할 사항

- 프로그램을 평가할 수 있는 측정 도구는 준비되어 있는가?
- 질적 평가인가? 혹은 양적 평가인가? 어느 방법이 우리 프로그램에 적합한가?
- 프로그램의 평가를 위한 측정 도구가 실제로 유용한가? 성과 및 장단점에 대한 실질적인 정보를 제공하는가?
- 프로그램의 내용과 이를 평가하는 측정 도구가 내용상, 형식상 충분하게 일치하는가?
- 프로그램 평가 측정 도구가 실무에서 편리하게 사용할 수 있는 수준인가?
- 프로그램 평가 측정 도구가 클라이언트에게 불편함, 부담, 인격적 침해, 강압 및 여타의 불이익을 끼치는 것이 있는가?
- 지역사회 혹은 그 이상의 파급효과를 분석할 수 있는 내용이 포함되어 있는가?

출처: 우수명(2018: 289) 발췌

'평가 자료 수집 및 분석 단계'에서는 평가 목적에 부합하는 자료를 체계적으로 수집하고 분석한다. 자료 수집을 본격적으로 시작하기 전에, 평가 도구에 대한 모의 테스트를 실시해 보면, 실문 내용 또는 예측하지 못했던 여러 오류를 수정하고 대비하게 됨으로써 수집될 자료의 질을 높일 수 있다.

'평가 결과 판단 및 평가 결과의 활용 단계'에서는 평가 결과에 대해 종합적으로 판단하여 평가보고서를 작성하여 제출한다. 평가의 결과는 향후 실천적, 정책적 기초자료로 활용하도록 한다.

4. 프로그램 평가 준비(계획)

프로그램을 개발하는 것과 프로그램을 평가하는 것은 분절된 것이 아니라 밀접하게 연관되어 있다. 프로그램의 질적인 수준을 높이기 위해서는 프로그램을 개발하는 단계에서부터 평가를 미리 신중하게 준비(계획)해야 하며, 사전에 계획된 평가를 실제로 수행하고 평가 결과를 반영함으로써 더욱 완성도 높은 프로그램을 개발할 수 있게 된다.

프로그램 개발 과정에서 프로그램의 목적과 목표를 수립할 때, 이것을 어떻게 평가할 수 있을까를 미리 고려해야 한다. 목표를 수립해 놓고도 이를 평가할 수 있는 방법을 찾지 못한다면 개입의 효과성, 효율성 등을 증명할 수 없게 되기 때문이다. 따라서 수립한 목표를 어떠한 평가 방법(측정 도구)에 의해서 그 달성 정도를 측정할 것인지 사전에 확정해야 한다. 평가 방법은 크게 양적 평가 방식과 질적 평가 방식으로 구분되며 이 가운데 한 가지 방식만 적용하거나 양적 평가와 질적 평가 방식을 혼합하여 진행하기도 한다.

1) 양적 평가의 준비

양적 평가는 프로그램의 효과 측정에 적합한 기존 평가지(척도 등)를 가지고 조사한 후에 얻어진 양적 자료(수량화, 계량화된 데이터)를 통계 분석하여 프로그램의 효과를 추론하는 것이다. 단, 이때 사용하는 평가지(측정 도구)는 이미 신뢰도 및 타당도가 검증된 척도여야 한다. 기존에 이미 제작되어 있는 척도들을 모아놓은 척도집을 활용하여 평가지를 작성하는 것도 가능하다.[3] 그러므로 평가 준비(계획) 단계에서는 해당 프로그램의 효과성을 측정하기 위해서 예를 들어, 양적 평가 방식을 선택하였다면 측정 도구(평가지)까지 확정을 해 놓아야 한다. 즉, 측정 도구에 대한 사전 검토와 확정이 필요하다.

신뢰도와 타당도가 인증되지 않은 비(非)표준화된 측정 도구를 사용할 경우에는 평가에 오류가 발생할 가능성이 높기 때문에 표준화된 측정 도구를 사용해야 한다. 또

---

3) 사회복지 프로그램 평가를 위한 척도를 구하고 싶은 경우, 다음의 서적(척도집)을 참고하여 척도를 수집 및 활용할 수 있다. 사회복지 프로그램의 성과 측정을 위해 사용되는 표준화된 측정 도구는 대개 간편사정도구(RAI: Rapid Assessment Instruments)를 사용하고 있다. 아래 척도집에는 사회복지 현장에서 많이 사용되고 있는 척도들이 영역별로 구분되어 소개되어 있다.

① 서초구립 반포종합사회복지관·서울대학교 실천사회복지연구회(2007). 『실천가와 연구자를 위한 사회복지 척도집(제2판)』. 나눔의 집. 이 책에는 자아개념 척도, 심리 및 정신건강 척도, 사회적 기능 척도, 가족 관련 척도, 사회적 관계망 척도, 조직·직무 관련 척도, 기타 척도가 수록되어 있다.

② 이봉주·김선숙·조상은(2014). 『아동척도집』. 나눔의 집. 이 책에는 아동을 중심으로 척도가 분류되어 있다. 환경 영역에서는 지역사회와 학교, 그리고 가족생활 영역을 측정하는 척도들이 수록되어 있으며, 아동발달 영역에서는 학습 및 진로, 사회성 및 정서, 건강과 안전 및 권리 영역과 관련된 척도들이 소개되어 있다.

③ 한국노년학포럼(2010). 『노년학 척도집』. 나눔의 집. 이 책에는 노년학 전공 학자들이 엄선한 노년학 척도들이 수록되어 있으며, 심리·정신건강, 신체건강, 가족·사회관계, 노후 생활, 노인에 대한 태도·행동, 기타 등 6개의 관련 영역으로 정리되어 있다.

한 측정하고자 하는 내용이 측정 도구와 일치하는지(내용 타당도에 문제가 없는지), 해당 측정 도구를 통해 수집할 양적 자료의 특성을 미리 파악하여 해당 데이터를 통계 분석할 수 있는 역량을 갖춘 인력이 있는지를 반드시 점검해야 한다.

2) 질적 평가의 준비

질적 평가는 관찰법, 면접법, 사례조사 등으로 이루어진다. 양적 평가만으로는 파악하기 힘든 부분들을 심층적으로 평가하기 위해 질적 평가를 병행하거나 질적 평가만으로 프로그램의 효과성을 증명하기도 한다.[4]

질적 평가를 준비하기 위해서는 어떠한 방식(관찰, 면접 등)으로 질적 자료를 수집할 것이며, 수집된 자료를 어떤 방식으로 분석할 것인지, 특히 누가 질적 연구자(질적 평가자)의 역할을 할 것인지를 확정해야 한다. 질적 연구는 연구자가 연구의 도구가 되기 때문에 역량을 갖춘 연구자의 확보가 아주 중요하다.

프로그램에 대한 질적 평가를 할 경우에 프로그램 참여자(피평가자)들이 평가자의 질문에 대해 주관적으로 응답한 내용에 긍정적 평가와 부정적 평가가 같이 있을 수 있는데, 평가자는 이에 해당하는 단어들을 모으고 분석하여 프로그램을 평가할 수 있다. 피평가자(프로그램 참여자)의 응답 내용에 긍정적인 단어가 많고 그 빈도가 높아야 프로그램에 대한 평가가 좋은 것이라고 볼 수 있다.

또한 프로그램 참여자들에 대해 인터뷰한 녹취자료를 전사과정을 거쳐 내용을 분석하여 평가하기도 한다. 프로그램 참여자들에 대한 인터뷰 질문지 내용에는 프로그램 참여를 통해 가장 도움이 된 점과 도움이 되지 않은 점, 개선되기를 바라는 점 등을 포함시킬 수 있다.

---

4) 사업의 효과성에 대한 질적 평가의 적용과 관련하여 다음의 논문을 참고할 수 있다. 김선희(2017). 소아암 환아와 가족을 위한 가족희망파트너사업의 효과에 대한 질적 평가. 「한국가족복지학」, 55(1), 59-90. 한국가족사회복지학회.

알아두기

다음은 사회복지공동모금회 배분사업안내서에 수록된 '평가 방법 작성 안내문'을 발췌한 것이다. 다음의 '평가 방법 작성 안내'에는 성과평가의 정의, 성과평가의 종류, 양적 성과평가 작성 방법, 질적 성과평가의 정의, 질적 성과평가의 종류, 질적 성과평가 수행 방법, 과정평가의 정의, 과정평가의 중요성, 과정평가에서의 평가 대상, 단계별 평가 방법, 평가 시 유의사항이 소개되어 있다(사회복지공동모금회, 2018a). 다음의 평가 방법 작성 요령을 사전에 파악하고 프로포절(proposal, 사업계획서/사업제안서)을 작성해야 시행착오를 최소화할 수 있다.

평가 방법 작성 안내

성과평가

1. 성과평가란?

- 기 제시된 성과 목표가 사업수행을 통해 실제로 어느 정도 달성되었는지, 그 성과의 의미가 무엇인지를 평가하는 것을 말합니다. 성과평가가 이루어지기 위해서는 성과 목표-성과 지표-성과평가가 유기적으로 잘 연결되어야 합니다.

2. 성과평가의 종류

1) 양적 성과평가

- 양적 성과평가는 성과평가의 결과를 구체적인 수치로 나타내는 것을 말합니다.
- 주로 척도를 사용하여 사업 시행 전후를 비교하거나 주관적인 변화 정도를 나타냅니다.
  - 자녀양육기술척도를 통해 자녀양육기술 증진 프로그램을 시행하기 전후를 측정하여 그 변화치가 의미 있는지를 살펴보는 것, 또는 시행 후에 자신이 자녀양육기술이 얼마나 증진했는지를 4점 척도(매우 그렇다, 그렇다, 그렇지 않다, 전혀 그렇지 않다) 또는 5점 척도(매우 그렇다, 그렇다, 보통이다, 그렇지 않다, 전혀 그렇지 않다)로 나타냅니다.

• 양적 성과평가는 제3자로 하여금 그 프로그램 시행이 효과적인지, 그 효과가 어느 정도인지를 객관적이고 쉽게 알 수 있게 해 줍니다.

2) 질적 성과평가

• 질적 성과평가는 두 가지가 있습니다.
  - 양적인 변화를 보여주기 어려운 경우
  - 양적 성과평가를 통해 보여주는 수치의 변화가 무엇을 의미하는지, 그 수치의 변화가 담고 있는 내용이 무엇인지를 보여주는 경우(예: 자녀양육기술척도 변화가 0.8이고 그것이 의미 있는 변화라고 한다 하더라도 실제 무엇이 변화하였는지는 숫자 0.8을 통해 알 길이 없습니다. 즉, 양육기술이 변화하였는데 실제 아이를 양육하면서 어떤 스킬이 생활상에서 나타났는지는 사업 참여자의 이야기를 듣거나 실제 양육의 현장을 관찰해야만 알 수 있습니다. 그럴 경우 인터뷰나 참여관찰을 통해 그 내용을 포착할 수 있을 것입니다.)

3. 양적 성과평가 작성 방법

1) 양적 성과평가 기술 방법

• 양적 성과평가 방법을 서술할 때는 아래 사항에 유념해야 합니다.
  - 성과 지표(평가 도구)는 성과 목표의 진술을 점검하는 수단입니다.
  - 성과 지표에 따라 그 달성 여부와 정도를 측정함에 있어 관련되는 자료를 누구에게서, 언제 어떻게 수집할 것인지를 명확하게 해야 합니다.

2) 세부 내용 설명

(1) 성과 지표

• 성과 지표는 성과 목표의 내용에서부터 도출됩니다.

• 성과 지표는 여러 척도집을 검색해서 가장 적절한 것을 찾거나 적절한 지표를 자체적으로 설정할 수 있습니다.
  - 예를 들어 지역아동센터에서의 '학교숙제 완성률 20%p 증가'가 성과 목표인 경우 '학교숙제 완성률'이 성과 지표가 됩니다. 기존의 각종 척도집에 존재하는 척도가 아니라 사업 내용과 성격에 맞추어 지표를 새롭게 설정하게 되면 먼저 분모와 분자가 무엇인지를 사전에 결정해야 합니다.
  - 분모: 학교숙제를 부여받은 횟수

- 분자: 학교숙제를 완성한 횟수
- 학교숙제 완성률이라는 지표는 [(학교숙제를 완성한 횟수/학교숙제를 부여받은 횟수)×100]이 됩니다.
- 학교숙제 완성률의 초기값이 50%이고 프로그램 진행 후 지표값이 70%이라면 프로그램 시행에 따라 20%p가 증가한 것이 됩니다.

• 성과 지표는 이후 어떻게 측정할 것인지에 대한 방법과 연결되어야 합니다. 자료원, 자료 수집 시기, 자료 수집 방법을 통해 실제 성과 지표가 측정될 수 있어야 합니다.

• 성과 목표를 측정할 수 있는 적절한 성과 지표가 없다면 성과 목표를 측정할 수 있는 적절한 질문지를 자체 제작할 수도 있습니다.
  - 하지만 제작과정에서 객관성을 가지기 위해 자신이 만들고 동료의 피드백을 받고 기관의 자문교수로부터 자문을 얻는 것이 좋습니다.

(2) 자료 수집 대상

• 성과 지표를 통해 의미 있는 내용을 응답하는 사람 또는 장소를 말합니다.
  - 손자녀를 양육하는 조부모를 대상으로 한 프로그램이었다면 자녀양육기술척도에 대해 대답을 하는 조부모가 자료 수집 대상이 됩니다.

• 자료 수집 대상은 자료를 수집하는 사람을 의미하는 것이 아닙니다.
  - 설문조사를 실시하는 직원 A가 자료 수집 대상이 아닙니다.

(3) 자료 수집 방법

• 자료 수집 방법에는 '누가' 수집할 것인가와 '무엇을 통해' 자료를 수집할 것인가가 포함됩니다.

• '누가' 수집할 것인가에서 중요한 점은 사업시행자가 할 것인지, 제3자가 자료를 수집할 것인가의 문제입니다.
  - 담당자가 이 사업을 제일 잘 알지만 응답자가 왜곡된 응답을 할 수 있는 가능성을 배제하기 어렵다는 한계가 있습니다.
  - 제3자는 공정하게 자료를 수집할 수 있는 장점이 있는 반면, 사업의 맥락을 모르는 상태에서 자료를 수집할 때 깊이 있게 내용을 끄집어내기 어려운 점이 있습니다.

• '무엇을 통해' 자료를 수집할 것인가에서 중요한 점은 아래와 같습니다.
  - 설문지를 배포해서 응답자가 자기 스스로 응답하게 할 것인지(자기기입식 설문조사), 질문지를 하나하나 읽어 주고 설명해 주면 응답자가 이야기한 것을 적을 것인지(대

면식 설문조사) 등과 어느 기간 동안의 자료를 대상으로 할 것인가를 결정해야 한다는 것입니다.

- 예를 들어 학교숙제 완성률 증가에서 학교숙제 수행 횟수를 어느 기간 동안에 학교에서 내준 숙제를 대상으로 할 것인지, 또 숙제의 범위가 무엇인지를 획정해야 합니다. 국어, 영어, 수학, 사회, 과학에 한정할 것인지, 특별활동의 숙제까지 포함할 것인지 등입니다.

(4) 측정 시기

- 측정 시기는 언제 자료를 수집할 것인가입니다.
  - 이때 가장 중요한 것은 사전·사후 검사를 할 것인가입니다.
  - 만약 초깃값 설정을 위해 사전에 검사를 한다면 사업을 본격적으로 시행하기 전에 사업 참여자에게 반드시 사전검사를 실시하는 것이 필요합니다. 사업을 하다 보면 사전검사 없이 바로 프로그램을 시행해서 초깃값을 잡아내지 못하는 경우가 많기 때문입니다.

4. 질적 성과평가

- 질적인 방법을 통해 성과 달성 정도 또는 성과의 의미를 평가하는 것을 말합니다.

5. 질적 성과평가의 종류

1) 양적인 성과의 의미를 드러내는 경우

- 양적인 성과평가에 따른 결과는 간단한 수치로 나타난다. 예를 들어 자녀양육기술척도에서 사전·사후 검사결과 변화치가 0.8로 나타났고 이는 유의미한 변화 정도를 나타내는 것으로 해석할 수 있어 수행한 사업이 의미 있었다고 평가 내릴 수 있습니다.
- 하지만 수행사업이 성공적이었다, 유의미한 변화가 있었다고 하더라도 '도대체 무엇이 어떻게 변화되었는가'라는 질문에 대해서는 대답하기가 곤란합니다. 즉, 0.8점의 의미가 무엇인가라는 질문에 대해서는 속수무책인 셈입니다.
  - 0.8점은 당사자의 삶에서 어떤 변화가 일어났다는 것인데, 그 변화가 어떤 변화인지는 모른다는 것입니다. 또 15년 전에 똑같은 사업을 수행하고 똑같은 척도로 평가했을 때에도 변화치가 0.8점이 나왔다 하더라도 그 0.8점이 무엇을 의미하는지는 15년 전과 지금이 다를 수밖에 없습니다. 자녀양육환경도 변했고 자녀들이 쓰는 말

투, 사용하는 컴퓨터 프로그램, 관계 맺는 양상이 똑같지 않기 때문입니다. 즉, 점수는 같아도 점수가 의미하는 바는 다르다는 점입니다. 또 이 사업에 참여한 사람 또한 그 변화치라는 것은 실제 삶에서 나타나는 것이지, 숫자 그 자체가 삶의 내용을 설명해 주지 않는다는 점에 유의할 필요가 있습니다.

• 그러므로 질적 성과평가를 통해 실제 당사자에게 어떤 삶의 변화가 나타났는지, 그 삶의 변화가 자신에게 어떤 의미로 다가오는지 등에 대한 내용을 이끌어내어 제3자에게 보여줄 필요가 있는 것입니다.

2) 양적 성과평가가 어려운 경우

• 점수로 나타내거나 '예, 아니오'로 대변되는 양적 성과평가 방식으로는 사업의 성과를 정확하게 보여주기 어려울 때에는 질적인 방법으로 성과를 평가하기도 합니다.

- 예를 들어 중학생에 대한 진로 탐색 지원 프로그램을 운영한 후 진로를 설정했는지에 대한 여부를 물어볼 때 10명 중 2명만 진로를 설정하고 8명은 아직 진로를 설정하지 못했으면 이 프로그램은 실패한 프로그램인가?라는 문제를 제기할 수 있습니다. 즉, 진로설정 여부에 따른 진로설정 청소년 수를 따진다면 그렇게 성공적이라고 보기 어렵습니다. 하지만 나머지 8명이 어떤 상태에 있는지를 질적으로 평가한다면 그 평가 결과는 달라질 수 있습니다. 즉, 8명에 대해 자신의 상태 변화를 가장 잘 나타낼 수 있는 전후 사진을 대조하고 이에 대한 자기설명을 덧붙이게 한 Photo Voice 방법을 동원한 질적 평가에서 많은 청소년들이 자신이 아직 진로를 설정하지는 않았지만 이 프로그램에 참여하기 전에는 자신이 무엇을 하고 살아야 하는지, 진로에 대해 전혀 생각이 없다가 이제는 이에 대한 고민이 그 어느 때보다도 치열하게 이루어지고 있는 과정에 있다면 이 프로그램이 성과가 없다고 단정적으로 이야기하기 어렵다는 것입니다.

• 그러므로 질적 성과평가에서는 양적으로 평가하기 어려운 대상(예를 들어 지적장애인)이나 사업내용(진로탐색)에 대해 질적으로 그 변화내용을 측정함으로써 보이지 않던 성과를 잡아내는 것을 말합니다.

- 이러한 작업은 기존의 양적으로 나타나는 것만 전통적인 성과로 간주하는 편협한 시각에서 벗어나 성과를 보다 넓은 의미로 확장해석하려는 움직임과 그 맥을 같이 합니다.

6. 질적 성과평가 수행 방법

1) 인터뷰

- 사업 참여자에 대하여 인터뷰를 실시하여 프로그램 참여를 통해 실제 자신의 달라진 삶에 대해 이야기를 듣는 것입니다.

2) 참여관찰

- 프로그램이 진행되는 사회복지 실천현장에 대한 참여관찰을 통해 보고자 하는 바를 살펴 이를 종합적으로 드러내는 것입니다.

3) 포토 보이스(Photo Voice)

- 시각적 이미지를 통해 사업 참여자의 욕구와 어려움을 나타내고 집단토론을 통해 삶의 경험을 소통하도록 하는 방법을 말합니다. 시각적 이미지를 사용하기 때문에 장애나 문화의 차이 등으로 소통이 어려워 소외되기 쉬운 집단이 사업과정에 대한 이야기를 드러내는 데 참여할 수 있고 그동안 억눌렸던 목소리를 낼 수 있게 하여 역량강화의 기회를 제공하기도 합니다.

과정 평가

1. 과정평가란?

- 투입과 활동이 당초 계획에 따라 적절하게 진행되었는지를 평가하는 것을 말합니다.

2. 과정평가의 중요성

- 일반적으로 배분사업은 수행사업의 성공적인 결과만 보여주는 경우가 많습니다. 하지만 사업수행과정에 대한 상세한 기록과 비판적 검토를 통해 어떤 과정을 통해 본 사업을 수행했는지, 수행과정 중 뼈저린 경험에서 얻은 교훈이 무엇인지 등을 상세하게 기록하는 것도 매우 중요합니다.
  - 사업수행기관이 앞만 보고 나아가는 것이 아니라 사업수행의 과정을 반추하면서 변화·발전을 모색하고 아울러 타 기관이 벤치마킹하거나 교훈을 얻을 수 있는 교사 및 반면교사의 역할을 수행하기 위해서는 과정기록이 매우 중요합니다.

3. 과정평가에서의 평가대상

1) 과정별 대상

• 과정평가에서의 평가대상은 사업 전체 수행과정 전반이 됩니다.
  - 배분신청서 – 홍보 – 대상자 모집 – 세부 프로그램 시행 – 중간모니터링 – 이후 사업 – 종결단계 등 각 단계별로 모두 포함됩니다.

2) 관점별 대상

• 과정평가를 통해 관심을 가져야 할 관점에 따라 아래와 같이 구분할 수 있습니다.
  - 계획에 따라 잘 진행되지 않은 것(예: 당초 3월에 사업참여자를 모집완료하기로 되어 있었는데 4월에도 다 모집이 안 된 것, 현수막을 붙여놓으면 모집이 잘될 것이라고 기대했는데 현수막을 보고 왔다는 사람은 거의 없을 때)
  - 정보 부족으로 계획할 때 미처 생각하지 못한 것(예: 정부방침에 따라 초등학교 돌봄교실이 이미 확대되었는데 이를 고려하지 않아 A 방과후 프로그램이 잘 진행되지 않은 경우)
  - 생각하지 않은 것들이 발생하는 것(예: 조류 AI, 지진 때문에 현지 방문이 어려워진 경우)

3) 평가 방법별 대상

• 양적 과정평가
  - '과정'을 '성과'와 대비하는 관점에서 본다면 결국 과정평가는 투입 또는 활동에 대한 평가를 의미한다고 볼 수 있으므로 계획 당시 설정했던 투입에 대한, 활동에 대한 집행결과에 대해 양적으로 평가할 수도 있습니다.

• 질적 과정평가
  - 사업수행과정의 흐름이 어떻게 이어져 왔는지를 질적으로 평가할 수 있습니다. 이러한 질적 과정평가는 사업담당자가 '만약에 내가 이 사업을 처음부터 다시 시작한다면 어떻게 하겠다고 할 것인가?'라는 관점에서 이 사업을 벤치마킹하고 싶은 사람에게 소중한 이야기를 들려준다는 심정으로 기술하는 것이 필요합니다.

4. 평가 방법

1) 1단계: 평가의 초점을 분명히 한다.

• 모든 사업의 과정을 평가한다는 것은 현실적으로 불가능합니다. 또 모든 세부 프로그램의 과정을 평가하는 것도 쉽지 않습니다. 그러므로 무엇을 중점적으로 평가할 것

인지를 설정해야 합니다.

- 그러므로 어느 단계 또는 어떤 세부 프로그램의 과정을 면밀히 살필 것인지를 결정해야 합니다.
  - 예를 들어 이번 사업에서는 홍보 및 사업 참여자 모집과정과 핵심사업인 B 프로그램의 진행과정에 대해 과정평가를 한다고 설정하는 것입니다.

2) 2단계: 무엇을 언제 기록할 것인지를 명확히 한다.

- 사업의 진행과정을 그때 당시에는 잘 기억할지는 몰라도 시간이 흐를수록 잊히게 마련입니다. 그러므로 적어도 1~2달에 한 번은 지난 기간 동안에 벌어진 일들을 기록해야 합니다.
- 무엇을 기록할 것인지는 각 사업의 내용에 따라 달라지는데 기본적인 질문은 아래와 같습니다.

1. 무엇이 진행되었고, 무엇이 진행되지 못하였나?
2. 성공적이었다고, 긍정적인 의미가 있다고 자평할 수 있는 것은? 그 근거는?
3. 무엇이 아쉬운가?
4. 다시 그 과정을 진행한다면 어떤 점을 어떻게 바꾸겠는가?

3) 3단계: 매월 또는 2달에 한 번씩 진행한 사업을 기록한다.

- 기록하기로 한 바에 대하여 정해진 기간 내에 상세하게 관련 내용을 기록해야 합니다.
- 때에 따라서는 사업참여자들의 경험이나 의견, 요구사항들에 대해 정리할 필요가 있습니다.

〈질문을 통해 담아야 하는 내용〉

- 인터뷰를 위한 Tip에서의 관련 질문들을 해당 사업에 맞게 구성하여 진행
- 필요에 따라 추가적으로 해당 사업에서 중요한 내용들을 질문

4) 4단계: 기록된 내용을 시계열적으로 살펴 그 과정을 평가한다.

- 4~8회 기록된 내용을 전체적인 흐름을 고찰하여 얼마나 어떻게 진행되었는지, 그렇게 진행되게 된 맥락이 무엇인지, 다시 진행한다면 어떤 부분들에 대해 좀 더 세심하게 배려할 것인지, 이 사업을 벤치마킹하려는 기관에게 해 줄 이야기가 무엇인지 등에 대해 자세하게 기록합니다.

평가 시 유의사항

1) 사업을 미화(美化)하려는 나 자신의 모습을 읽어라

- 누구든 자기가 수행한 사업이 잘못되기를 바라는 사람은 아무도 없습니다. 또 설사 잘못되었다 하더라도 그렇게 된 이유를 객관적으로 보기 어렵습니다. 아전인수(我田引水) - 인지상정(人之常情)입니다. 하지만 그것이 바람직한 것은 아닙니다. 오히려 실패한 경험에서 소중한 보석이 발견됩니다. 내 실패가 다른 사람들에게 혜안을 가져다줄 수 있으면 그것은 더 이상 실패가 아닙니다. 소중한 자원이 되고 교훈이 됩니다.

2) 기관 책임자의 이해가 필요하다

- 실무자가 아무리 솔직하려고 하여도 기관 책임자가 그러한 자세와 마인드를 이해하지 못하면 제대로된 평가가 어렵습니다. 물론 집행과정상의 시행착오와 어려움을 기술한 보고서가 기관 책임자의 입장에서 볼 때는 마음이 불편한 것도 사실입니다. 그러나 자신의 기관이, 수행한 사업이 아무런 문제가 없다, 귀책사유가 없다고 하는 자세 때문에 더 이상의 발전 또한 가로막히게 된다는 것을, 또 가로막아 왔음을 솔직히 인정할 필요가 있습니다. 그러므로 사업결과에 대해 보다 솔직해지고 냉정하게 직면할 때 또 다른 발전의 출발점이 될 수 있을 것입니다.

3) 기관 감독(평가)기관은 사업결과에 대해 색안경을 끼고 보지 말라

- 결국 솔직했더니 돌아오는 것은 불이익이라고 한다면 더 이상 시행착오, 실패라는 부정적 결과를 보이지 않으려고 할 것입니다. 불이익은 대부분 기관 감독(평가)기관의 업무수행과정에서 출발합니다. 좁게는 사업자금을 배분한 공동모금회가, 넓게는 지도감독기관인 행정기관과 평가기관에서 사업수행결과에 대해 집착하게 되면, 또 그로 인해 부정적인 감독·평가 결과가 도출된다면 현장에서부터 솔직해지려는 움직임을 가로막는 결과를 초래하게 됩니다.
- 물론 사업수행기관의 중과실이나 도덕적 해이로 인해 사업이 훼손된 경우에는 엄중히 책임을 물어야 할 것입니다. 그러나 그렇지 않은 사안에 대해서는 자체 보고서의 내용이 부정적이라 하여 감독이나 평가까지 부정적이어야 할 이유는 없습니다. 오히려 얼마든지 감출 수 있었는데도 그러하지 않은 용기를 높게 평가해야 합니다. 그러한 사업결과를 기초로 어떻게 이후 사업에 그러한 내용을 반영했는지, 타 기관들에게는 어떻게 그러한 내용을 전파했는지가 오히려 격려되고 긍정적으로 평가되어야 할 것입니다.

요점 정리

- ✔ 사회복지 프로그램의 평가는 해당 프로그램의 목적이 달성되었는지를 체계적으로 가치 판단하는 것을 의미한다. 즉, 프로그램을 통해서 나타난 성과, 프로그램의 실시로 인한 영향을 측정하는 것이다.
- ✔ 프로그램 평가의 필요성은 ① 개입의 효과 판단, ② 사회복지기관의 책무성 입증 및 전문적 실천의 타당성 확보, ③ 프로그램의 품질 혁신을 위한 피드백 제공, ④ 프로그램의 성과 향상의 핵심 도구, ⑤ 프로그램에 대한 합리적 의사결정의 근거 자료 제공, ⑥ 효과적 개입 방법 관련 지식기반의 확대 등이다.
- ✔ 프로그램을 평가하는 절차는 ① 평가 준비/계획 단계, ② 평가 자료 수집 및 분석 단계, ③ 평가 결과 판단 및 평가 결과의 활용 단계로 구분할 수 있다.
- ✔ 프로그램의 질적인 수준을 높이기 위해서는 프로그램을 개발하는 단계에서부터 평가를 미리 신중하게 준비(계획)해야 하며, 사전에 계획된 평가를 실제로 수행하고 평가 결과를 반영함으로써 더욱 완성도 높은 프로그램을 개발할 수 있게 된다.

연습 문제

1 성과평가

1) 성과평가 작성 예시

다음은 양적 평가 방법과 질적 평가 방법을 적용하여 성과 목표, 평가 도구 및 방법, 그리고 측정 시기를 기록한 예시이다(사회복지공동모금회, 2018a).

	성과 목표	평가 도구 및 방법	측정 시기
양적 평가 예시	장애 자녀에 대한 부모의 이해도 증진	• 성과 지표: 자녀 이해도 10% 증진 • 평가 도구: 자녀 인식 척도 • 평가 방법: 부모 중 주 양육자에게 자녀이해 설문지를 작성하도록 하여 사전, 사후 증진 정도 확인	• 사업 시행 전(3월) • 사업 종료 후(9월)
	성과 목표	평가 도구 및 방법	측정 시기
질적 평가 예시	장애 자녀에 대한 이해 증진 및 상호 관계 개선	• 평가 주체: 사업 담당자 • 평가 방법: 자녀 및 부모 대상 인터뷰를 통해 성과 목표 달성 여부와 삶의 질 개선 정도 확인	• 사업 종료 후(9월)

출처: 사회복지공동모금회(2018a: 68)에서 발췌 및 일부 수정

2) 성과평가 작성 연습

개별적으로 또는 집단(모둠)별로 개발 중인 사회복지 프로그램에 대해서 다음 〈표〉의 빈칸에 성과 목표를 측정하기 위한 양적 평가계획과 질적 평가계획을 각각 작성해 보시오.

작성 시 유의사항

유의할 점은 '산출 목표'가 아닌 '성과 목표'에 대한 양적 평가계획과 질적 평가계획이라는 것이다. 혹시 '산출'과 '성과'의 차이를 구분하지 못하여 '성과 목표'를 '산출 목표'로 잘못 작성하지는 않았는지, 또는 제시한 성과 목표가 추상적이어서 측정 불가능하지는 않은지, 성과 목표 측정을 위한 평가지표가 타당한지, 평가 계획 전반에 걸쳐 그 내용이 적절하며 실현 가능한지 등을 면밀히 점검해야 한다.

	성과 목표	평가 도구 및 방법	측정 시기
양적 평가		• 성과 지표: • 평가 도구: • 평가 방법:	
	성과 목표	**평가 도구 및 방법**	**측정 시기**
질적 평가		• 평가 주체: • 평가 방법:	

2 과정평가

1) 과정평가 작성 예시

다음은 사회복지공동모금회 배분사업안내서에 수록된 '성과확산형 3개년 사업계획서 작성 예시' 중에서 '과정평가'와 관련된 예시를 발췌한 것이다(사회복지공동모금회, 2018a).

평가대상 내용	평가 방법	측정 시기
취업 연계 과정	– 평가 주체: 외부 평가위원 – 평가 방법: 사업담당자 인터뷰 및 내부문서 검토	– 각 주요 단계별
직업 역량강화 프로그램 추진 과정	– 평가 주체: 담당자 – 평가 방법: • 프로그램 진행 시 참여하여 관찰 • 사업담당자 및 중간관리자 인터뷰	– 참여관찰: 매회기 – 인터뷰: 프로그램 종료 후

출처: 사회복지공동모금회(2018a: 39)에서 발췌

2) 과정평가 작성 연습[5]

개별적으로 또는 집단(모둠)별로 개발 중인 사회복지 프로그램에 대해서 다음 〈표〉의 빈칸에 과정평가[5]를 위한 계획을 작성해 보시오.

평가 대상 내용	평가 방법	측정 시기
	– 평가 주체: – 평가 방법:	
	– 평가 주체: – 평가 방법:	

5) 과정평가(형성평가)란 프로그램을 운영하는 과정에 있어서 장점과 단점을 파악함으로써 프로그램의 개선을 도모하기 위해 실시하는 평가를 말한다.

CHAPTER

10 프로그램 평가의 실행

학습목표

1. 프로그램 평가의 이론적 모형을 이해한다.
2. 프로그램 평가 유형을 파악한다.
3. 프로그램 평가 기준을 이해한다.
4. 프로그램 평가 요소를 설명할 수 있다.
5. 효과성 평가, 효율성 평가, 질적 평가, 기타 평가 방법을 파악한다.

프로그램에 대한 평가는 프로그램의 영향을 측정하거나 프로그램의 품질 혁신, 성과 향상 등을 위해 반드시 필요하다. 이 장에서는 프로그램 평가의 이론적 모형, 프로그램 평가 유형, 평가 기준, 평가 요소를 이해하고 효과성 평가, 효율성 평가, 질적 평가, 기타 평가 방법을 파악하도록 한다.

1. 프로그램 평가의 이해

1) 프로그램 평가의 이론적 모형

프로그램 평가의 이론적 모형에는 목표 달성 평가모형, CIPP 평가모형, 제4세대 평가모형, 논리모형(logic model) 등이 있다.

(1) 목표 달성 평가모형

목표 달성 평가모형은 프로그램에서 설정한 목표와 참여자들이 실제로 성취한 수준을 비교하는 데 초점을 둔다. 이 모형의 한계점은 프로그램의 목표로 설정하지 않았던 다른 효과를 간과할 수 있다는 점이다. 다시 말해서, 의도하지 않았던 부수적인 효과들은 평가할 수가 없다는 것이다. 또한 성과에 주된 관심이 있어서 활동의 개선에는 한계가 있을 수 있다.

(2) CIPP 평가모형

CIPP는 상황평가(Context evaluation), 투입평가(Input evaluation), 과정평가(Process evaluation), 산출평가(Product evaluation)를 의미한다.

상황평가는 프로그램을 실행하는 상황에서 그 상황/맥락(context) 속에 있는 여러 자료들을 수집하는 데 사용된다.

투입평가는 프로그램의 목표를 성취하는 데 있어서 투입(input)을 해야 하는 자원에 대한 정보를 수집하는 데 사용된다.

과정평가는 프로그램의 목표를 성취하기 위해서 수행되고 있는 활동/과정과 관련된 자료를 수집하는 데 사용된다.

산출평가는 프로그램을 통해 산출된 결과를 측정하고 분석하는 것을 말한다.

(3) 제4세대 평가모형

제4세대 평가모형은 기존의 평가모형들을 대체할 수 있는 새로운 평가모형을 일컫는다. 예를 들어, 평가 방식에 있어서 평가 의뢰자와의 협상과 합의를 중요시하는 점 등에서 융통성이 있는 방식이라고 볼 수 있다.

참고로 제1세대, 제2세대, 제3세대 평가모형을 간략하면 다음과 같다. 제1세대 평가모형은 목표 달성의 정도에 초점을 둔 것이며, 측정 중심의 평가 방법이다. 제2세대 평가모형은 평가에 있어서 개인에서부터 프로그램 전체를 그 대상으로 하며, 평가를 통해 프로그램을 개선해 나가는 형성적인(formative) 기능을 갖는다. 제3세대 평가모형은 프로그램에 관한 기술을 바탕으로 하여, 평가를 받는 대상에 대한 체계적인 기술과 판단이 강조되는 평가 방식이다.

(4) 논리모형/논리모델(logic model)

논리모형/논리모델(logic model)은 투입 → 전환/활동/과정 → 산출 → 성과 간의 관계를 논리적으로 연결하여 설명하는 도식을 활용하여 체계적으로 프로그램을 기획하고 성과를 평가하는 모형이다(황성철, 2011). 논리모형의 도식에서 '전환'은 '활동' 또는 '과정'으로 표현하기도 한다.

① 투입

프로그램의 목표 달성을 위해 사용하는 여러 가지 자원(직원, 자원봉사자, 자금, 시설, 장비 등)을 말한다.

② 전환(활동 또는 과정)

프로그램의 목표 달성을 위해 이루어지는 일(식사 제공, 쉼터 제공, 교육, 훈련, 상담, 심리치료, 나들이, 캠프, 멘토링 활동 등)을 말한다. 즉, 프로그램에 참여하는 클라이언트를 변화시키기 위한 개입 전략과 개입 방법을 전환이라 한다.

③ 산출

프로그램 활동의 결과로 나타나는 직접적인 산출물(양적 요소, 양적 실적)을 말한다. 대개 프로그램의 수행 실적을 가리킨다. 예를 들어, 상담 건수, 참석한 클라이언트의 인원수, 배포된 교육자료 또는 홍보지의 숫자, 교육 시행 횟수, 식사배달의 횟수, 서비스 제공 시간 등이 산출물에 해당된다.

④ 성과

프로그램에 대한 참여를 통해 참여자가 얻은 변화, 효과, 이익, 혜택 등을 말한다. 다시 말해서, 성과는 클라이언트의 지식, 기술, 태도, 행동, 가치, 지위, 상황 조건, 환경 등의 변화와 관련된 것을 의미한다. 예를 들어, 직장을 구함, 가계소득 향상, 읽기·학습기술 향상, 갈등상황에 대한 효과적인 대응, 가족화합의 필요성 인식 등이 '성과'에 해당된다.

프로그램의 성과는 단기에 나타나는 경우도 있겠으나, 프로그램이나 클라이언트 등의 특성에 따라서 그 성과가 오랜 기간을 두고 초기 성과, 중기 성과, 장기 성과로 단계적으로 천천히 나타나기도 한다. 투입 → 전환/활동/과정 → 산출 → 성과 간의 관계를 연결한 논리모형의 도식은 다음과 같다.

투입 Inputs	→	전환/활동/과정 Throughputs Activities Process	→	산출 Outputs	→	성과 Outcomes
프로그램에 투입된 자원		프로그램의 목적 달성을 위한 일(활동)		프로그램 활동의 산물(프로그램의 활동에 따른 직접 산출물)		프로그램 참여 중 또는 참여 종료 후의 참여자의 변화, 혜택
예시		예시		예시		예시
-직원과 근무시간 -자원봉사자와 자원봉사 시간 -재원(예산) -시설 -장비, 비품		-식사 및 쉼터 제공 -직업훈련 실시 -아동학대 이해 관련 시민교육 -상담서비스 -멘토링 활동		-교육참여 인원 수 -상담서비스 횟수 -배포된 교육자료 수 -서비스 제공 시간 -서비스 이용자 수		-새로운 지식 습득 -향상된 기술 -직업 및 의사소통 기능 향상 -태도와 가치 변화 -행동상의 변화 -상황개선, 생활여건 변화 -사회적 지위 변화

[그림 10-1] 논리모형의 도식

출처: 미국공동모금회(UWA: United Way of America, 1996); 황성철(2011: 293) 재인용

2) 프로그램 평가 유형

(1) 형성평가와 총괄평가

형성평가(formative evaluation)는 프로그램을 운영하는 중에 수행하는 평가를 말한다. 프로그램을 진행하는 과정 중에 이루어지기 때문에 '과정평가'라고도 한다. 형성평가를 실시하는 목적은 프로그램을 실시하면서 나타나는 문제점을 수정하거나 부족한 측면을 보완해 나가기 위한 것이다. '형성적인(formative)'이라는 형용사가 뜻하는 바와 같이, 평가를 통해 프로그램을 형성해 나간다, 만들어 나간다는 의미가 포함되어 있다고 볼 수 있다.

총괄평가(summative evaluation)는 프로그램이 완결되는 시점 또는 프로그램이 종료된 후에 실시하는 평가를 말한다. 프로그램이 종결된 시점에서 이루어지기 때문에 '결과평가'라고도 한다. 총괄평가를 실시하는 목적은 프로그램의 최종적인 성과(결과)를 파악하고자 하는 것이다. 총괄평가는 목적에 따라서 효과성 평가와 효율성 평가로 구분된다.[6)]

(2) 양적 평가와 질적 평가

양적 평가는 평가를 목적으로 수집하는 자료가 계량화된 양적 자료이며, 연역적 방법[7)]에 의해 분석이 된다. 반면에, 질적 평가는 관찰, 인터뷰 등을 통하여 수집된 질적 자료를 귀납적 방법[8)]에 의해 분석하는 것이다.

(3) 적합성 평가와 메타평가

적합성 평가는 프로그램에 대한 평가를 하기 전에 그 프로그램의 가치를 파악하는 것에 의미를 두는 것이며, 해당 프로그램이 의도한 목적을 달성했는가에 초점을 둔다.

메타평가(meta evaluation)는 평가에 대한 평가를 말한다. 이미 수행된 평가에 대해 여러 차원(평가 과정, 평가 결과 등)에서 종합적으로 평가하는 것이다.

(4) 내부 평가와 외부 평가

프로그램을 평가하는 주체가 누구인가에 따라서 내부 평가와 외부 평가로 구분된다. 내부 평가는 프로그램을 실행하는 내부인력 또는 해당 기관/조직의 구성원에 의해서 이루어지고, 외부 평가는 외부의 전문가 등에 의해서 평가가 수행된다.

---

6) '효과성 평가'는 프로그램이 달성하고자 설정했던 목적 및 목표가 달성되었는가에 초점을 둔 평가이다. '효율성 평가'는 프로그램의 결과가 투입된 비용에 비하여 정당화될 수 있는가를 판단하는 평가이다.

7) 연역(deduction)은 일반적인 원리 또는 일반적인 사실에서 개별적이고 특수한 원리 또는 사실을 이끌어내는 것을 말한다.
모든 사람은 죽는다. (대전제)
소크라테스는 사람이다. (소전제)
소크라테스는 죽는다. (결론)

8) 귀납(induction)은 개별적이고 특수한 현상이나 사실로부터 일반적인 결론을 이끌어내는 것을 말한다.

(5) 수행평가

수행평가는 투입, 과정, 산출, 성과와 관련된 핵심 변수들을 모두 포함하기 때문에 기존의 성과(outcomes) 중심의 평가보다 더욱 포괄적인 평가라고 볼 수 있다. 수행평가의 측정 항목은 다음과 같다(신원식·신근화, 2017).

〈표 10-1〉 수행평가 측정 항목의 예시

구분	정의	사례
투입	• 산출을 생산하기 위해 사용된 자원	• 사용된 비용 • 실무자 활동 시간
산출	• 생산된 단위의 양 또는 수 • 업무량과 관련된 지표들이며, 행동 지향적이고 측정 가능하며, 보통 관리적 통제하에 있음	• 면담한 사람 수 • 배포된 자료집 부수 • 방과 후 프로그램에 참여한 아동 수
효율성	• 산출된 단위당 사용된 투입량	• 서비스당 비용 • 클라이언트당 실무자들의 수행 시간
서비스의 품질	• 클라이언트들이 프로그램에 만족하는 정도 • 정확히, 그리고 적절히 서비스가 제공되었는가의 정도	• 참여자들의 만족도
성과	• 프로그램과 연관된 질적 결과 • 서비스를 제공하는 궁극적인 '이유'에 초점을 맞춤	• 이직률의 감소 • 탈수급자의 비율 • 1년 이상 직업을 가지고 있는 자활참여자의 비율

출처: 신원식·신근화(2017)

3) 프로그램 평가 기준

프로그램 평가 기준은 프로그램 평가를 위한 척도를 말하는데, 평가 기준은 ① 목표 달성의 수준, ② 기대하는 변화의 정도, ③ 성과 또는 변화를 나타내는 점수, ④ 원하는 가치가 산출되는 정도 또는 범위, ⑤ 이용자의 만족도를 나타내는 특정 지표, ⑥ 특정 행동 또는 태도의 변화 등이 있다(정무성·정진모, 2001). 여러 학자들이 대체적으로 제시하는 프로그램 평가의 기준에는 노력성, 효과성, 효율성, 서비스의 질(quality), 영향(impact) 등이 있다(황성철, 2011).

(1) 노력성

프로그램 평가 기준으로서의 '노력성'은 프로그램 운영에 투입된 자원의 정도와 활동의 양(투입된 인력, 예산 그리고 수행을 위하여 전개된 활동량 등)을 말한다. 노력성을 평가하기 위한 자료의 예시는 다음과 같다.

- 인적 자원 투입 정도: 사회복지사의 수, 참여 전문가의 수, 자원봉사자의 수 등
- 참여한 클라이언트의 수: 상담의 건수, 의뢰 건수, 집단활동 참여자의 수 등
- 물적 자원 투입 정도: 기자재 및 장비 투입 횟수, 예산 지출액 등
- 업무수행 활동: 면접 횟수, 치료 건수, 집단활동 횟수, 가정방문 횟수, 출장 횟수 등

(2) 효과성

프로그램 평가 기준으로서의 '효과성'은 프로그램의 목표 달성 정도를 측정하는 기준이 된다. 평가 기준 가운데 '노력성'이라는 기준에 의해 측정된 '노력'으로 어떠한 '성과'가 발생하였는가를 살펴보는 것이다. 어떠한 결과가 발생하였는가에 있어서 특히 클라이언트의 변화된 정도를 검토한다.

(3) 효율성

프로그램 평가 기준으로서의 '효율성'은 투입(input)에 대비한 산출(output) 또는 성과(outcome)의 정도를 말한다. 다시 말해서, 해당 프로그램의 산출이나 성과가 해당 프로그램에 투입된 비용에 비해 얼마나 큰가를 판단하는 것이다. '효율성'은 해당 프로그램의 산출이나 성과에 비해 해당 프로그램에 투입된 비용이 정당화될 수 있는가를 판단하는 기준이 되며, 투입된 비용/자원이 얼마나 효율적으로 사용되었는지, 얼마나 경제적인지를 확인하는 기준이 된다.

(4) 서비스의 질(quality)

프로그램 평가 기준으로서의 '서비스의 질(quality)'은 프로그램 제공자의 전문성을 말한다. 즉, 서비스 제공자의 자격요건 또는 서비스 제공방법이 전문적 기준에 적합한지와 관련된다(자격증 소지자 비율, 전문교육을 받은 횟수, 외부 전문가의 자문 정도 등).

(5) 영향(impact)

프로그램 평가의 기준으로 '영향'은 해당 프로그램이 지역사회에 어떤 영향을 주었는가와 관련되는 것이다. 예를 들어, 해당하는 지역사회의 문제해결에 대한 해당 프로그램의 영향을 말한다. '영향'을 측정하기 위해서 해당 문제나 욕구를 갖고 있는 집단 가운데 해당 프로그램을 통해 효과가 나타난 인원의 비율을 계산하여 판단한다.

4) 프로그램 평가 요소

프로그램은 투입(inputs), 전환/활동/과정(throughputs, activities, process), 산출(outputs), 성과(outcomes)로 구성된다. 이를 나무에 비유한다면, 투입(inputs)은 뿌리에 해당되며, 전환/활동/과정(throughputs, activities, process)은 줄기에 비유할 수 있으며, 산출(outputs)은 열매에 해당되고, 성과(outcomes)는 열매의 질에 비유할 수 있다. 또한 집을 짓는 것에 비유해 본다면, 투입(inputs)은 집을 건축하기 위해 필요한 땅/자재(시멘트, 철근 등)/노동자 등이며, 전환(throughputs)은 집을 짓는 활동에 해당되며, 산출(outputs)은 지어진 집으로 볼 수 있고, 성과(outcomes)는 집을 통해 얻게 되는 생활의 편안함을 뜻한다고 볼 수 있다(김통원, 2000; 정무성·정진모, 2001 재인용). 투입(inputs), 전환/활동/과정(throughputs, activities, process), 산출(outputs), 성과(outcomes)는 프로그램 평가의 기본 구성 요소가 되기도 한다.

투입 Inputs	전환 Throughputs	산출 Outputs	성과/결과/ 측정 가능한 변화 Outcomes
1) 프로그램에 작용하는 기제 예시 - 법, 규정, 규칙 등 2) 프로그램에 투여되거나 프로그램에 의해 소비된 자원 예시 -이용자 -직원, 봉사자 -자금, 예산 -시설 -장비, 소모품	임무를 수행하기 위하여 프로그램에서 투입으로 활동하는 것 예시 -상담 -직업훈련 -치료 및 교육 -보호 -청소년 대인관계 지도 -사회적응훈련 -재가서비스 -정보 제공 및 의뢰 등	프로그램 활동의 직접적 산물(량) 예시 -상담 수 -서비스에 참여한 참여자 수 -취업인원 -서비스 시간 -분배된 교육자료의 수 -지도한 집단 수 등	프로그램 활동 중, 활동 이후의 참여자들이 얻은 이익 예시 -새로운 지식 -향상된 기술 -태도 및 가치의 변화 -행동의 수정 -향상된 조건 -변화된 지위

[그림 10-2] **프로그램 평가 요소**

출처: 황성철(2011: 309) 일부 수정

2. 프로그램 평가의 방법

1) 효과성 평가

(1) 효과성 평가의 지표

'효과성'은 프로그램의 목적 및 목표가 실제로 달성된 정도를 말한다. 따라서 효과성 평가는 프로그램이 의도했던 목적 및 목표가 실제로 달성된 정도를 평가하는 것이다.

게이츠(Gates, 1980)는 효과성 평가 지표를 다음과 같이 구조, 과정, 성과의 측면으로 나누어 설명하였다(황성철, 2011 재인용). 구조지표와 과정지표가 프로그램의 효과성을 측정해 주는 간접적 지표에 불과한 반면에, 성과 지표는 프로그램의 효과성을 가늠하게 해 주는 최종의 직접적 지표가 된다고 볼 수 있다.

① 구조지표

구조적 요인들(기관의 특성 등)이 프로그램의 효과성에 영향을 주는 것을 가리킨다. 성과 지표나 과정지표로 프로그램의 효과성을 평가할 수 없을 때, 구조지표가 사용될 수 있다. 다음은 구조지표에 해당하는 것들이다.

- 사회복지 기관 및 시설의 접근성, 적합성
- 사회복지 프로그램과 서비스의 체계성, 다양성
- 사회복지 프로그램 수행인력의 자질(자격증 보유 및 교육 정도)
- 사회복지 프로그램에 대한 지원체계의 적절성(예산, 의사소통 등)

② 과정지표

프로그램을 수행하는 과정에 있어서 수행인력들의 활동이 프로그램의 효과성에 영향을 준다는 가정에서 설정된 것이다. 프로그램 수행인력의 활동을 분석하여 파악할 수 있는 것들이 과정지표로 활용될 수 있다(관리하는 사례 수, 방문 건수, 의뢰 건수, 평균 면접시간 등). 다음은 과정지표에 해당하는 것들이다.

- 클라이언트가 갖는 문제의 정도
- 문제해결을 위해서 제공된 서비스의 종류, 양
- 문제와 서비스의 관련성 정도

③ 성과 지표

성과는 프로그램 활동의 최종 결과물로 얻어지는 것을 말한다. 성과 지표는 성과를 나타낼 수 있으며, 관찰과 측정이 가능한 클라이언트의 변화를 서술하는 것이다. 예를 들어, 건강한 생활양식을 갖는 목표를 설정하였다면, 체중, 콜레스테롤 수치, 혈압, 금연 등이 건강한 생활양식의 지표가 될 수 있다.

(2) 성과평가/성과측정의 방법

마틴과 케트너(Martin & Kettner, 1996)는 사회복지 프로그램의 성과 측정 방법과 관련하여 ① 수치 집계/산술적 계산(numeric counts), ② 표준화된 측정 도구의 사용,

③ 클라이언트의 기능수준척도(LOF: Level of Functioning scale), ④ 클라이언트 만족도를 제시하였다(황성철, 2011 재인용). 그러나 학자에 따라서 만족도 조사를 성과측정의 방법에 포함시키지 않는 경우도 있다.

① 수치 집계(산술적 계산)

수치 집계 또는 산술적 계산은 프로그램의 결과에 관한 명목적 내용을 산술적으로 계산하는 것을 말한다. 클라이언트의 생활 조건, 상태, 행동 등에 있어서 변화를 측정하는 데 사용될 수 있다.

② 표준화된 측정 도구

표준화된 측정 도구는 클라이언트의 변화를 측정하기 위해 사용하는 정형화된 도구이다. 표준화된 측정 도구들 가운데 수많은 간편사정도구(RAI: Rapid Assessment Instruments)들은 사회복지 분야에서도 활용 가능하며, 여타 측정 도구의 선택과 사용은 다음과 같은 방법을 통해서도 가능하다.

- 측정 도구를 자체 개발하는 것(이 경우에는 신뢰도와 타당도가 검증되어야 함)
- 공인된 한국 기관에서 개발한 측정 도구를 유료로 구입하는 것
- 국내 논문에서 사용했던 관련 측정 도구들을 재사용하는 것
- 국외 논문에서 사용했던 관련 측정 도구들을 번안하여 사용하는 것
- 평가 도구 자료집을 통한 선별 등

③ 클라이언트의 기능수준척도(LOF scale: Level of Functioning scale)

어떤 프로그램은 그 프로그램의 특성에 맞는, 표준화된 측정 도구를 찾기 어려운 경우가 있다. 이와 같이 기존의 표준화된 측정 도구를 사용하기에 부적합한 사례일 경우, 기능수준척도(LOF)를 사용할 수 있다. 기능수준척도는 클라이언트의 기능이나 행동 등을 폭넓게 측정할 수 있다. 예를 들어, 해당 프로그램에 대하여 개입 전후 클라이언트의 기능 수준의 변화를 측정하고자 할 경우에 기능수준척도를 사용할 수 있다. 기능수준척도를 설계하는 방법에 대해 각 단계별로 설명하면 다음과 같다.

기능수준척도의 설계 1단계: 평가할 기능을 선택한다.

- 하나의 척도가 하나의 기능만을 평가하도록 설계한다.

기능수준척도의 설계 2단계: 척도의 점수 부여

- 척도의 점수 부여는 일반적으로 홀수로 이루어진다. 점수 범위는 적어도 세 개 정도가 되어야 한다. 단, 아홉 개가 넘어가면 신뢰성이 떨어진다.

기능수준척도의 설계 3단계: 점수별로 특징을 설명한다.

- 관찰 가능하며, 전형적이고 증명 가능한 행동에 기반을 두고 점수별로 특징을 설명한다.

기능수준척도의 설계 4단계: 설계한 LOF척도에 대한 현장검증을 거쳐 사용한다.

- 현장검증을 통해서 그 내용과 구성을 수정 및 보완하여 해당 프로그램에 사용한다.

다음의 예시는 '노인을 위한 집단급식 프로그램의 기능수준척도'이다.

노인을 위한 집단급식 프로그램의 기능수준척도

다음의 각 사항에 대해 가장 적절한 기능 수준에 ○표 하시오.

외모	1	2	3	4	5

- level 1: 외모에 대한 관심 또는 인식 부족(개인위생과 의복을 소홀히 함)
- level 3: 외모에 대한 관심을 언어로 표현(약간의 도움이 요구됨)
- level 5: 외모, 개인위생에 대한 주의 깊은 관심

식사	1	2	3	4	5

- level 1: 제공된 식사의 ⅓ 이하를 드심
- level 3: 제공된 식사의 ½을 드심
- level 5: 꾸준히 식사의 전량을 다 드심(더 드실 수 있음)

체중	1	2	3	4	5

- level 1: 나이와 체형에 따른 이상적 체중에 비해 지나친 과체중 또는 저체중
- level 3: 과체중 또는 저체중이나 상태를 바꾸고자 함
- level 5: 나이와 체형에 적당한 체중 유지

④ 클라이언트 만족도

클라이언트 만족도 조사는 해당 프로그램에 참여한 클라이언트가 자기보고(self-report)식으로 만족도 조사에 응하여 클라이언트의 만족도를 측정하는 것이다.

클라이언트에 대한 사회복지 프로그램의 품질 관리에 있어서 핵심 요소는 클라이언트의 만족도이다. 클라이언트에 대한 만족도 조사를 실시할 때 고려해야 할 사항은 다음과 같다(황성철, 2011).

첫째, 다양한 차원에서 만족도를 조사하는 질문이 제시되어야 한다. 예를 들어, 프로그램의 목표 달성 여부, 기관/시설의 이용 편의성 및 접근 용이성, 담당 직원의 직무 수행능력, 담당 사회복지사나 직원의 도움 정도, 프로그램에 대한 전반적인 만족도 등이다.

둘째, 만족도 조사 방법을 다양화할 필요가 있다. 개별 심층 면접이나 FGI(초점집단 인터뷰)와 같은 질적 조사를 통해 프로그램에 대한 평가를 하면 보다 다양한 의견이 표출될 수 있다. 또한 설문지(자기기입식)에 의한 양적 조사를 실시하더라도 해당 설문지에 개방형 문항[9]을 포함시켜 볼 수 있다.

셋째, 조사 시점을 여러 단계로 나누어 실시할 필요가 있다. 조사 시점을 여러 단계(초기 단계, 진행 단계, 종결 단계 등)로 구분하여 조사를 수행해 본다. 단, 같은 내용의 만족도 설문지를 가지고 조사를 실시한다. 이렇게 한다면 클라이언트의 만족도 변화의 흐름을 파악할 수 있을 것이다.

넷째, 신뢰도와 타당도가 확보된 측정 도구를 사용해야 한다. 만족도 설문지를 작성할 때, 면밀한 검토가 필요하다. 아래에 제시하는 〈클라이언트 만족도 조사표(Client Satisfaction Questionnaire: CSQ)〉는 신뢰도와 타당도가 검증된 것이다(Pascoe & Attkisson, 1983; 황성철, 2011 재인용).

9) 개방형 문항(개방형 질문)은 자유반응 문항으로 자유스럽게 응답을 할 수 있도록 한 검사 문항을 말한다. 이에 비해서 폐쇄형 문항은 선택형 문항을 말하는데, 질문에 대한 응답이 선택지에 주어져 있고 주어진 선택지 안에서만 응답을 고를 수 있게끔 되어 있다. 예를 들면, 주어진 질문에 대한 응답이 '① 매우 불만족, ② 불만족, ③ 보통, ④ 만족, ⑤ 매우 만족'이라는 5가지의 선택지로 나열되어 있다.

클라이언트 만족도 조사표(CSQ)

귀하가 이 기관에서 받은 서비스에 대한 아래의 몇 가지 질문에 응답해 주시기 바랍니다. 이 질문지는 귀하가 받은 서비스나 프로그램의 개선을 목적으로 사용될 것입니다. 각 질문에 따라 귀하의 솔직한 의견에 해당하는 번호에 ◯표 해 주십시오. 협조해 주셔서 감사합니다.

1. 귀하가 받았던 서비스의 질은 어떠했습니까?

① 좋지 않았다 ② 보통이다 ③ 좋았다 ④ 매우 좋았다

2. 귀하는 귀하가 원했던 서비스를 받았습니까?

① 전혀 아니다 ② 아니다 ③ 그렇다 ④ 매우 그렇다

3. 귀하가 참여한 프로그램은 귀하의 욕구를 어느 정도 충족시켰습니까?

① 전혀 충족되지 않았다 ② 약간 충족되었다 ③ 대부분 충족되었다 ④ 모두 충족되었다

4. 귀하가 받은 서비스에 대해서 귀하는 어느 정도 만족하십니까?

① 매우 불만족한다 ② 약간 불만족한다 ③ 대체로 만족한다 ④ 매우 만족한다

5. 만약 귀하가 아는 사람이 유사한 상황에 있을 때 이 프로그램에 대한 참여를 권유하겠습니까?

① 전혀 권유하지 않겠다 ② 권유하지 않겠다 ③ 권유하겠다 ④ 적극적으로 권유하겠다

6. 귀하가 받은 서비스는 귀하가 가진 문제를 효과적으로 해결하는 데 도움이 되었습니까?

① 전혀 도움이 안 됨 ② 도움이 안 됨 ③ 약간 도움이 됨 ④ 매우 큰 도움이 됨

7. 귀하는 전체적으로 이 프로그램과 서비스에 대해서 어느 정도 만족하십니까?

① 매우 불만족한다 ② 불만족한다 ③ 만족한다 ④ 매우 만족한다

8. 귀하가 차후에 이러한 서비스가 필요하면 다시 이 프로그램에 참여하겠습니까?

① 전혀 그렇지 않다 ② 그렇지 않다 ③ 그렇다 ④ 매우 그렇다

(3) 효과성 평가를 위한 조사설계

효과성 평가를 위한 조사설계에는 다양한 방법이 있으나[10] 여기서는 사회복지 현장에서 실제적으로 많이 사용되는 조사설계인 단일집단 사후검사설계, 단일집단 사전-사후검사설계를 중심으로 설명하기로 한다.

① 단일집단 사후검사설계

단일집단 사후검사설계는 하나의 집단을 대상으로 특정 프로그램(실험처치)을 실시한 다음에 그 집단의 특성을 검사하여 프로그램의 효과를 평가하는 것이다. 이 설계 방식의 단점은 조건통제가 전혀 되지 않으며 결과를 의미 있게 비교할 수 있는 대상이나 근거가 없다는 것이다.

② 단일집단 사전-사후검사설계

단일집단 사전-사후검사설계는 하나의 집단을 대상으로 특정 프로그램(실험처치)을 실시하기 전에 사전검사를 하여 미리 종속변인과 관련된 특징을 확인한 다음에, 특정 프로그램을 실시한 이후에 사후검사를 하여, 사전검사와 사후검사 간의 차이를 분석함으로써 프로그램의 효과를 평가하는 방법이다.

2) 효율성 평가

효율성 평가는 경제적 가치를 중요시하는 평가 방법이다. 효율성 평가에는 비용효과 분석과 비용편익 분석이 있다.

(1) 비용효과분석(cost-effectiveness analysis)

비용효과분석은 프로그램에 투입된 비용을 화폐 단위로 계산하여 달성된 성과와 비교분석을 하는 방법이다. 예를 들면, 방과후 아동보호 프로그램에 투입된 총비용을

10) 조사설계 유형은 전실험설계(원시실험설계), 유사실험설계, 실험설계로 구분되어 있으며, 각 유형에 해당하는 다양한 설계 방식과 관련된 상세한 내용은 사회복지조사론을 참고하기 바란다.

계산하여 아동의 성적 향상, 사회성 향상 등을 유사 프로그램과 비교한다면 비용효과성을 밝힐 수 있을 것이다(황성철, 2011).

(2) 비용편익분석(cost-benefits analysis)

비용편익분석은 프로그램에 투입된 비용과 편익[11]을 모두 화폐가치의 단위로 환산하여 비교분석을 하는 방법이다. 일반 사기업에서 비용편익분석을 하는 것은 문제가 없으나, 사회복지 프로그램과 같은 경우에는 편익(benefits)을 화폐가치로 환산하기 곤란한 경우가 많다. 그 이유는 사회복지 프로그램에 있어서 시장가치로 환산이 불가능한 편익이 많기 때문이다. 예를 들어, 어떤 프로그램을 통해 클라이언트가 얻게 된 심리사회적 혜택은 화폐가치로 환산하기 어렵다(황성철, 2011).

▣ 편익 측정 방법

편익을 측정하는 방법에는 화폐가치 측정, 시장가치 측정, 가설적 질문, 정책적 선택 등이 있다(Thompson, 1980; 황성철, 2011 재인용).

① 화폐가치 측정

화폐가치 측정은 편익을 직접적으로 화폐가치로 측정하는 방법이다. 예를 들어, 지역사회 건강센터 프로그램의 편익은 건강센터가 저녁시간에 2시간 개방된다면 이용자들이 연간 10일의 직장결근을 줄일 수 있는 효과를 유발하여 10일 동안의 평균임금을 계산하여 편익을 화폐가치로 환산하는 것이다.

② 시장가치 측정

시장가치 측정은 편익을 직접 화폐가치로 환산할 수 없을 때 시장가치로 측정하는

11) 비용(costs)은 프로그램 수행에 있어서 간접적 또는 직접적으로 요구되는 자원을 말한다. 프로그램의 비용에는 인력, 장비, 시설, 운영, 행정 등에 소요되는 비용이 포함된다. 비용에는 기회비용을 반드시 포함시켜야 하는데, 기회비용이란 특정 프로그램에 참여함으로써 다른 생산적 활동을 포기해야 하는 상황에서 발생할 수 있는 비용을 가리킨다. 기회비용을 추산하는 것은 매우 복잡하여 논란의 여지가 있다. 한편, 편익(benefits)은 가시적 또는 비가시적인 성과를 말한다. 예를 들어, 공중보건 프로그램의 편익은 질병 감소, 사망률 저하, 경제적 생산성 향상 등이 될 수 있고, 직업능력 프로그램의 편익은 프로그램 참가자의 경제적 생산성과 미래의 수입이 될 수 있다(황성철, 2011).

것이다. 예를 들어, 어떤 지역사회에서 범죄예방 프로그램을 시행한 후에 범죄율이 50% 감소되었다는 성과는 감소된 만큼의 범죄율을 가진 유사 지역사회의 주택가격을 시장가치로 보아 편익을 계산하는 것이다.

③ 가설적 질문

가설적 질문의 방법은 프로그램에 참여한 자에게 비화폐적 편익을(어느 정도 가격을 지불할 수 있는지를) 질문하여 계산하는 것이다. 비화폐적 편익에 대한 가격의 책정은 개인마다 매우 큰 편차가 있다. 그래서 비화폐적 편익에 대하여 신뢰할 만한 적정가격을 산출하기가 매우 어렵기에 상당히 논란의 여지가 있는 측정 방법이다.

④ 정책적 선택

이 방법은 편익을 정치적 선택에 따라 화폐가치로 환산하는 것이다. 예산 제약이나 정권의 변화 등으로 인해서 일관성이 없기 때문에 신뢰하기 어려운 방법이어서 논란의 여지가 크다.

3) 질적 평가

질적 평가는 질적 연구방법을 사용하여 평가하는 방법이다. 질적 평가 방법은 참여자의 언어나 의미를 관찰하여 질적 자료를 수집하여 해석하는 데 강조점을 둔다. 질적 평가는 평가 대상에 대한 깊은 통찰력을 줄 수는 있으나 평가 대상자의 수가 많을 경우에는 적합하지 않다는 한계점이 있다. 그래서 평가 범위가 광범위하고 평가를 위한 시간과 자원이 충분하지 않을 때 질적 평가 방법은 사용하기가 어렵다.

질적 평가에서 자료를 수집하는 방법은 ① 현장관찰에 의한 관찰기록, ② 심층면접에 의한 질적 자료 수집, ③ 문서 및 기존 자료의 활용 등이 있다. 질적 연구에서 자료 수집은 일반적으로 자료가 포화(saturation)[12] 상태에 이르면 종결한다.

---

12) 질적 연구에서 자료의 포화(saturation) 상태는 추가적으로 수집되는 자료가 기존의 사실과 범주를 확인하는 차원에서 머무르고 더 이상 새로운 영역으로 확대되지 않을 때를 말한다. 다시 말해서 이미 기존의 자료만으로도 연구문제에 관한 질문에 답이 될 만한 근거를 충분히 확보한 상태를 가리킨다.

질적 평가에 있어서 엄격성과 객관성을 담보하는 방법은 ① 지속적 참여와 관찰, ② 자료의 다원화(triangulation), ③ 동료 보고회, ④ 부정적 사례분석, ⑤ 외부 감사, ⑥ 참여자 확인 등이 있으며, 그 내용은 다음과 같다(황성철, 2011).

① 지속적 참여와 관찰

평가가 이루어지는 현장에 계속적으로 참여하여 프로그램 참여자들의 신뢰를 얻어서 혹시 잘못된 정보 또는 자료를 재점검할 수 있는 기회를 가짐으로써 평가 결과에 대한 신뢰성을 확보하는 것이다.

② 자료의 다원화(triangulation)

한 가지의 자료에 의존하기보다는 여러 가지 자료를 수집하여 상호 비교하여 자료 분석과 해석에서 발생되는 편견과 오류를 방지할 수 있다.

③ 동료 보고회

평가자 이외에 질적 평가에 관심과 조예가 있는 동료 학자나 연구자에게 평가 과정과 평가 결과를 보고함으로써 객관성을 확보하는 방법이다. 이때, 능력 있는 동료의 확보가 관건이 된다.

④ 부정적 사례 분석

극단적 사례나 예외적 사례를 자료에서 제외시켜 신뢰성을 확보하는 방법이다.

⑤ 외부 감사

외부의 전문가들이 조사 내용과 결과를 검토하여 정확성을 평가하도록 한다.

⑥ 참여자 확인

일차적 평가 결과를 프로그램 참여자에게 보여주어 그 내용들이 자신들이 실제로 느끼고 생각한 것과 일치하는지에 대해 검토를 받는다.

4) 기타 평가 방법

앞서 소개한 평가 방법 외에도 다양한 평가 방법이 있는데, 여기서는 조작적 정의 척도를 이용한 평가, 과업성취척도에 의한 평가, 단일사례조사설계를 간략히 소개한다.

(1) 조작적 정의 척도를 이용한 평가

해당 프로그램 평가에 적절한 표준화된 척도를 구하지 못하는 상황에 있을 경우에는 조작적 정의에 의한 평가를 진행할 수 있다. 우수명(2018)은 '조작적 정의 척도를 이용한 평가'를 "프로그램의 목적과 목표 등에 따라 프로그램 수행자가 효과성이나 의미 등을 평가할 수 있는 기준을 만들어 평가하는 방법"이라고 하였으며, 또한 "프로그램의 목적과 목표의 달성 정도를 클라이언트 종결 상태 또는 특정한 변화의 상태를 정의하고 그것을 조작적 정의로 규정하여 평가하는 것"이라고 하였다.

예를 들어서, 은둔형 외톨이를 위한 프로그램이 있는데, 이 프로그램에서 평가 기준을 다음과 같이 정하는 것이다. '정기적으로 만나거나, 모바일 메신저를 활용한 채팅을 하거나, 밥을 함께 먹거나 하는 친구의 존재 여부, 그 수와 빈도, 그리고 동아리 활동 등에 정기적으로 참여하는지 여부'로 하는 경우이다. 만약에 은둔형 외톨이인 클라이언트가 친구도 만나고, 동아리 활동도 정기적으로 한다면, 그 클라이언트는 이제는 더 이상 은둔형 외톨이라고 할 수 없는 상태가 되는 것이다. 이것이 조작적 정의에 의한 평가이다(우수명, 2018). 조작적 정의에 의한 평가척도를 만들 때에는 전문가로부터 자문을 받아 해당 척도의 타당도와 신뢰도를 확인해야 한다.

(2) 과업성취척도에 의한 평가

레이드와 엡스타인(Reid & Epstein)에 의해서 개발된 평가 도구인 과업성취척도는 개입의 주요 과업이 어느 정도로 성취되었는가를 평가하기 위한 방법이다. 이 척도는 식사 배달, 독립생활 향상, 정보 제공, 의뢰 등 자원 공급과 서비스 제공에 대한 과정평가에 적합하다. 과업성취척도는 서비스를 점검하거나 서비스 제공의 결과를 측정할 수 있다는 장점이 있으나 주관적 평가의 성격이 강하여 평점 부여가 자의적일 수 있다는 단점이 있다.

과업성취척도의 작성 방법과 예시는 다음과 같다(황성철, 2011). 첫째, 개입 목표를 5개 이내의 주요 과업으로 구분한다. 주요 과업은 활동 목표 또는 과정 목표라고 볼 수 있다. 둘째, 성취도 수준을 정하고 상세히 기술한다. 셋째, 각 과업의 진척된 정도를 기준 점수로 평가한다. 가령, 0부터 4까지의 범위로 평가할 경우에 점수별 기준은 다음과 같다.

0: 전혀 성취되지 않았음
1: 거의 성취되지 않았음
2: 부분적으로 성취되었으나 여전히 상당한 노력이 필요함
3: 상당히 성취되었으나 약간의 노력이 필요함
4: 완전히 성취되었음

과업	성취도	평점
1. 가정봉사원 배치	인테이크 이후 서비스의 지속적 제공	3
2. 식사배달 서비스	타 기관의 협조로 주 5일 식사 제공	2
3. 치료용 침대 확보	후원자 개발로 침대 확보	4
4. 이웃 주민의 원조	이웃 주민과 면담 후 매일 1회씩 클라이언트 접촉	4
5. 아들과 접촉	진전 없음(아들의 연락처를 추적했으나 행방불명)	1

(3) 단일사례조사설계에 의한 평가

단일사례조사설계는 단일한 사례(클라이언트 개인, 집단, 프로그램, 정책 등)를 대상으로 개입의 효과성을 측정하는 방법이다. 단일사례조사설계에서는 여러 차례에 걸쳐서 반복적으로 측정을 해야 하기 때문에 측정하고자 하는 성과 지표는 정기적으로 측정이 가능하면서도 시간의 변화에 따른 자료가 수집될 수 있는 것이어야 한다. 측정지표는 생각이나 느낌 등 외부 관찰자가 객관적으로 측정하기 어려운 지표를 선택하는

것보다는 가급적이면 표출된 행동과 같이 측정이 가능한 지표를 선택하는 것이 바람직하다(황성철, 2011).

단일사례조사설계에서 개입과 프로그램에 대한 평가는 기록한 자료 분석에 의해 이루어진다. 개입 전후로 클라이언트의 표적행동이나 프로그램의 성과에 변화가 있는지를 살펴보아야 한다. 단일사례조사설계에서 표적행동에 대한 직접적 관찰은 빈도, 지속 기간, 강도(크기)로 수량화될 수 있으며 이를 측정하여 그래프에 표시한다. 예를 들어, 부부관계 프로그램에서 지난 일주일 동안에 부부간 논쟁 횟수는 2회 또는 3회로 기록되며, 지속 기간은 10분에서 30분 동안으로 나타나며, 강도는 강, 약, 중간 정도로 표시될 수 있다(황성철, 2011).

- 빈도: 정해진 관찰 기간 동안에 클라이언트의 특정 행동이 나타난 횟수
- 지속 기간: 관찰 기간 동안에 표적행동 또는 특정 행동이 지속되는 시간의 길이
- 강도: 표적행동의 양과 정도의 차이

▣ 단일사례조사설계의 기본 원칙

단일사례조사설계에 의한 조사 또는 평가를 위해서는 그래프로 표시할 때 다음과 같은 기본 원칙을 지켜야 한다.

① A는 기초선(baseline) 국면 단계를 표시하는 것이다. 기초선(A)에는 개입 이전 또는 프로그램 시행 이전의 표적집단 특성에 관한 자료가 수집되고 표시된다. 개입 이후의 A는 개입의 철회를 의미한다.

② B는 개입 도중 또는 개입 후의 국면을 표시한다. 그래프상에서 B의 표시는 개입 이후 또는 프로그램 시행 이후의 상황이나 국면을 나타내는 것이다.

(※ A와 B를 구별하는 기준은 반드시 점선으로 표시한다.)

③ C와 D는 다른 개입을 표시하는 것이다.

(※ B라는 개입 방법과 성격이 다른 개입 방법을 적용하는 경우 이를 C, D, E 등으로 표시한다.)

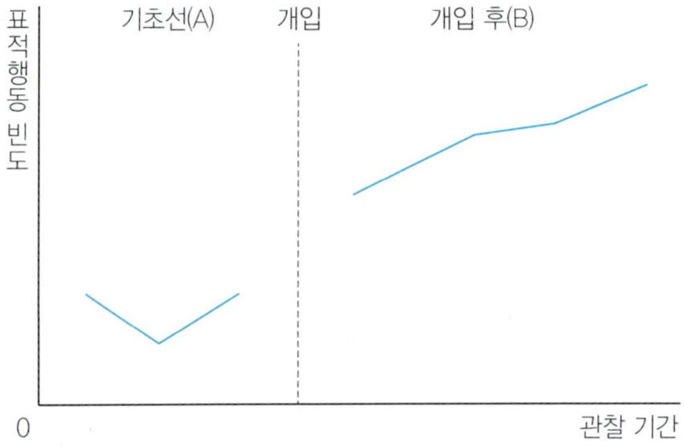

[그림 10-3] A-B 설계의 그래프

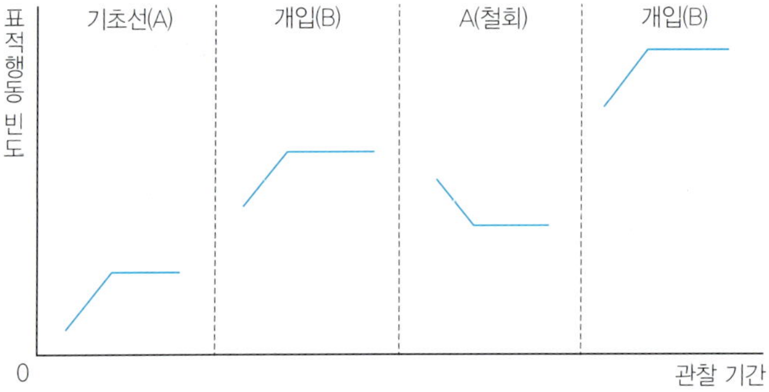

[그림 10-4] A-B-A-B 설계의 그래프

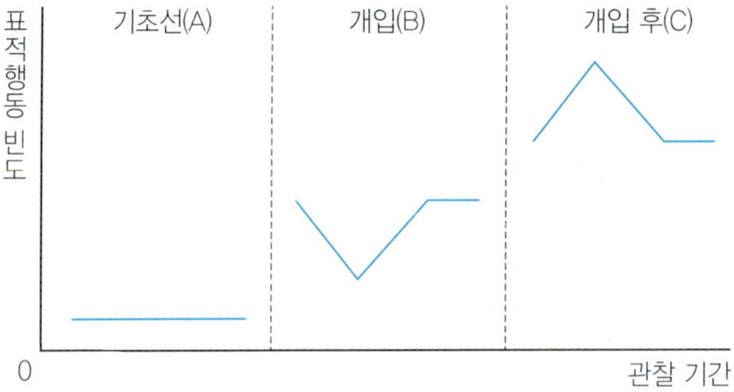

[그림 10-5] A-B-C 설계의 그래프

요점 정리

- ✔ 논리모형/논리모델(logic model)은 투입 → 전환/활동/과정 → 산출 → 성과 간의 관계(투입 → 전환/활동/과정 → 산출 → 성과)를 논리적으로 연결하여 설명하는 도식을 활용하여 체계적으로 프로그램을 기획하고 성과를 평가하는 모형이다.
- ✔ 형성평가(formative evaluation)는 프로그램을 운영하는 중에 수행하는 평가를 말한다.
- ✔ 총괄평가(summative evaluation)는 프로그램이 완결되는 시점 또는 프로그램이 종료된 후에 실시하는 평가를 말한다.
- ✔ 양적 평가는 평가를 목적으로 수집하는 자료가 계량화된 양적 자료이며, 연역적 방법에 의해 분석된다. 반면에, 질적 평가는 관찰, 인터뷰 등을 통하여 수집된 질적 자료를 귀납적 방법에 의해 분석하는 것이다.
- ✔ 프로그램 평가의 기준에는 노력성, 효과성, 효율성, 서비스의 질(quality), 영향(impact) 등이 있다.
- ✔ 프로그램 평가의 기본 구성 요소에는 투입(inputs), 전환/활동/과정(throughputs, activities, process), 산출(outputs), 성과(outcomes)가 있다.
- ✔ 효과성 평가는 프로그램이 달성하고자 설정했던 목적 및 목표가 실제로 달성된 정도를 평가하는 것이다.
- ✔ 효율성 평가는 경제적 가치를 중요시하는 평가 방법이며, 프로그램의 결과가 투입된 비용에 비하여 정당화될 수 있는가를 판단하는 평가이다.

연습 문제

1 논리모형의 도식을 작성한 후, 각 평가 요소별로 구체적으로 설명하시오.

2 형성평가와 총괄평가를 비교하여 설명하시오.

3 양적 평가와 질적 평가의 차이점을 설명하시오.

4 사회복지 프로그램의 성과 측정 방법을 열거하고 각각에 관해 상세히 설명하시오.

5 효과성 평가에 대해 설명하시오.

6 효율성 평가에 대해 설명하시오.

PART 04

프로포절 작성의 실제

Chapter 11. 프로포절 작성

Social Welfare Program
Development and Evaluation

Social Welfare Program
Development and Evaluation

CHAPTER

11 프로포절 작성

학습목표 1. 프로포절 작성 요령을 파악한다.
2. 프로포절을 직접 작성할 수 있다.

지금까지 우리는 프로그램 개발 및 프로그램 평가와 관련된 이론을 살펴보고 각 장의 끝부분에 제시된 연습 문제를 통해서 프로포절(proposal)[13]의 항목들 가운데 일부를 작성해 본 바 있다. 이 장에서는 프로포절 양식 전반에 걸쳐서 핵심사항들을 중심으로 작성 요령을 살펴본 후에 프로포절을 직접 작성해 보고자 한다.

1. 프로포절 작성 요령[14]

1) 사업명

(1) 작성 요령

사업명은 사업의 대상, 목적, 방법이 한눈에 명확하게 드러나도록 정하는 것이 좋다. 즉, 사업명은 대상, 주제, 변화 방향 등이 드러나도록 정하고, 사업 애칭(부제)을 덧

13) 제안서/사업제안서, 사업계획서

14) 본 교재의 〈부록〉을 보면, 배분기관별 프로포절 양식이 동일하지는 않으나 주요 골자는 유사하다는 것을 알 수 있다. '프로포절 작성 요령'에 열거된 항목들은 사회복지공동모금회 프로포절 양식 및 여타 기관의 프로포절 양식을 총괄적으로 고려하여 구성한 것이다.

붙이는 것도 좋다. 다만, 유의할 점은 사업 애칭(부제)은 생략할 수 있겠으나 주제(사업의 제목)는 생략하면 안 된다.

(2) Tip

프로포절 작성 초반부터 사업명 한 줄을 작성하는 데만 지나치게 시간을 쏟으면, 프로포절 작성이 더디게 진행된다. 사업명을 프로포절 작성 초반부터 확정하기는 어렵다. 작성 초반에는 사업명이 미완성된 상태일 수밖에 없다. 일단 가제(假題)로 넣어 임시로 작성해 보고 다음 단계로 나아가도록 한다. 프로포절을 완성하는 단계까지 사업명이 수차례 수정될 수도 있다는 융통성을 가지고 진행해 나가야 한다. 프로포절 작성이 완성 단계에 이르면 프로포절을 총괄적으로 검토하면서 사업명을 확정하도록 한다.

(3) 예시

번호	예시	비고
1	아동학대 고위험 가정의 재학대 예방을 위한 심리정서지원 프로그램	사업의 대상(아동학대 고위험 가정), 목적(재학대 예방), 방법(심리정서지원)이 한눈에 드러나도록 사업명이 작성되었다.
2	폭력피해여성의 자립 지원을 위한 지역 연계형 인턴십 사업	사업의 대상(폭력피해여성), 목적(자립 지원), 방법(지역 연계형 인턴십)이 한눈에 드러나도록 사업명이 작성되었다.
3	독거어르신 밑반찬 배달을 통한 식생활 개선 사업 "은빛 영양지킴이"	사업의 대상(독거어르신), 목적(식생활 개선), 방법(밑반찬 배달)이 한눈에 드러나도록 주제를 적고 '은빛 영양지킴이'라는 부제를 부가하고 있다(슬로건은 부제(副題)로 병기). 그런데 이때, 주제 없이 부제만으로 사업명을 정할 수는 없다. • 독거어르신 밑반찬 배달을 통한 식생활 개선 사업 '은빛 영양지킴이' (○) • 독거어르신 밑반찬 배달을 통한 식생활 개선 사업 (○) • '은빛 영양지킴이' (×)

출처: 사회복지공동모금회(2018a)

2) 프로그램 개발 배경(사업의 필요성)

(1) 작성 요령

사업의 필요성을 입증할 만한 각종 문헌, 통계자료나 경험적 근거자료를 제시하면서 서술한다.

(2) Tip

서비스대상자들이 지닌 문제들을 고려해 보면서 관련된 자료(지역주민 욕구조사, 질문지 조사, 대상집단과의 교류, 의견청취, 면담, 집단토의, 중요 인물 접촉, 지역사회 연구자료, 각종 문헌/기록, 통계자료 등)를 다양하게 수집하고 이 사업이 필요한 이유(프로그램 개발 배경)를 정리해 본다. 특히 문헌고찰을 할 경우, 웹상의 학술검색엔진(예: RISS, Google scholar 등)을 활용하는 등의 방법이 있다.

학술연구정보서비스 www.riss.kr
Google 학술논문 정보 검색 서비스 scholar.google.co.kr

해당 대상자와 관련하여 기존에 개발된 사업들에 대해서 검토 및 분석해 보는 것도 도움이 된다(사회복지공동모금회 배분사례집 또는 우수 프로그램 사례 등).

(3) 예시

△△시는 도농복합지역으로 농업에 종사하는 가구가 많으며, 농촌 저소득 독거노인은 경제 능력이 매우 취약하여 생활고와 더불어 결식 문제가 심각한 수준에 이르고 있다. 또한 식사는 하더라도 다양한 반찬을 섭취하지 못하여 영양불균형이 오는 경우도 많다. 20○○년 △△시 보건소에서 관내 65세 이상 300명을 대상으로 식습관과 음식 섭취를 분석한 결과 탄수화물, 단백질 등의 에너지원 섭취량이 필요량에 비해 약 17.5% 부족한 것으로 나타났다. 이러한 노인의 영양 불균형은 각종 질병에 노출되기 쉬운 환경으로 이어지고 있다.
위와 같은 문제를 개선하고자 □□노인복지관에서는 20○○년부터 무료 경로급식을 제공하고 있으나, 거동이 불편하거나 외부 활동이 적은 어르신은 서비스를 제공받지 못하는 한계점을 여전히 지니고 있다. 이에 본 복지관은 영양 밑반찬 배달을 통해 독거어르신의 식생활을 개선하고 건강 유지에 기여하고자 한다.

출처: 사회복지공동모금회(2018a)

3) 프로그램 참여자(대상자)

(1) 작성 요령

누구를 대상으로 사업을 실시하는지(누가 사업에 참여하는지) 그 대상자를 정확하게 명시한다. 기관별 프로포절 양식에 따라서 참여자에 대해 기술하되, 핵심참여자와 주변참여자를 구분하여 작성하도록 되어 있는 경우가 있다. '핵심참여자'는 성과 목표 달성 여부와 직결되는 사람을 말하며, '주변참여자'는 성과 목표를 달성하거나 핵심참여자가 변화하는 데 있어서 매우 밀접하게 관여되는 중요한 주변인을 말한다(사회복지공동모금회, 2018a).

(2) Tip

사업 제목과 핵심참여자가 일치해야 한다.

(3) 예시

<table>
<tr><th>작성 유형</th><th>예시</th></tr>
<tr><td>산출
중심형</td><td>•사업 참여자: ○○시에 거주하는 독거어르신 30명
•참여자 선정기준
– ○○시 실태 조사를 통해 밑반찬을 제대로 드시지 못하는 어르신 가구 파악
– 파악된 가구 중 신체적, 경제적으로 밑반찬 조리가 어렵다고 판단되는 대상을 선정
– 지자체 등 타 기관 지원 여부 확인 후 기관 내 회의를 통해 결정
– 참여자 의사를 반영하여 최종 확정</td></tr>
<tr><td>성과
중심형</td><td>•참여 대상 및 인원
<table>
<tr><td>핵심 참여자</td><td>– ○○구, △△구, □□구 내 아동학대 고위험 가정 피해 아동 20명
– ○○구, △△구, □□구 내 아동학대 고위험 학대 행위자 20명</td></tr>
<tr><td>주변 참여자</td><td>– ○○구 내 핵심참여자 가족 구성원 60명</td></tr>
</table>
•참여자 선정 기준
– 1순위: 본 기관에 접수된 아동학대 사례 중 아동학대 위험도 평가 척도 측정 결과 재학대 고위험 가정으로 판단된 가정의 아동 및 학대 행위자
– 2순위: 본 기관에 접수된 아동학대 사례 중 실무진 회의를 통해 재학대 가능성이 높다고 판단된 가정의 아동 및 학대 행위자</td></tr>
</table>

작성 유형	예시
성과 중심형	•참여자 모집 방안 – 최근 3년간 접수된 아동학대 사례 분석 및 위험도 평가 척도 측정을 통한 참여자 선정 – 선정된 참여자에게는 사업 소개 후 참여 여부에 대한 참여 동의서 작성

출처: 사회복지공동모금회(2018a)

4) 사업의 목적 및 목표

(1) 작성 요령

① 사업목적

추구하고자 하는 사업방향과 목적을 정리한다. 목적은 목표보다 큰 개념이다. 사업의 목적은 사업의 궁극적인 지향점을 제시해 준다('누구의 어떤 문제를 어떻게 변화시킬 것인가!').

> 예) 청소년 자녀와 부모와의 관계 향상을 위한 사업이 필요하다면 목적은 "청소년과 그 어머니의 관계 향상을 목적으로 한다."라고 제시될 수 있음. 그래서 목적 진술에는 구체적인 표적집단(누구), 현재의 문제 영역(어떤 문제), 바람직한 미래 상태(어떻게 변화)가 잘 드러나야 함.

② 사업목표

사업목적을 달성하기 위하여 구체적으로 실현되어야 할 방법과 내용, 계량화된 목표수치 등을 포함한다. 이것은 사업의 성과, 효과성 평가의 기준이 된다. 따라서 세부목표(하위목표)를 설정하는 데 있어서는 가급적 수량화시킬 수 있거나 아주 구체적으로 작성하는 것이 필요하다.

- 세부목표 1.
- 세부목표 2.
- 세부목표 3.

프로그램의 목적 달성을 위한 프로그램의 구성을 생각해 보면서 동시에 목표 몇 개를 진술해 본다. 이 목표들은 모두 프로그램의 목적에 부합하는 보다 구체적, 명시적이고 측정 가능한 것이어야 한다.

※ 사업의 목적 및 목표 설정과 관련한 보다 구체적인 내용은 본 교재 6장을 참고하기 바란다.

(2) Tip

사회복지공동모금회 프로포절 양식은 2018년도에 양식 변경이 되면서 목적과 세부 목표(하위목표)를 기술하는 방식이 아니라 다음과 같이 이루어져 있다.

사회복지공동모금회 프로포절 양식 중에서 산출중심형 사업계획서는 사업명에 사업의 목적이 드러나도록 되어 있으며, '사업내용'에 '산출목표'를 기술하도록 되어 있다. 성과중심형 사업계획서는 사업명에 사업의 목적이 드러나게 되어 있으며, '목표 및 평가' 항목에 '산출목표'와 '성과 목표'를 구분하여 기술하도록 되어 있다.

따라서 성과중심형 사업계획서를 작성할 경우에는 '산출'과 '성과'라는 용어의 차이를 분명히 알고 있어야 한다. 본 교재 10장의 '논리모델' 관련 내용을 살펴보면 다음과 같이 '산출'과 '성과'의 차이점을 설명하고 있다.

산출	프로그램 활동의 결과로 나타나는 직접적인 산출물(양적 요소, 양적 실적)을 말한다. 대개 프로그램의 수행 실적을 가리킨다. 예를 들어, 상담 건수, 참석한 클라이언트의 인원수, 배포된 교육자료 또는 홍보지의 숫자, 교육시행 횟수, 식사 배달의 횟수, 서비스 제공시간 등이 산출물에 해당된다.
성과	프로그램에 대한 참여를 통해 참여자가 얻은 변화, 효과, 이익, 혜택 등을 말한다. 다시 말해서, '성과'는 클라이언트의 지식, 기술, 태도, 행동, 가치, 지위, 상황 조건, 환경 등의 변화와 관련된 것을 의미한다. 예를 들어, 직장을 구함, 가계소득 향상, 읽기·학습기술 향상, 갈등상황에 대한 효과적인 대응, 가족화합의 필요성 인식 등이 '성과'에 해당된다.

- 목표의 요소

① 구체성(specificity): 매우 구체적이고 분명하게 진술되어야 함. 목표의 구체성 확보를 위해서는 계량화된 진술의 형태로 기술할 것. 사용되는 용어는 증가, 감소, 유지 등

② 측정 가능성(measurability): 구체성이 있는 목표라 하더라도 측정 가능한 형태로

진술되지 않으면 목표달성의 정도를 평가하기 어려움. 따라서 측정 가능한 목표는 계량화되는 것이 일반적임

③ 달성 가능한, 유의미성(attainable, meaningfulness): 목표는 프로그램 실행 뒤 나타난 결과(효과)와 일치되어야 하고 달성 가능하여야 함

④ 지향성(result-orientation): 변화 지향. 모든 사업(프로그램)은 바람직한 변화를 가져오기 위해 이루어짐. 따라서 목표는 대상자의 변화된 양상에 관해 기술되어야 함

위의 네 가지 요소 외에 시간제한성(time-frame)을 포함시켜 소위 S·M·A·R·T Objectives라고 한다.

(3) 예시

구분	예시	비고
목적과 세부목표	※ 본 교재 6장 참고(하위목표 분화 요령 등)	해당 프로포절 양식이 목적과 세부목표(하위목표)를 제시하도록 되어 있는 경우
산출목표	•주 2회 밑반찬 3종 제조 •주 2회 30가구 밑반찬 배달 및 모니터링 •20가정 일반상담 5회, 총 100회 실시 •20가정 심리 치료 6회, 총 120회 실시 •서비스 통합 사례 회의 5회 실시 •일상생활 지원 가정별 1회, 총 20회 실시 •전문가 상담 및 교육 가정별 2회, 총 20회 진행 •자기회복 프로그램 연 2회 실시 •기초교육 탈락률 5% 미만 •전문 진로상담 2회, 총 40회 실시 •유휴공간 확보 1곳	해당 프로포절 양식이 산출목표를 제시하도록 되어 있는 경우
성과 목표	•아동학대 행위자의 학대 위험요인 감소 •아동학대 행위자의 부모 양육태도 향상 •아동학대 피해가정 가족 기능 강화 •참여자 자립 역량 강화	해당 프로포절 양식이 성과 목표를 제시하도록 되어 있는 경우

출처: 사회복지공동모금회(2018a)

5) 세부 프로그램(세부 사업 및 활동내용)

(1) 작성 요령

세부 프로그램은 설정한 목표를 달성(궁극적으로는 목적을 달성)하는 데 기여할 수 있는 것이어야 하며, 세부 프로그램들 간에는 상호 연계성이 있어야 한다. 세부 사업별 수행방법, 시행 시기 및 횟수, 사업 진행 일정 등을 구체적으로 작성해야 한다.

(2) Tip

세부 사업 내용은 몸통에 해당하는 것으로, 프로포절을 작성할 때 비교적 많은 시간이 소요되는 부분이며, 세부 사업 내용을 바꾸면 나머지 내용들도 대폭 수정할 수밖에 없다. 이처럼 각 항목들은 유기적으로 연동되어 있다.

사업 추진 일정을 제시할 때는 서술형 문장으로 제시하기보다는 다음의 예시와 같이 한눈에 파악이 가능하도록 표에 음영으로 표시하면 된다.

(3) 예시(사회복지공동모금회, 2018a)

① 성과중심형 양식 예시

다음은 사회복지공동모금회 프로포절 양식 중에서 성과중심형에 해당되는 예시이다.

〈표 11-1〉 사업 내용

세부 사업명	활동(수행방법)
맞춤형 서비스 지원	•상담·심리치료: 담당자의 가정 방문을 통한 문제 파악 및 해결방안 모색(가정별 5회), 전문 심리 검사(가정별 1회), 심리치료(가정별 6회) •일상생활 지원: 주거환경 개선, 긴급 생계지원, 학습지원 등 서비스 연계(가정별 1회) •사례 회의: 참여자 및 사업 담당자 대상 사례별 진행상황 점검 및 상호 피드백 실시(1회) •정신 건강 지원: 정신의학 전문가 진단에 따라 치료, 정신과 진료 지원(10가정 선정, 가정별 1회)
양육교육 프로그램	•담당자 상담을 통해 양육교육이 필요한 10가정 선정 •전문기관 연계를 통한 양육기술 상담 교육 – 행위자 초기 상담, 종합심리평가, 양육태도검사 각 1회 실시 – 양육태도 및 감정코칭 등 전문가를 통한 교육 2회 실시

〈표 11-2〉 **사업 진행 일정(추진일정)**

주요 내용 \ 기간		1월	2월	3월	4월	5월	6월	7월	8월	9월	10월	11월	12월
참여자 선정		■	■	■									
맞춤형 서비스 지원	상담/심리치료			■	■	■	■	■	■	■	■	■	■
	일상/정신 건강 지원				■	■	■	■	■	■	■	■	■
	사례 회의					■		■		■		■	
양육교육 프로그램	초기상담/검사					■	■						
	교육 진행							■	■	■	■	■	

② 산출중심형 양식 예시

사회복지공동모금회 프로포절 양식 중에서 산출중심형은 세부 사업을 제시할 때 아래와 같이 산출목표를 표 우측에 명시하도록 되어 있다.

〈표 11-3〉 **사업 내용**

세부 사업명	활동 내용(수행방법)	산출목표
밑반찬 제조	• 영양을 고려한 연간 식단 계획 수립(3찬 기준, 주 2회) • 위생용기 및 소모품은 사업 초기 일괄 구매하고, 밑반찬 재료는 제조 시 구매 • 기존 경로 급식 봉사자 및 복지관 조리 시설을 활용하여 밑반찬 제조	주 2회 밑반찬 3종 제조
밑반찬 배달 및 식생활 모니터링	• 제조된 밑반찬 3종을 매주 월, 목요일에 참여자에게 배달 • 기존 밑반찬은 상태를 확인하도록 하며, 부패 가능성이 있는 경우 회수	주 2회 30가구 밑반찬 배달 및 모니터링

〈표 11-4〉 **사업 진행 일정(추진일정)**

주요 내용 \ 기간	1월	2월	3월	4월	5월	6월	7월	8월	9월	10월	11월	12월
참여자 선정	■	■										
식단 계획 수립/ 위생용기 등 구입		■										
밑반찬 제조/배달			■	■	■	■	■	■	■	■	■	■

6) 기관 연계협력 전략

(1) 작성 요령

사업의 특성상(예: 여러 기관이 연합하여 참여하는 컨소시엄 사업 등) 또는 기관 특성상(예: 기관의 전문성 부족 등) 네트워크 구축이 필요한 경우에는 사업수행기관과 유관기관 간의 연계협력 전략을 명시한다.

(2) Tip

사업수행기관의 역할은 무엇이고, 협력기관의 역할은 무엇인지, 그리고 어떻게 연계 협력체계를 도모해 나갈 것인지 명확히 제시할 필요가 있다.

(3) 예시

협력기관명	세부 사업명	협력 계획	비고
△△장애인 종합사회복지관	재가장애인 영양교육	•본 기관: 참여자 발굴 협조 요청, 사업수행 관련 자문 요청 •협력 기관: 참여자 의뢰 및 정보 제공, 사업수행 관련 자문 제공, 본 기관과 공동 모니터링	
□□구 복지행정팀	긴급지원 기금 모금	•본 기관: 사업 홍보 콘텐츠 제공, 기금 및 후원자 관리 •협력 기관: 본 기관과 공동모금행사 주관, ○○단지 입주기업 대상 사업 홍보	MOU 체결 예정

출처: 사회복지공동모금회(2018a)

7) 예산편성

(1) 작성 요령

사업에 직접 투입되는 비용을 인건비, 사업비, 관리운영비로 구분하여 작성한다.

〈표 11-5〉 **예산 산출 항목 예시**

목	설명	해당 항목
인건비	해당 사업을 직접적으로 수행하는 인력에 투입되는 비용	프로그램 담당자/보조담당자 인건비
사업비	프로그램의 수행에 필요한 직접비용 (실인원수에게 제공되는 서비스에 필요한 비용)	강사비, 자원봉사자 관리비, 자문비, 회의비, 행사진행비, 홍보물품 구입, 프로그램 준비물 구입, 사업결과보고서/결과물 제작 등
관리운영비	프로그램의 수행에 필요한 간접비용 (사업관리에 필요한 비용)	사무용품, 냉난방비, 우편료, 사업담당자 교통비 등

세목은 세부 사업별로 구분하고 단위가 큰 경우 세세목으로 구분하여 작성한다. 다시 말해서 사업비(목) 예산 작성을 할 경우에 세목-세세목으로 구분을 할 때 프로포절 앞부분에서 [세부 사업명 및 활동(수행방법)]-[사업 진행 일정(추진일정)]-[예산 편성표] 간에 일관성이 있어야 함을 유의해야 한다. 예를 들면 다음과 같다.

• 사업 내용

세부 사업명	활동(수행방법)
심리 정서 지원	• 사례관리: 사업 담당자 개별 상담 및 전문 사례관리 위원회 운영/연 5회 • 자기 회복 프로그램: 셀프이미지 컨설팅, 에너지 회복 전문 강사 초빙을 통한 1박 2일 프로그램 진행/연 2회
직업 역량 강화	• 진로상담: 진로상담 전문가와 상담을 통한 진로 설정/참여자별 2회 실시 • 분야별(바리스타/뷰티/공예) 기초·심화기술 교육 – 커피 제조, 매장 운영 등 실무 중심 아카데미 참여를 통한 기초교육 실시 – 기초교육은 직업 전문교육기관에 의뢰하여 실시(3개월) – 심화기술 교육은 지역사회 내 매장에 연계하여 진행, 인턴십(3개월)을 포함 총 5개월
인턴십 센터 설립	• 자문위원회 구성 및 운영 – 경영컨설팅, 상담 분야, 후원(모금) 교육 등 분야별 전문가 10명 내외 구성 – 사업 아이템 선정 및 실효성 강화 방안 모색/연 5회 이상 • 센터 운영기반 마련 – ○○공사 1층 유휴 공간 확보를 위한 ○○공사, △△시 협의 지속 – 센터 운영 참여 기관 발굴

• 사업 진행 일정

주요 내용 \ 기간		1월	2월
참여자 선정			
심리 정서 지원	사례 위원회		
	자기회복 PG		
직업 역량 강화	진로상담		
	기초교육		
	심화교육		
인턴십 센터 설립	자문위원회 운영		
	기반 마련		

• 예산 편성

목	세목	세세목
총 계		
인건비	전담인력	급여
		사회보험
	소 계	
사업비	심리정서 지원	사례관리 위원회
		자기회복 프로그램
	직업역량 강화	진로상담
		기초교육
		심화교육
	인턴십 센터 설립	자문 위원회
		센터 운영
	소 계	
관리운영비	사무용품	–
	출장비	–
	집기비품	–
	소 계	

출처: 사회복지공동모금회(2018a)

산출 근거는 실제 단가, 수량, 인원수, 건수, 횟수 등을 구체적으로 기록하되, 해당 배분기관의 '예산편성기준표'를 준수하여 작성한다.

(2) Tip

세부 사업 내용을 거의 확정한 단계에서 예산편성을 하는 것을 권한다. 왜냐하면 세부 사업 내용을 수정하게 되면 그에 따라 예산도 수정해야 하기 때문이다.

(3) 예시

(단위: 원)

목	세목	세세목	계	산출 근거	예산조달 계획				
					신청금액	비율(%)	자부담	비율(%)	자부담 재원
총 계			52,150,000		48,900,000	100	3,250,000	100	
인건비	전담인력	급여	16,000,000	1,600,000원 × 10개월 × 1명	16,000,000				
		사회보험	1,750,000	175,000원 × 10개월 × 1명			1,750,000		자체예산
	소 계		17,750,000		16,000,000	32.7	1,750,000	53.8	
사업비	맞춤형 서비스 지원	상담/심리	17,500,000	가정 방문 다과 10,000원 × 20가정 × 5회			1,000,000		자체예산
				심리 검사 200,000원 × 20가정 × 1회	4,000,000				
				심리 치료비 100,000원 × 20가정 × 6회	12,000,000				
				사례 회의 자문 및 진행비 100,000원 × 5회			500,000		자체예산
		심화 프로그램	4,000,000	전문상담 100,000원 × 10가정 × 1회	1,000,000				
				정신과 진료 지원 300,000원 × 10가정 × 1회	3,000,000				
	양육교육 프로그램	양육기술 상담교육	12,000,000	강사비(특별강사, 2시간) 400,000원 × 20회	8,000,000				
				교재, 교구 200,000원 × 10회	2,000,000				
				교육진행비 100,000원 × 20회	2,000,000				
	소 계		33,500,000		32,000,000	65.4	1,500,000	46.2	
관리운영비	관리 운영비	교통비	600,000	50,000원 × 12개월 × 1명	600,000				
		사무용품비	300,000	100,000원 × 3회	300,000				
	소 계		900,000		900,000	1.9			

출처: 사회복지공동모금회(2018a)

8) 목표에 대한 평가방법

(1) 작성 요령

① 양적 평가

사업의 효과 측정에 적합한 이미 제작된 기존 평가지(척도 등)를 가지고 조사한 뒤, 얻어진 양적 자료를 통계분석하여 프로그램 효과를 측정하는 것이다. 이때 사용되는 평가지는 이미 신뢰도, 타당도가 검증된 척도여야 하며, 점수를 분석하여 사업의 효과를 추론한다.

② 질적 평가

인터뷰, 참여관찰 등으로 이루어진다. 양적 평가로 알 수 없는 부분을 심층적으로 평가하기 위해 사용하는 방법이다.

※ 보다 구체적인 내용은 본 교재 9장의 '질적 평가의 준비' 및 '평가방법 작성 안내' 등 참고

(2) Tip

'산출'과 '성과'라는 용어에는 차이가 있으므로 혼동하지 않아야 한다. 예를 들어, 산출목표에 대한 평가방법과 성과 목표에 대한 평가방법을 각각 작성해야 할 때, '산출'과 '성과'의 차이를 반드시 알아야 구별하여 제시할 수 있다.

※ 본 교재 10장의 '논리모델' 관련 내용을 살펴보면 다음과 같이 '산출'과 '성과'의 차이점을 설명하고 있다.

산출	프로그램 활동의 결과로 나타나는 직접적인 산출물(양적 요소, 양적 실적)을 말한다. 대개 프로그램의 수행 실적을 가리킨다. 예를 들어, 상담 건수, 참석한 클라이언트의 인원수, 배포된 교육자료 또는 홍보지의 숫자, 교육시행 횟수, 식사 배달의 횟수, 서비스 제공시간 등이 산출물에 해당된다.
성과	프로그램에 대한 참여를 통해 참여자가 얻은 변화, 효과, 이익, 혜택 등을 말한다. 다시 말해서, '성과'는 클라이언트의 지식, 기술, 태도, 행동, 가치, 지위, 상황 조건, 환경 등의 변화와 관련된 것을 의미한다. 예를 들어, 직장을 구함, 가계소득 향상, 읽기·학습기술 향상, 갈등상황에 대한 효과적인 대응, 가족화합의 필요성 인식 등이 '성과'에 해당된다.

(3) 예시

〈표 11-6〉 산출목표 및 모니터링 방법

세부 사업명	산출목표	모니터링 방법
맞춤형 서비스 지원	•20가정 일반상담 5회, 총 100회 실시	•방문 일자별 상담기록 작성
	•20가정 심리 치료 6회, 총 120회 실시	•검사 결과/치료 일지 확인
	•서비스 통합 사례 회의 5회 실시	•사례 회의록 작성
	•일상생활 지원 가정별 1회, 총 20회 실시	•자원연계 내역 기록
양육교육 프로그램	•전문가 상담 및 교육 가정별 2회, 총 20회 진행	•교육 일지 및 상담기록 작성
심리정서 지원	•자기회복 프로그램 연 2회 실시	•프로그램 계획서/결과보고 작성
직업 역량 강화	•기초교육 탈락률 5% 미만	•교육 일지/출석부 확인
	•전문 진로상담 2회, 총 40회 실시	•진로 상담 일지 확인
인턴십센터 설립	•유휴공간 확보 1곳	•임대차 계약서 작성

〈표 11-7〉 성과 목표 및 평가 방법

성과 목표	평가 도구 및 방법	측정 시기
아동학대 행위자의 학대 위험요인 감소	•성과 지표: 학대 위험 20% 감소 •평가도구: 학대위험도 평가척도 •평가방법: 학대행위자 20가정 대상 사전·사후 설문조사	사전(2월), 사후(12월)
아동학대 행위자의 부모 양육태도 향상	•성과 지표: 부모양육태도 20% 향상 •평가도구: 부모양육태도검사 척도 •평가방법: 부모, 가족구성원 사전·사후 설문조사	사전(4월), 사후(12월)
아동학대 피해가정 가족기능 강화	•평가주체: 본 기관 담당자 •평가방법: 참여자 20가정 대상으로 구조화된 질문지를 통해 인터뷰 실시	사업종료 후 (12월)
참여자 자립 역량 강화	•성과 지표: 자아존중감 30% 향상 •평가 도구: 자아존중감 척도 •평가 방법: 참여자 대상 사전, 중간, 사후 설문조사	사업 시행 전 중간(1차년도 종료 시) 사후(3차년도 종료 시)
	•평가 주체: 사업 담당자 •평가 방법: 참여자 인터뷰와 인턴십 참여관찰을 통해 근로동기 향상 정도 확인	인터뷰(매년 12월) 참여 관찰(인턴십 진행 과정 중 월 1회)

출처: 사회복지공동모금회(2018a)

성과측정에 활용될 수 있는 척도들을 총 7개 영역(① 자아개념 및 개인의 인식과 태도, ② 건강, ③ 사회적 기능, ④ 가족, ⑤ 사회적 관계망, ⑥ 커뮤니티 임팩트, ⑦ 그 밖의 척도들)으로 구분하여 제시하면 다음의 참고 자료와 같다(사회복지공동모금회, 2018b).

참고 자료

성과측정을 위한 척도 목록

	영역별 주제	관련 척도	
1	자아개념 및 개인의 인식과 태도	•자기효능감 척도 •자아통합감 척도 •삶의 만족도 척도	•자아존중감 척도 •성역할 태도 척도 •노인 생활 만족도 척도
2	건강	•스트레스 척도 •한국어판 Beck의 무망감 척도 •한국판 단축형 노인 우울 척도 •청소년 자살 생각 척도 •신체건강행동 측정 척도 •한국판 청소년 도박중독 진단 척도	•경제적 스트레스 척도 •우울 척도 •아동·청소년 우울 척도 •한국판 일반정신건강 척도 •음주심각성 척도 •성인용 스마트폰 중독 척도
3	사회적 기능	•문제해결능력 척도 •사회적 책임감 척도 •청소년용 탄력성 척도 •학교생활 적응 척도 •한국판 단축형 자기통제 척도 •사회불안 척도 •한국형 수단적 일상생활수행능력 척도	•사회성 척도 •한국판 사회적 유능성 척도 •학교적응유연성 척도 •충동적 공격성 척도 •자기조절 척도 •한국형 일상생활수행능력 척도 •성인용 애도 척도
4	가족	•가족의사소통 척도 •가족 사정 척도 •축약형 가족관계 척도 •부부 친밀감 척도 •자녀용 부모자녀관계 척도 •부모역할 만족도 척도 •한국판 청소년용 부모양육태도 척도	•가족 적응성 및 응집성 평가 척도 •가족 자원 척도 •부부 적응 척도 •결혼 만족도 척도 •갈등 전술 척도 •아버지 역할 척도 •부모 양육태도 척도

	영역별 주제	관련 척도	
4	가족	•양육행동 척도 •양육협력 척도 •양육스트레스 척도 •방임 척도	•어머니 양육행동 척도 •부모·동료애착 척도 •양육불안 척도 •부양부담 척도
5	사회적 관계망	•사회적 지지 척도 •사회참여 태도 척도 •사회적 차별 척도 •대인관계 유능성 척도 •또래관계 질 척도 •청소년 외로움 척도 •학교폭력 가해행동 척도	•사회참여 척도 •사회적 안녕감 척도 •사회불안 척도 •또래관계 척도 •대인관계 조화 척도 •또래 괴롭힘 척도
6	커뮤니티 임팩트	•네트워크 필요성 인식 척도 •네트워크 지원수준 척도 •지역사회 자본 척도 •사회자본 척도 •이웃유대 척도 •지역공동체 의식 척도 •사회통합 척도 •동네애착 척도 •집합적 효능감 척도 •동네무질서 척도 •사회복지사 지역사회조직사업 역할수행 척도	•네트워크 체계적 요인 척도 •네트워크 효과성 인식 척도 •사회적 자본 척도 •지역사회 문제해결 능력 척도 •마을 만들기 참여 척도 •공동체 의식 척도 •정신장애인 지역사회통합 척도 •동네응집력 척도 •지역사회 역량강화 척도 •기업사회공헌활동 척도
7	그 밖의 척도들	•문화적응 스트레스 척도 •청소년 다문화 인식 척도 •노화태도 척도 •지각된 노인 낙인 척도 •장애정체감 척도 •정신장애인 전반적 사회기능 척도 •한국형 고용 희망 척도 •자원봉사활동 참여동기 척도 •사회복지서비스 이용자 만족도 척도 •지역사회복지관 서비스품질관리 척도 •정신사회재활서비스 사정 및 성과평가 척도	•학교 다문화 분위기 척도 •성공적 노화 척도 •노인의 사회적 가치 평가 척도 •노인학대 척도 •장애수용 척도 •자활의지 척도 •자원봉사활동 만족도 척도 •감정노동 척도

앞서 제시된 '성과측정을 위한 척도 목록' 중에서 척도 일부를 소개하면 다음과 같다(사회복지공동모금회, 2018b).

자아존중감 척도(Self-Esteem Scale)

※ 아래 문항들은 "내가 나 자신을 어떻게 생각하는가"에 대한 질문입니다. 각 문항을 읽고 여러분의 생각을 잘 나타내주는 칸에 ∨표 해 주십시오.

번호	문항 내용	매우 그렇지 않다	그렇지 않다	그렇다	매우 그렇다
1	나는 다른 사람처럼 가치 있는 사람이라고 생각한다.	①	②	③	④
2	나는 좋은 성품을 가졌다고 생각한다.	①	②	③	④
3	나는 대체적으로 실패한 사람이라고 생각한다.	①	②	③	④
4	나는 다른 사람들만큼 일을 잘할 수가 있다.	①	②	③	④
5	나는 자랑할 것이 별로 없다.	①	②	③	④
6	나는 나 자신에 대해 긍정적인 태도를 가지고 있다.	①	②	③	④
7	나는 나 자신에 대하여 대체적으로 만족한다.	①	②	③	④
8	나는 나 자신을 좀 더 존중할 수 있으면 좋겠다.	①	②	③	④
9	나는 가끔 나 자신이 쓸모없는 사람이라는 느낌이 든다.	①	②	③	④
10	나는 때때로 내가 좋지 않은 사람이라고 생각한다.	①	②	③	④

〈척도 소개〉

본 척도는 로젠버그(Rosenberg)가 개발한 척도이며, 성인 또는 아동·청소년의 자아존중감 수준을 측정하기 위한 도구이다. 총 10문항으로 이루어져 있다.

〈적용 대상〉

주로 성인을 대상으로 하지만 아동·청소년도 사용 가능하다.

〈측정 방법〉

- 부정적으로 진술된 문항들을 역으로 채점한 후 단순합계로 채점할 수 있다.
  - 4점 리커트 척도(1점: 매우 그렇지 않다, 2점: 그렇지 않다, 3점: 그렇다, 4점: 매우 그렇다)
  - 역문항: 3, 5, 8, 9, 10번 문항(※역문항은 1점→4점, 2점→3점, 3점→2점, 4점→1점으로 바꾸어 계산)

〈해석 방법〉

총점이 높을수록 자아존중감 수준이 높음을 의미한다.

사회성 척도(Sociality Scale)

※ 각 문항을 차례대로 읽어 가면서 나의 생각과 가장 가까운 번호에 ∨표 해 주십시오.

번호	문항 내용	전혀 그렇지 않다	그렇지 않은 편이다	약간 그렇다	정말 그렇다
1	나는 당번이 되면 당번 활동을 최선을 다해 열심히 한다.	①	②	③	④
2	나는 과학이나 미술과 같이 여럿이 공부하는 도중에 다른 사람이 놀면 나도 같이 논다.	①	②	③	④
3	나는 공부나 일을 혼자서 하는 것보다 여러 친구와 하는 것이 좋다.	①	②	③	④
4	나는 복도를 걸어갈 때 정해진 규칙을 잘 지킨다.	①	②	③	④
5	나는 공부 계획을 내 스스로 세운다.	①	②	③	④
6	나는 부모님이 시키지 않아도 내 할 일을 스스로 찾아서 한다.	①	②	③	④
7	나는 집에 일이 있으면 학교 청소 당번을 하지 않고 돌아와도 좋다고 생각한다.	①	②	③	④
8	나는 어린이회에서 정한 봉사활동이나 청소활동에 자발적으로 열심히 참가한다.	①	②	③	④
9	나는 가끔 휴지를 운동장이나 복도에 버린다.	①	②	③	④
10	나는 집안일 중 내 스스로 할 수 있는 일은 자진해서 한다.	①	②	③	④
11	나는 그림 그리기나 공작할 때 손이 많이 드는 귀찮은 일도 끝까지 한다.	①	②	③	④
12	밤늦게까지 해야 할 일이 있어도 잠이 오면 곧 자 버린다.	①	②	③	④
13	나는 학교에서 여러 사람들과 같이하는 일들은 어떤 일이든지 열심히 참여하여야 한다.	①	②	③	④
14	나는 학급에서 정한 일이나 학교 규칙을 조금은 지키지 않아도 된다고 생각하고 어길 때가 있다.	①	②	③	④
15	나는 교실에서 아침 자습할 때 옆 친구와 같이 놀거나 장난치는 일이 많다.	①	②	③	④

번호	문항 내용	전혀 그렇지 않다	그렇지 않은 편이다	약간 그렇다	정말 그렇다
16	나는 몸이 조금 불편하면 해야 할 일도 게으름을 피운다.	①	②	③	④
17	나는 급히 해야 할 일이 있어도 잠이 오면 잔다.	①	②	③	④
18	나는 나의 뜻에 맞지 않는 일이라도 전체 의견이면 따른다.	①	②	③	④
19	나는 학급에서 정한 일은 내가 싫더라도 지킨다.	①	②	③	④
20	나는 어디서나 내 생각을 잘 말한다.	①	②	③	④
21	나는 선생님께서 시키신 일은 열심히 한다.	①	②	③	④
22	나는 친구와 약속한 것을 잊어버리고 지키지 못한 경우가 가끔 있다.	①	②	③	④
23	나는 내가 만든 작품을 다른 사람이 고쳐주면 아주 싫다.	①	②	③	④
24	선생님이 내어준 숙제는 대부분 해 간다.	①	②	③	④
25	나는 대부분 친구가 하는 대로 따라하는 경우가 많다.	①	②	③	④
26	나는 그림 그리기나 공작을 할 때 싫증이 나서 다 만들기 전에 그만둘 때가 많다.	①	②	③	④
27	나는 학급문고나 도서실의 책을 정해진 기간 내에 반납하지 못하는 경우가 가끔 있다.	①	②	③	④
28	나는 나에게 주의를 주는 사람이 있으면 그 사람에게 말대꾸를 한다.	①	②	③	④
29	나는 규칙이라도 다른 사람이 보지 않을 때는 지키지 않을 때가 있다.	①	②	③	④
30	나는 부모님이나 선생님이 말씀하시지 않으면 공부를 잘 하지 않는다.	①	②	③	④
31	나는 집안 식구가 일을 시키면 이유를 붙여서 피하려고 한다.	①	②	③	④
32	나는 나보다 공부를 못하는 아이하고는 별로 말을 하지 않는다.	①	②	③	④

번호	문항 내용	전혀 그렇지 않다	그렇지 않은 편이다	약간 그렇다	정말 그렇다
33	나는 여럿이 있을 때 내 마음에 들지 않는 일이 있으면 주위에 있는 누구에게나 화풀이를 하는 경향이 있다.	①	②	③	④
34	나는 예쁜 꽃이 있으면 다른 사람의 것이라도 따온다.	①	②	③	④
35	나는 집안 식구들이 허락하지 않으면 내가 하고 싶은 일을 아무것도 못 한다.	①	②	③	④
36	나는 몸차림을 깨끗이 하고 집에서 부지런하다.	①	②	③	④
37	나는 어떤 급한 일이 생겼을 때는 약속을 지키지 못하는 것이 당연하다고 생각한다.	①	②	③	④
38	나는 한 분단이 되어서 공부나 일을 할 때 싫은 사람이 있으면 공부나 일이 하기 싫어진다.	①	②	③	④
39	나는 교통규칙을 잘 지켜서 길을 건넌다.	①	②	③	④
40	선생님은 나에게 “공부를 열심히 해라”라고 귀찮게 말하지 않는다.	①	②	③	④

〈척도 소개〉

- 본 척도는 사회성 수준을 측정하기 위한 척도이다.
- 사회성 척도는 총 40문항의 5개 하위영역으로 구성되어 있다.
  - 근면성(8개): 1, 6, 11, 16, 21, 26, 31, 36번
  - 책임감(8개): 2, 7, 12, 17, 22, 27, 32, 37번
  - 협동성(8개): 3, 8, 13, 18, 23, 28, 33, 38번
  - 준법성(8개): 4, 9, 14, 19, 24, 29, 34, 39번
  - 자주성(8개): 5, 10, 15, 20, 25, 30, 35, 40번

〈적용 대상〉

아동

〈측정 방법〉

- 4점 리커트 척도(1점: 전혀 그렇지 않다 ~ 4점: 정말 그렇다)
- 역문항: 2, 7, 9, 12, 14, 15, 16, 17, 22, 23, 25, 26, 27, 28, 29, 30, 31, 32, 33, 34, 35, 37, 38번
  (※ 역문항은 1점→4점, 2점→3점, 3점→2점, 4점→1점으로 바꾸어 계산)

〈해석 방법〉

문항들의 총합 점수가 높을수록 사회성 수준이 높은 것으로 해석할 수 있다.

가족의사소통 척도(Family Communication Scale: FCS-K)

※ 아래의 각 문항에서 귀하의 가족에 대해 가장 잘 설명해 주는 하나의 항목에 ∨표 해 주십시오.

번호	문항 내용	전혀 그렇지 않다	대체로 그렇지 않다	잘 모르겠다	대체로 그렇다	매우 그렇다
1	우리 가족은 서로 의사소통하는 방법에 만족한다.	①	②	③	④	⑤
2	우리 가족은 서로 이야기를 잘 들어준다.	①	②	③	④	⑤
3	우리 가족은 서로 애정을 표현한다.	①	②	③	④	⑤
4	우리 가족은 상대에게 원하는 것을 요청할 수 있다.	①	②	③	④	⑤
5	우리 가족은 문제가 있을 때 침착하게 함께 의논할 수 있다.	①	②	③	④	⑤
6	우리 가족은 생각이나 신념을 서로 의논할 수 있다.	①	②	③	④	⑤
7	우리 가족은 서로에 대한 질문을 할 때, 솔직한 대답을 들을 수 있다.	①	②	③	④	⑤
8	우리 가족은 서로의 감정을 이해하려고 노력한다.	①	②	③	④	⑤
9	화가 났을 때, 우리 가족은 서로에 대해서 부정적인 말을 하는 일이 거의 없다.	①	②	③	④	⑤
10	우리 가족은 서로 솔직하게 감정표현을 한다.	①	②	③	④	⑤

〈척도 소개〉
올슨(Olson)이 개발한 가족의사소통(FCS)의 한국형 척도이며, 총 10개 문항으로 구성되어 있다.

〈적용 대상〉
가족

〈측정 방법〉
- 5점 리커트 척도(1점: 전혀 그렇지 않다 ~ 5점: 매우 그렇다)
- 모든 문항 점수를 합한 총점으로 평가(총점 범위: 최저 10점 ~ 최대 50점)

〈해석 방법〉
점수가 높을수록 효과적인 가족의사소통을 하고 있다고 해석할 수 있다.

사회적 지지 척도(Multidimensional Scale of Perceived Social Support: MSPSS)

※ 나를 도와주는 사람들에 대한 질문입니다. 가장 일치하는 곳에 V표 해 주십시오.

번호	문항 내용	전혀 그렇지 않다	거의 그렇지 않다	보통이다	대체로 그렇다	매우 그렇다
1	내가 곤경에 처할 때 주위에 특별한 사람이 있다.	①	②	③	④	⑤
2	기쁨과 슬픔을 나눌 수 있는 특별한 사람이 있다.	①	②	③	④	⑤
3	나의 가족은 정말로 나를 도우려고 노력한다.	①	②	③	④	⑤
4	나의 가족으로부터 필요한 도움과 지지를 받는다.	①	②	③	④	⑤
5	나를 위로해 주는 특별한 사람이 있다.	①	②	③	④	⑤
6	나의 친구들은 정말로 나를 도우려고 노력한다.	①	②	③	④	⑤
7	나의 상황이 좋지 않을 때 친구들에게 의지할 수 있다.	①	②	③	④	⑤
8	나는 내 문제에 관해 가족과 이야기할 수 있다.	①	②	③	④	⑤
9	나는 내 기쁨과 슬픔을 나눌 수 있는 친구가 있다.	①	②	③	④	⑤
10	내 감정에 관해 염려해 주는 내 인생의 특별한 사람이 있다.	①	②	③	④	⑤
11	내 가족은 내가 의견을 결정하도록 기꺼이 도와준다.	①	②	③	④	⑤
12	나는 친구들과 내 문제에 관해 이야기할 수 있다.	①	②	③	④	⑤

〈척도 소개〉

- 본 척도는 성인들이 자신의 가족, 친구, 의미 있는 주변 사람들로부터 적절한 사회적 지지를 받고 있다고 인식하는 정도를 측정하기 위한 것이다.
- 총 12개 문항 3개 하위영역으로 구성됨
  - 가족 지지(4문항): 3, 4, 8, 11번
  - 친구 지지(4문항): 6, 7, 9, 12
  - 의미 있는 타자의 지지(4문항): 1, 2, 5, 10번

〈적용 대상〉

빈곤층

〈측정 방법〉

5점 리커트 척도(1점: 전혀 그렇지 않다 ~ 5점: 매우 그렇다)

〈해석 방법〉

점수가 높을수록 지각된 사회적 지지의 정도가 높다고 해석할 수 있다.

지역사회 역량 강화 척도(Community Empowerment Indicator)

※ 다음을 읽고 지역사회에 대한 귀하의 생각과 일치하는 것에 V표 해 주십시오.

번호	문항내용	전혀 그렇지 않다	그렇지 않다	그렇다	매우 그렇다
1	지역주민들은 의회(지자체 등)의 아동·청소년을 위한 의사결정에 포함된다.	①	②	③	④
2	지역주민들은 아동·청소년을 위한 정책이 결정되는 것에 연관되어 있다.	①	②	③	④
3	지역 아동·청소년 정책의 의사결정에 지역주민들이 참여할 수 있다.	①	②	③	④
4	지역주민들은 우리 지역사회에서 아동·청소년을 위한 적극적인 역할을 수행하고 있다.	①	②	③	④
5	아동·청소년들은 지역사회의 적극적인 역할에 참여할 것을 격려받고 있다.	①	②	③	④

〈척도 소개〉

본 척도는 지역사회 문제를 지역주민들이 주체적으로 인지하여 참여하고 해결할 수 있는 능력을 측정하는 도구이며, 총 5문항으로 구성되어 있다.

〈적용 대상〉

지역주민(척도의 문제, 대상은 현장 상황에 맞게 변경 가능)

〈측정 방법〉

4점 리커트 척도(1점: 전혀 그렇지 않다 ~ 4점: 매우 그렇다)

〈해석 방법〉

점수가 높을수록 지역사회 역량이 높다고 해석할 수 있다.

9) 사업의 기대효과

(1) 작성 요령

기대효과에는 이 사업을 통해서 얻을 수 있는 효과(예상되는 기대효과)를 기재한다. 사업결과의 유용성, 사회적인 긍정적 파급효과 등에 대해서 구체적으로 설명한다(이 사업이 어떤 것을 얻기 위해서 실시하는지를 보여주는 것). 사회복지공동모금회 프로포절 양식 중에서 성과확산형은 '사업 지속 유지 전략'도 기재해야 한다.

(2) Tip

기대효과는 사업의 목적과 연계된다고 볼 수 있다.

(3) 예시

구분	예시
성과중심형	• 사업종료 후 지향점 1) 사업 수행으로 인한 기대 효과 아동학대 피해 사례 발생 이후 근본적인 학대 발생 위험요인이 충분히 제거되지 않은 채, 재학대의 위험에 노출되어 있던 아동과 가족에 대한 체계적인 접근을 통해 가족의 기능을 강화시키고, 아동의 안전을 도모함으로써 건강한 성장에 기여할 수 있을 것으로 기대된다. 2) 사업 결과의 활용 계획 본 사업으로 구축된 지역사회 내 자원들과의 지속적인 협력체계를 확보하여, 사업 종료 후에도 지속적인 모니터링을 통해 한시적인 사례관리가 아닌 재학대 예방을 위한 사례관리를 실시할 수 있도록 아동보호예방체계를 구축하고자 한다.
성과확산형	• 사업종료 후 지향점 1) 사업 수행으로 인한 기대 효과 참여자의 사회적 지지 체계 및 취업환경 마련 등의 다각적이고 통합적인 지원체계 구축을 통해 사회 구성원으로서의 자립에 필요한 심리·사회적 역량강화는 물론 직업적 역량 강화에 기여할 수 있을 것으로 기대된다. 2) 사업 결과의 활용 계획 본 사업의 종료 후, 폭력 피해 여성을 포함한 취약계층 여성들에 대한 지역사회 내에서 직업적 훈련, 일에 대한 경험 축적 등이 체계적으로 지원될 수 있도록 네트워크를 확대하고 안정화하고자 한다. 나아가 통합적 접근의 중요성을 타 지역에 전파할 수 있도록 성과 연구 및 매뉴얼 작성을 실시하여 본 사업을 모델화할 계획이다. 3) 사업 지속 유지 전략 인턴십 센터의 수익 창출을 통해 향후 독립적인 운영을 도모하고자 한다. 이를 위해 경영진단을 실시하고 운영 안정화를 위한 전문가 컨설팅 및 모니터링과 평가를 추진할 계획이다. 또한 사회적 협동조합으로 전환하여 보다 안정적인 운영구조를 확립하고자 한다.

출처: 사회복지공동모금회(2018a)

2. 프로포절 작성 실습

※ 앞서 살펴본 프로포절 작성 요령을 항목별로 참고하여 프로포절을 직접 작성해 봅시다.

① 사업명

② 프로그램 개발 배경(사업의 필요성)

③ 프로그램 참여자(대상자)

④ 사업의 목적 및 목표

⑤ 세부프로그램(세부 사업 및 활동내용)

• 세부 사업 내용

세부 사업명	활동(수행방법)

• 사업 진행 일정(추진 일정)

기간 / 주요 내용		1월	2월	3월	4월	5월	6월	7월	8월	9월	10월	11월	12월

⑥ 기관 연계협력 전략

협력 기관명	세부 사업명	협력 계획	비고

⑦ 예산편성

(단위: 원)

목	세목	세세목	계	산출 근거	예산조달 계획				
					신청금액	비율 (%)	자부담	비율 (%)	자부담 재원
총 계									
인건비									
	소 계								
사업비									
	소 계								
관리운영비									
	소 계								

⑧ 목표에 대한 평가방법

⑨ 사업의 기대효과

※ 매주 해당란에 프로포절 작성 현황을 간략히 기록해 봅시다.

프로포절 작성 현황 기록지

• 성명(또는 팀명, 팀원 이름 모두 기록): ______________________

• (사회복지공동모금회 프로포절 양식을 사용하는 경우) 내가 또는 우리 팀이 선택한 유형(프로포절 양식)은 무엇입니까? (해당 사항에 V표시)

1) 산출중심형　　2) 성과중심형　　3) 성과확산형

주 차	프로포절 작성/진행 현황
1주 차	
2주 차	
3주 차	
4주 차	
5주 차	
6주 차	
7주 차	
8주 차	
9주 차	
10주 차	
11주 차	
12주 차	
13주 차	
14주 차	
15주 차	

APPENDIX

부록

- 사회복지공동모금회 배분사업 신청 유형
- 사회복지공동모금회 배분사업 배분신청서 및 사업계획서 표준양식
- 사회복지공동모금회 배분사업 신청서 및 사업계획서 작성 예시
- 삼성복지재단 사회복지 프로그램 개발 지원 신청서 표준양식
- 아산사회복지재단 사회복지 프로그램 사업계획서 표준양식

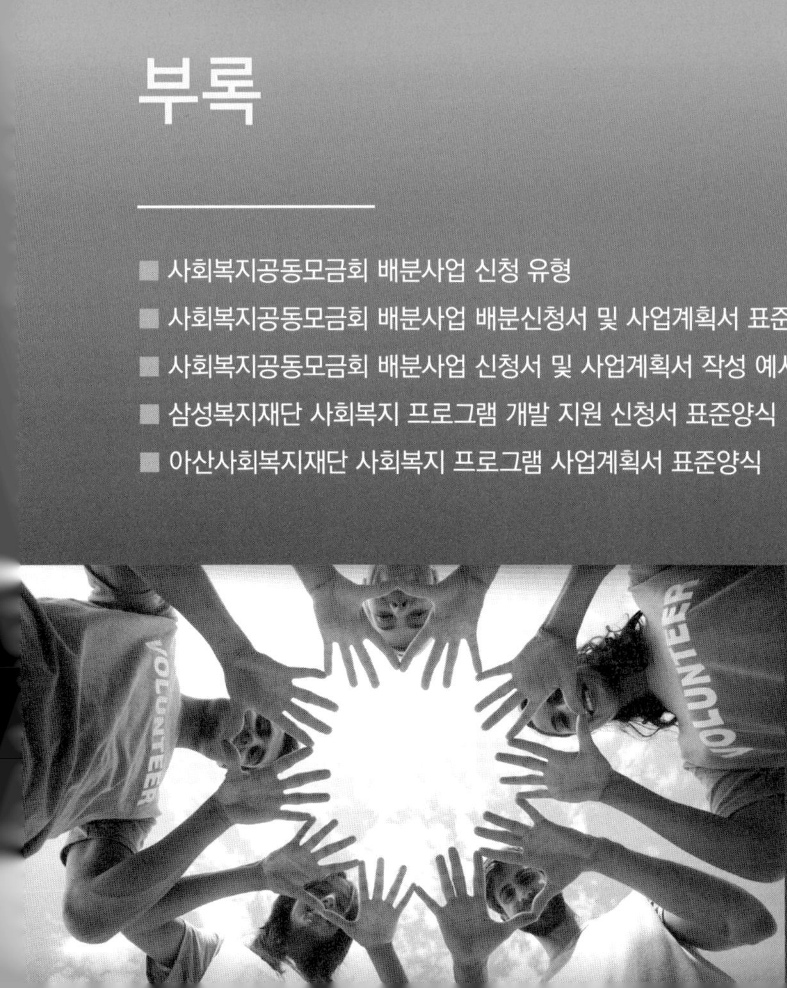

본서의 부록은 다음의 자료를 발췌하여 작성하였다. 보다 구체적인 사항은 해당 기관 홈페이지에 등재된 해당 연도별 배분사업안내서 및 관련 자료를 필히 참고하기 바란다.

- 사회복지공동모금회(2018a). 『2018년 배분사업안내서』. 사회복지공동모금회.
- 삼성복지재단(2016). 삼성복지재단 사회복지 프로그램 개발 지원 신청서 표준양식. 삼성복지재단.
- 아산사회복지재단(2019). 아산사회복지재단 사회복지 프로그램 사업계획서 표준양식. 아산사회복지재단.

사회복지공동모금회 배분사업 신청 유형

사회복지공동모금회 배분사업 신청 유형

사회복지공동모금회 배분사업 신청 유형은 아래와 같이 크게 '프로그램'과 '기능보강'으로 구분되며, '프로그램'은 성과중심형, 성과확산형, 산출중심형 3가지 유형으로 분류된다(사회복지공동모금회, 2018a).

배분사업 신청 유형

사업 유형		내용	표준 신청 양식
프로그램 사업	성과 중심형	• 성과 목표 달성을 통해 사업 참여자의 의미 있는 변화를 꾀하고, 나아가 지역사회 변화의 기초를 다지는 사업 • 주로 단년도 형태이며, 사업 참여자의 역량강화 또는 소규모의 지역사회 네트워크 구축 등의 사업을 포함	• 배분신청서 • 신청기관 현황 • 사업계획서
	성과 확산형	• 2년 이상 계획하는 다년도 사업으로 사업 참여자의 의미 있는 변화뿐만 아니라 지역사회, 나아가 우리 사회에 파급력(Impact)을 미치는 것을 지향하는 사업	• 배분신청서 • 신청기관 현황 • 3개년 사업계획서 • 1차년도 사업계획서
	산출 중심형	• 현재 당면한 지역사회 이슈 및 개인(또는 가족)의 문제해결을 위한 지원 사업으로 성과 목표 달성보다는 사업수행 과정에 중점을 두는 사업	• 배분신청서 • 신청기관 현황 • 사업계획서
기능보강 사업		• 기능보강을 통해 현재의 문제를 해소하거나 보다 의미 있는 사업을 향후 수행하고자 하는 사업 • 장비보강, 개보수, 자동차 구입 등이 해당	• 배분신청서 • 신청기관 현황 • 사업계획서

사회복지공동모금회 배분사업
배분신청서 및 사업계획서 표준양식

- 〈배분신청서〉 양식
- 〈신청기관 현황〉 양식
- 프로그램 〈성과중심형〉 사업계획서
- 프로그램 〈성과확산형〉 3개년 사업계획서
- 프로그램 〈성과확산형〉 연차별(1차년도) 사업계획서
- 프로그램 〈산출중심형〉 사업계획서
- 기능보강 사업계획서

배분신청서

기 관 명				고유번호 (사업자등록번호)		
사 업 명	〈대상+목적+방법 : 부제〉					
사업 기본 정보	연차	____①1년차	____②2년차	____③3년차	____④기타(　　)	
	대상 지역			사업수행인력	명	
	사업 기간	년　월　일 ~　년　월　일 (총　개월)				
사업 참여자	참여자 구분	____①아동·청소년 ____⑤위기가정	____②노인 ____⑥지역사회	____③장애인 ____⑦북한/해외/기타	____④여성/다문화	
	핵심 참여자			인원수	명	
사업 구분	____① 기초생계 지원 ____⑤ 심리/정서 지원	____② 교육/자립 지원 ____⑥ 사회적 돌봄 강화	____③ 주거/환경 개선 ____⑦ 소통과 참여 확대	____④ 보건/의료 지원 ____⑧ 문화/격차 해소		
성과 목표	해당사항이 없을 경우에는 공란으로 표기					
주요 사업 내용	세부 사업명	주요 내용				
사 업 비	총 사업비	원	신청금액	원		
신청금액 세부내역	사업비	천원 %	인건비	천원 %	관리 운영비	천원 %
담 당 자	성명		직통전화		E-mail	@
	직위		휴대폰		FAX	

위와 같이 __________ 년도 사업을 신청합니다.

년　　월　　일

기관대표자 :　　　　　(인)

사회복지공동모금회장 귀하

신청기관 현황

기 관 명		대 표 자	
고유번호 (사업자등록번호)		전화번호	
E-mail		FAX	
홈페이지		설립연월일	년 월 일
주 소	□□□□□		

직원 현황	총 명 (①+②)	상근 (①)	비상근 (②)
		명	명

기관 주요 사업		
	구분	____① 노인복지 ____② 영유아/아동복지 ____③ 장애인복지 ____④ 노숙인복지 ____⑤ 지역복지 ____⑥ 정신보건 ____⑦ 여성복지 ____⑧ 가족복지 ____⑨ 청소년복지 ____⑩ 다문화지원 ____⑪ 북한/해외지원 ____⑫ 기타( )
	내용	

결산							
세입	총 계	보조금수입	전입금	후원금수입	사업수입	기타수입
	천원	천원	천원	천원	천원	천원
세출	총 계	인건비	관리운영비	사업비	재산조성비	기타지출
	천원	천원	천원	천원	천원	천원

예산						
세입	총 계	보조금수입	전입금	후원금수입	사업수입	기타수입
	천원	천원	천원	천원	천원	천원
세출	총 계	인건비	관리운영비	사업비	재산조성비	기타지출
	천원	천원	천원	천원	천원	천원

운영법인 또는 단체			
운영 주체 성격	____① 사회복지법인 ____② 사단법인 ____③ 종교법인 ____④ 학교법인 ____⑤ 재단법인 ____⑥ 국가지방자치단체 ____⑦ 임의단체 ____⑧ 개인(신고) ____⑨ 법인(기타) ____⑩ 단체(기타)( ) ____⑪ 개인(기타) ( )		
법인 (단체)명		대 표 명	
고유번호 (사업자번호)		전화번호	
홈페이지		설립연월일	년 월 일
주소	□□□□□		

※ 신청기관 조직도, 운영위원회 및 운영법인 이사회 명단은 별첨자료로 첨부 요망

성과중심형 사업계획서

1. 사업명: 대상 목적 방법

■ 대상, 목적, 방법과 관련된 정보를 담은 사업명을 적어 주십시오.(슬로건은 부제(副題)로 병기해 주세요)

2. 사업 내용 및 추진 전략

1) 사업 참여자 모집 전략

(1) 참여 대상 및 인원

핵심 참여자	
주변 참여자	

■ 누가 이 사업에 참여합니까?

- **핵심 참여자** 성과를 측정하게 되는 대상은 누구이며, 인원은 몇 명입니까? (이 사업에 참여하게 함으로써 누구의 변화를 이끌어내려고 하는 것입니까?)
- **주변 참여자** 성과측정 대상은 아니지만 핵심 참여자의 변화를 이끌어내는 데 중요한 역할을 하는 사람은 누구이며, 인원은 몇 명입니까?

(2) 참여자 선정 기준

■ 어떤 기준을 세워서 참여자를 모집하게 됩니까?

(3) 참여자 모집 방안

■ 기준에 적합한 참여자를 어떻게 모집할 예정입니까?

2) 사업 내용 및 사업 집행 전략

■ 아래 내용을 모두 포괄하되, 자유롭게 (질문 순서에 상관없이) 표현해 주시기 바랍니다.

- 전체 사업을 몇 개의 세부 사업으로 분류한다면 어떻게 구성될 수 있습니까?
- 사업을 어떻게 추진할 것인지에 대하여 세부 사업별 시행방법, 시행 시기 및 횟수, 사업 진행 일정 등 구체적인 정보를 담아서 기술해 주시기 바랍니다.

3) 기관 연계협력 전략

■ 위의 사업 집행 전략과 관련하여, 지역사회 내(또는 그 범위를 넘어서) 어떤 기관들과 유기적인 협조관계를 가질 것인지에 대하여 아래 내용을 포함하여 기술해 주시기 바랍니다.

- 협력 기관이 세부 사업에서 어떤 역할을 담당하게 되는지, 그때 신청기관의 역할은 무엇인지, 이러한 협력체계는 어떤 절차를 통해 진행되는지 등

3. 예산 편성

(단위: 원)

목	세목	세세목	계	산출 근거	예산조달 계획				
					신청금액	비율(%)	자부담	비율(%)	자부담 재원
총 계									
인건비									
	소 계								
사업비									
	소 계								
관리운영비									
	소 계								

- 사업에 직접 투입되는 비용을 인건비, 사업비, 관리운영비로 구분하여 작성해 주시기 바랍니다.
  - 인건비 해당사업을 직접적으로 수행하는 인력에게 투입되는 비용
  - 사업비 프로그램 수행에 필요한 직접비용
  - 관리운영비 프로그램의 수행에 필요한 간접비용(사업관리에 필요한 비용)
  - 예산 수립 시 예산 편성기준표를 참고하여 주시기 바랍니다.
- 세목은 세부 사업별로 구분하고 단위가 큰 경우 세세목으로 구분하여 작성하시기 바랍니다.
- 산출 근거는 실제 단가, 수량, 인원수, 건수, 횟수 등을 구체적으로 기록해 주시기 바랍니다.

4. 문제 의식(사업 필요성)

1) 사업 계획 배경

- 왜 이 사업을 기획하게 되었습니까?
  - 귀 기관이 관심을 가지기 전에는 어떤 상태에 있었는지, 인근 다른 지역에도 유사한 상황이 있다면 어떻게 대응하고 있는지에 대해서도 서술해 주시기 바랍니다.

2) 기존 유사사업과의 차별성

- 기존의 시각이나 접근방식과 다른 점은 무엇입니까?
  - 귀 기관이 관심을 가지기 전에는 어떤 상태에 있었는지, 인근 다른 지역에도 유사한 상황이 있다면 어떻게 대응하고 있는지에 대해서도 서술해 주시기 바랍니다.

3) 신청기관의 강점

■ 이 사업을 신청기관에서 수행해야 하는 이유에 대해 사전조사 내용, 관련 분야 수행 경험 등을 포함하여 기재해 주시기 바랍니다.

5. 목표 및 평가

1) 산출 목표

세부 사업명	산출 목표	모니터링 방법

■ 성과 목표를 달성하기 위해 이끌어내야 하고 모니터링해야 하는 산출 목표는 무엇입니까?

2) 성과 목표 및 평가 방법

성과 목표	평가 도구 및 방법	측정 시기

■ 성과 목표 성과 목표와 관련하여 아래 내용들에 대해 작성해 주시기 바랍니다.

- 핵심 참여자의 어떤 부분을 어느 수준까지 변화시키는 것입니까?
- 작성하고자 하는 성과 목표가 이후에 기술되는 평가 방법을 통해 달성 여부를 알 수 있게 됩니까?
- (성과라고 강조하고 싶은데) 양적으로 드러내기(수치화하기) 어려운 성과 목표가 있다면 무엇입니까?
- 앞서 기술하신 사업내용과 성과 목표를 논리적으로 연결하여 작성해 주십시오.

■ 평가 도구 및 방법 / 측정 시기 성과 목표 달성 여부와 정도를 어떻게 평가하실 건가요?

- 성과 목표 달성 여부와 정도를 판단하기 위해 어떤 성과 지표를 설정하실 건가요?
- 제시된 성과 목표에 대한 평가계획(자료 수집방법, 측정시기 등)은 어떠한가요?
- 수치화하기 어려운 성과 목표가 있다면 어떤 평가 방법을 통해 변화의 수준과 의미를 드러내실 건가요?

6. 사업 종료 후 지향점

1) 사업 수행으로 인한 기대 효과

■ 이 사업이 성공적으로 수행된다면 기대되는 효과는 무엇입니까?

2) 사업 결과의 활용 계획

■ 사업의 효과로 나타난 결과를 어떻게 활용할 계획입니까?

■ 사업 결과를 통해 유사기관이나 지역사회에 꼭 알리고 싶은 이야기가 있다면 무엇입니까?

성과확산형 3개년 사업계획서

1. 사업명: ___대상___ ___목적___ ___방법___

■ 대상, 목적, 방법과 관련된 정보를 담은 사업명을 적어 주십시오.(슬로건은 부제(副題)로 병기해 주세요)

2. 사업 내용 및 추진 전략

1) 사업 참여 대상 및 인원

구분	1차년도	2차년도	3차년도
핵심 참여자			
주변 참여자			

■ 누가 이 사업에 참여합니까? 연차별 핵심 참여자와 주변 참여자를 상호 관련성 있게 작성하시기 바랍니다.

- 핵심 참여자 성과를 측정하게 되는 대상은 누구이며, 인원은 몇 명입니까? (이 사업에 참여하게 함으로써 누구의 변화를 이끌어내려고 하는 것입니까?)
- 주변 참여자 성과측정 대상은 아니지만 핵심 참여자의 변화를 이끌어내는 데 중요한 역할을 하는 사람은 누구이며, 인원은 몇 명입니까?

※ 『시스템 구축』, 『지역사회 수준변화』 등과 같이 "사람"의 변화에 일차적인 초점이 있지 않은 경우가 있을 수 있습니다. 이런 때에는 사업 참여자에 대한 기술 내용 및 방식이 달라질 수 있을 것이므로 사업내용에 따라 적절하게 기술해 주시기 바랍니다.

2) 연차별 사업내용

1차년도	
특징	
핵심 내용	
2차년도	
특징	
핵심 내용	
3차년도	
특징	
핵심 내용	

■ 특징 각 연차별 인과 관계 등을 포함하여 연차별 특징(주요 초점)에 대해 제시하여 주십시오.

■ 핵심내용 연차별 주요사업 등 핵심내용을 작성하여 주십시오.

3) 기관 연계협력 전략

- 위의 사업 내용과 관련하여, 지역사회 내(또는 그 범위를 넘어서) 어떤 기관들과 유기적인 협조관계를 가질 것인지에 대하여 아래 내용을 포함하여 기술해 주시기 바랍니다.
  - 협력 기관이 세부 사업에서 어떤 역할을 담당하게 되는지, 그때 신청기관의 역할은 무엇인지, 이러한 협력체계는 어떤 절차를 통해 진행되는지 등
- 연차별 네트워크의 확대 혹은 축소가 있는 경우 변화에 대한 확인이 가능하도록 기재

3. 예산 편성

(단위 : 천원)

구분	1차년도			2차년도			3차년도		
목	세목	신청금액	자부담	세목	신청금액	자부담	세목	신청금액	자부담
총 계				총 계			총 계		
인건비									
	소 계			소 계			소 계		
사업비									
	소 계			소 계			소 계		
관리운영비									
	소 계			소 계			소 계		

- 사업에 직접 투입되는 예산 내 주요 세목(세부 사업별)의 금액과 비중이 사업 연차별로 어느 정도 차지하는지에 대해 작성해 주시기 바랍니다.

4. 문제의식(사업 필요성)

1) 사업 계획 배경

- 왜 이 사업을 기획하게 되었습니까?
  - 귀 기관이 관심을 가지기 전에는 어떤 상태에 있었는지, 인근 다른 지역에도 유사한 상황이 있다면 어떻게 대응하고 있는지에 대해서도 서술해 주시기 바랍니다.

2) 기존 유사사업과의 차별성

- 기존의 시각이나 접근방식과 다른 점은 무엇입니까?

3) 신청기관의 강점

■ 이 사업을 신청기관에서 수행해야 하는 이유에 대해 사전조사 내용, 관련 분야 수행 경험 등을 포함하여 기재해 주시기 바랍니다.

5. 목표 및 평가

1) 성과평가

성과 목표	평가 도구 및 방법	측정 시기

■ **성과 목표** 3년 뒤 핵심 참여자의 어떤 부분을 어느 수준까지 변화시킬 목표를 가지고 있습니까?
- 성과 목표가 "사람"이 아닌 경우에는 그와 관련되는 성과 목표를 제시하여 주십시오.
- (성과라고 강조하고 싶은데) 양적으로 드러내기(수치화하기) 어려운 성과 목표가 있다면 무엇입니까?
- 앞서 기술하신 사업내용과 성과 목표를 논리적으로 연결하여 작성해 주십시오.

■ **평가 도구 및 방법 / 측정 시기** 성과 목표 달성 여부와 정도를 어떻게 평가하실 건가요?
- 성과 목표 달성 여부와 정도를 판단하기 위해 어떤 성과 지표를 설정하실 건가요?
- 제시된 성과 목표에 대한 평가계획(자료 수집방법 등을 포함)은 어떠한가요?
- 달성된 성과가 사업 참여자에게 (나아가서는 지역사회에) 주는 의미를 어떻게 드러내실 계획입니까?

2) 과정평가(선택)

평가대상 내용	평가 방법	측정 시기

■ '어떤 과정을 통해 성과를 거두게 되었는지'에 대한 내용을 어떻게 보여주시겠습니까?

6. 사업 종료 후 지향점

1) 사업 수행으로 인한 기대 효과

■ 이 사업이 성공적으로 수행된다면 기대되는 효과는 무엇입니까?

2) 사업 결과의 활용 계획

■ 사업의 효과로 나타난 결과를 어떻게 활용할 계획입니까?

■ 사업 결과를 통해 유사기관이나 지역사회에 꼭 알리고 싶은 이야기가 있다면 무엇입니까?

3) 사업 지속 유지 전략

■ 모금회로부터 이 사업 소요예산에 대한 지원이 종료된 후 후속적인 사업추진을 위한 재원 마련 등의 전략은 무엇입니까?

■ 후속 사업 추진을 구현하기 위한 노력을 각 연도별로 어떻게 반영하였습니까?

성과확산형 연차별(1차년도) 사업계획서

1. 사업명: ______대상______ ______목적______ ______방법______

■ 3개년 사업계획서와 동일한 사업명을 적어 주십시오.

2. 사업 내용 및 추진 전략

1) 사업 참여자 모집 전략

(1) 참여 대상 및 인원

핵심 참여자	
주변 참여자	

■ 1차년도에는 누가 이 사업에 참여합니까?

- 핵심 참여자 성과를 측정하게 되는 대상은 누구이며, 인원은 몇 명입니까? (이 사업에 참여하게 함으로써 누구의 변화를 이끌어내려고 하는 것입니까?)
- 주변 참여자 성과측정 대상은 아니지만 핵심 참여자의 변화를 이끌어내는 데 중요한 역할을 하는 사람은 누구이며, 인원은 몇 명입니까?

(2) 참여자 선정 기준

■ 어떤 기준을 세워서 참여자를 모집하게 됩니까?

(3) 참여자 모집 방안

■ 기준에 적합한 참여자를 어떻게 모집할 예정입니까? 그 방법이 적합하다고 생각하는 이유가 무엇입니까?

2) 사업내용 및 사업 집행 전략

■ 아래 내용을 모두 포괄하되, 자유롭게 (질문 순서에 상관없이) 표현해 주시기 바랍니다.

- 1차년도 사업을 몇 개의 세부 사업으로 분류한다면 어떻게 구성될 수 있습니까?
- 3개년 사업계획서에 기반하여 1차년도 사업을 어떻게 추진할 것인지에 대하여 세부 사업별 시행방법, 시행 시기 및 횟수, 사업 진행 일정 등 구체적인 정보를 담아서 기술해 주시기 바랍니다.

3) 기관 연계협력 전략

■ 위의 사업 집행 전략과 관련하여, 지역사회 내(또는 그 범위를 넘어서) 어떤 기관들과 유기적인 협조관계를 가질 것인지에 대해 아래 내용을 포함하여 기술해 주시기 바랍니다.

- 협력 기관이 세부 사업에서 어떤 역할을 담당하게 되는지, 그때 신청기관의 역할은 무엇인지, 이러한 협력체계는 어떤 절차를 통해 진행되는지 등

3. 예산 편성

(단위: 원)

목	세목	세세목	계	산출 근거	예산조달 계획				
					신청금액	비율 (%)	자부담	비율 (%)	자부담 재원
총 계									
인건비									
	소 계								
사업비									
	소 계								
관리운영비									
	소 계								

■ 1차년도 사업에 직접 투입되는 비용을 인건비, 사업비, 관리운영비로 구분하여 작성해 주시기 바랍니다.

- 인건비 해당사업을 직접적으로 수행하는 인력에게 투입되는 비용
- 사업비 프로그램 수행에 필요한 직접비용
- 관리운영비 프로그램의 수행에 필요한 간접비용(사업관리에 필요한 비용)
- 예산 수립 시 예산 편성기준표를 참고하여 주시기 바랍니다.

■ 세목은 세부 사업별로 구분하고 단위가 큰 경우 세세목으로 구분하여 작성하시기 바랍니다.

■ 산출 근거는 실제 단가, 수량, 인원수, 건수, 횟수 등을 구체적으로 기록해 주시기 바랍니다.

4. 목표 및 평가

1) 산출 목표

세부 사업명	산출 목표	모니터링 방법

■ 성과 목표를 달성하기 위해 이끌어내야 하고 모니터링 해야 하는 산출 목표는 무엇입니까?

2) 성과 목표 및 평가 방법

성과 목표	평가 도구 및 방법	측정 시기

■ **성과 목표** (3차년도에 달성할 성과 목표가 아니라) 1차년도 사업을 추진함으로써 달성하려고 하는 중간목표 성격의 성과 목표는 무엇입니까?

- 앞서 기술하신 1차년도 사업 내용과 성과 목표를 논리적으로 연결하여 작성해 주십시오.
- (성과라고 강조하고 싶은데) 양적으로 드러내기(수치화하기) 어려운 성과 목표도 포함하여 작성해 주시기 바랍니다.

■ **평가 도구 및 방법 / 측정 시기** 성과 목표 달성 여부와 정도를 어떻게 평가하실 건가요?

- 성과 목표 달성 여부와 정도를 판단하기 위해 어떤 성과 지표를 설정하실 건가요?
- 제시된 성과 목표에 대한 평가계획(자료 수집방법 등을 포함)은 어떠한가요?
- 수치화하기 어려운 성과 목표가 있다면 어떤 평가 방법을 통해 변화의 수준과 의미를 드러내실 건가요?

3) 과정평가(선택)

평가대상 내용	평가 방법	측정 시기

■ 1차년도 사업에서 '어떤 과정을 통해 성과를 거두게 되었는지'에 대한 내용을 어떻게 보여주시겠습니까?

산출중심형 사업계획서

1. 사업명:

■ 대상, 목적, 방법과 관련된 정보를 담은 사업명을 적어 주십시오.(슬로건은 부제(副題)로 병기해 주세요)

2. 사업 필요성

■ 수행하려는 사업내용과 관련하여 지금 직면해 있는 현실적인 어려움은 무엇입니까?

■ 무엇을 해소 또는 완화하려는 것입니까?

3. 사업 내용 및 추진방법

1) 사업 참여자 및 인원

■ 참여자는 누구이며, 몇 명입니까?

■ 어떤 기준을 세워서 참여자를 결정하게 됩니까?

2) 사업내용 및 방법

세부 사업명	활동 내용(수행 방법)	산출 목표

■ **세부 사업명** 전체 사업을 몇 개의 세부 사업으로 분류한다면 어떻게 구성될 수 있습니까?

■ **활동 내용** 사업을 어떻게 추진할 것인지에 대하여 세부 사업별 시행방법, 시행 시기 및 횟수, 사업 진행 일정 등의 정보를 담아서 기술해 주시기 바랍니다.

■ **산출 목표** 사업 시행의 결과로 발생하는 산출물은 무엇입니까?

4. 예산 편성

(단위: 원)

목	세목	계	산출 근거	예산조달 계획				
				신청금액	비율 (%)	자부담	비율 (%)	자부담 재원
총 계								
인건비								
	소 계							
사업비								
	소 계							
관리운영비								
	소 계							

- 사업에 직접 투입되는 비용을 인건비, 사업비, 관리운영비로 구분하여 작성해 주시기 바랍니다.
  - 인건비 해당사업을 직접적으로 수행하는 인력에게 투입되는 비용
  - 사업비 프로그램 수행에 필요한 직접비용
  - 관리운영비 프로그램의 수행에 필요한 간접비용(사업관리에 필요한 비용)
  - 예산 수립 시 예산 편성기준표를 참고하여 주시기 바랍니다.
- 세목은 세부 사업별로 구분하고 단위가 큰 경우 세세목으로 구분하여 작성하시기 바랍니다.
- 산출 근거는 실제 단가, 수량, 인원수, 건수, 횟수 등을 구체적으로 기록해 주시기 바랍니다.

기능보강 사업계획서

1. 사업명: 대상 목적 방법

■ 대상, 목적, 방법과 관련된 정보를 담은 사업명을 적어 주십시오.(슬로건은 부제(副題)로 병기해 주세요)

2. 지원 필요성

1) 주요 문제점

■ 현재 어떤 어려움에 직면해 있습니까? 어떤 문제 때문에 기능보강을 신청하는지 설명해 주시기 바랍니다.

■ 지원받지 못하면 어떤 상황이 벌어집니까?

2) 관련 현황(해당 사항만 기재)

〈장비〉

1	장비 교체 지원의 경우 기존 장비 사진	
전면 사진	후면 사진	측면(좌) 사진

〈개보수〉

1	시설개보수의 경우 현 시설 사진	
사진1	사진2	사진3

〈자동차(기 보유차량 관련 정보)〉

차종	연식	배기량	좌석수	현재 사용용도	지원주체
	년	CC	명		자체구입
					경북모금회

■ 앞서 기술한 어려움과 관련한 현황에 대해 작성해 주시기 바랍니다.

– 장비, 개보수, 자동차 중 해당 사항만 기재하며, 관련 사진 첨부

3. 사업 내용

1) 이용 대상 및 인원

■ 본 사업을 통해 생활이 개선되거나 수행할 사업에 참여하게 되는 이용자는 누구이며, 인원은 몇 명입니까?

2) 세부 사업 내용(해당 사항만 기재)

〈장비 구입〉

구입 장비명	용도	사용 횟수(또는 시간)	사용 연한	구입 수량	사용 장소

<table>
<tr><td>1</td><td colspan="2">구입하고자 하는 장비 사진 등 첨부</td></tr>
<tr><td>전면 사진1</td><td>전면 사진2</td><td>전면 사진3</td></tr>
</table>

〈개보수〉

개보수 장소	개보수 내용

〈자동차 구입〉

차종	연식	배기량	좌석수	예상가액	비고
	년	CC	명	천원	

■ 진행하고자 하는 사업 내용은 무엇입니까?

– 장비, 개보수, 자동차 중 해당 사항만 기재

■ 구매/계약 방법 참고

– 1천만원 이하 물품 제조·구매 시 1인 견적서
– 1친민원 초과 2친민원 이하 물품 제조 시 1인 견적서
– 1천만원 초과 2천만원 이하 물품 구매 시 나라장터 전자견적서

3) 사업 진행 일정

■ 추진 내용별 일정을 기재하여 주시기 바랍니다.

4. 예산 편성

(단위: 원)

<table>
<tr><th rowspan="2">목</th><th rowspan="2">세목</th><th rowspan="2">계</th><th rowspan="2">산출 근거</th><th colspan="5">예산조달 계획</th></tr>
<tr><th>신청금액</th><th>비율 (%)</th><th>자부담</th><th>비율 (%)</th><th>자부담 재원</th></tr>
<tr><td colspan="2">총 계</td><td></td><td></td><td></td><td></td><td></td><td></td><td></td></tr>
<tr><td rowspan="7">사업비</td><td></td><td></td><td></td><td></td><td></td><td></td><td></td><td></td></tr>
<tr><td></td><td></td><td></td><td></td><td></td><td></td><td></td><td></td></tr>
<tr><td></td><td></td><td></td><td></td><td></td><td></td><td></td><td></td></tr>
<tr><td></td><td></td><td></td><td></td><td></td><td></td><td></td><td></td></tr>
<tr><td></td><td></td><td></td><td></td><td></td><td></td><td></td><td></td></tr>
<tr><td></td><td></td><td></td><td></td><td></td><td></td><td></td><td></td></tr>
<tr><td>소 계</td><td></td><td></td><td></td><td></td><td></td><td></td><td></td></tr>
<tr><td rowspan="3">관리운영비</td><td></td><td></td><td></td><td></td><td></td><td></td><td></td><td></td></tr>
<tr><td></td><td></td><td></td><td></td><td></td><td></td><td></td><td></td></tr>
<tr><td>소 계</td><td></td><td></td><td></td><td></td><td></td><td></td><td></td></tr>
</table>

- 사업에 직접 투입되는 비용을 사업비, 관리운영비로 구분하여 작성해 주시기 바랍니다.
  - 사업비 사업 수행에 필요한 직접비용
  - 관리운영비 사업 수행에 필요한 간접비용(사업관리에 필요한 비용)
  - 예산 수립 시 예산 편성기준표를 참고하여 주시기 바랍니다.
- 세목은 세부 사업별로 구분하고 단위가 큰 경우 세세목으로 구분하여 작성하시기 바랍니다.
- 산출 근거는 실제 단가, 수량, 인원수, 건수, 횟수 등을 구체적으로 기록해 주시기 바랍니다.

5. 향후 운영 계획

- 장비 구입, 개보수 또는 자동차 구입을 통해 향후 어떤 사업을 수행하고자 하는지 작성해 주시기 바랍니다.
  - 동 기능보강사업에 따른 장비나, 개보수 내용이나 구입한 자동차가 어떻게 활용될 것인지에 대해 사후관리 및 유지보수 계획을 포함하여 작성해 주시기 바랍니다.

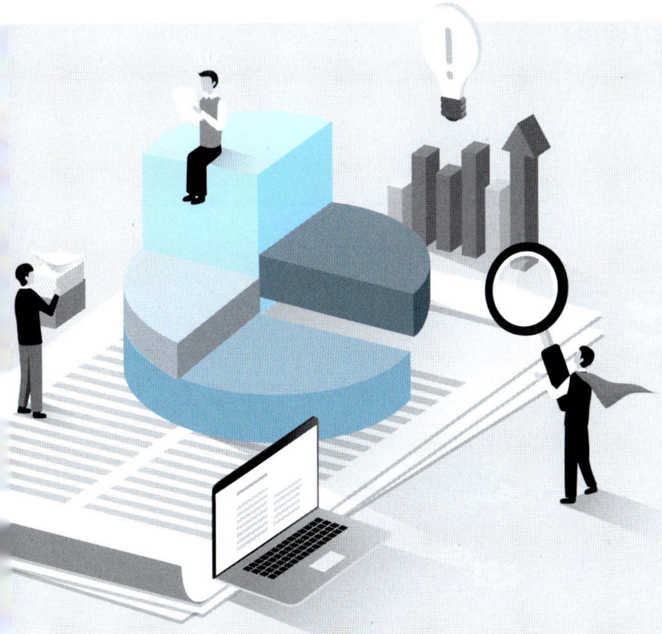

사회복지공동모금회 배분사업 신청서 및 사업계획서 작성 예시

- 〈배분신청서〉 작성 예시 및 작성 방법
- 〈신청기관 현황〉 작성 예시 및 작성 방법
- 프로그램 〈성과중심형〉 사업계획서 작성 예시
- 프로그램 〈성과확산형〉 사업계획서 작성 예시
- 프로그램 〈산출중심형〉 사업계획서 작성 예시
- 기능보강 사업계획서 작성 예시

[배분신청서 작성 예시]

배분신청서

<table>
<tr><td>1) 기 관 명</td><td colspan="3">열매종합사회복지관</td><td colspan="2">2) 고유번호
(사업자등록번호)</td><td colspan="2">100-82-1000</td></tr>
<tr><td>3) 사 업 명</td><td colspan="7">저소득층 방임아동의 보호·학습지원을 위한 야간보호사업 "꿈나무 교실"</td></tr>
<tr><td rowspan="3">4) 사업
기본 정보</td><td>연차</td><td colspan="6">_V_ ①1년차 ____②2년차 ____③3년차 ____④기타( )</td></tr>
<tr><td>대상 지역</td><td colspan="2">서울시 중구</td><td colspan="2">사업수행인력</td><td colspan="2">2명</td></tr>
<tr><td>사업 기간</td><td colspan="6">20○○년 1월 1일 ~ 20○○년 12월 31일 (총 12개월)</td></tr>
<tr><td rowspan="2">5) 사업
참여자</td><td>참여자 구분</td><td colspan="6">_V_ ①아동·청소년 ____②노인 ____③장애인 ____④여성/다문화
____⑤위기가정 ____⑥지역사회 ____⑦북한/해외/기타</td></tr>
<tr><td>핵심 참여자</td><td colspan="2">저녁 10시까지 보호자가 없는 초등학생</td><td colspan="2">인원수</td><td colspan="2">20명</td></tr>
<tr><td>6) 사업구분</td><td colspan="7">____① 기초생계 지원 ____② 교육/자립 지원 ____③ 주거/환경 개선 ____④ 보건/의료 지원
____⑤ 심리/정서 지원 _V_⑥ 사회적 돌봄 강화 ____⑦ 소통과 참여 확대 ____⑧ 문화/격차 해소</td></tr>
<tr><td>7) 성과 목표</td><td colspan="7">① 보호 아동의 야간 안전사고율 감소
② 기초 학습능력 향상
③ 보호 아동의 가족 유대감 증대</td></tr>
<tr><td rowspan="4">8) 주요 사업
내용</td><td>세부 사업명</td><td colspan="6">주요 내용</td></tr>
<tr><td>야간아동
보호</td><td colspan="6">복지관 방과후교실 운영, 아동보호자 귀가 시간 따라 귀가일정 조정, 보호자가 동행귀가를 하지 못하는 경우 복지관 차량을 통한 귀가 서비스 제공</td></tr>
<tr><td>기초학습
지도</td><td colspan="6">자체 자원봉사대학생을 활용한 기초학습(국어, 영어, 수학) 지도, 자체 자원봉사대학생을 활용한 숙제지도, 매일 숙제 알림장 점검</td></tr>
<tr><td>가족관계
개선
프로그램</td><td colspan="6">가족관계개선 프로그램 시행
(가족음식 만들기, 가족나들이, 가족체육대회, 영화 보기 등)</td></tr>
<tr><td>9) 사 업 비</td><td>총 사업비</td><td colspan="2">16,000,000원</td><td colspan="2">신청금액</td><td colspan="2">13,100,000원</td></tr>
<tr><td rowspan="2">10) 신청금액
세부내역</td><td rowspan="2">사업비</td><td>7,400천원</td><td rowspan="2">인건비</td><td>4,800천원</td><td rowspan="2">관리
운영비</td><td colspan="2">900천원</td></tr>
<tr><td>56.5%</td><td>36.6%</td><td colspan="2">6.9%</td></tr>
<tr><td rowspan="2">11) 담 당 자</td><td>성명</td><td>김열매</td><td>직통전화</td><td>02-123-4567</td><td>E-mail</td><td colspan="2">fruit03@@fruit.or.kr</td></tr>
<tr><td>직위</td><td>대리</td><td>휴대폰</td><td>010-1234-5678</td><td>FAX</td><td colspan="2">02-123-4568</td></tr>
</table>

위와 같이 2018년도 사업을 신청합니다.

2017년 8월 30일

기관대표자 : 이 사 랑 (인)

사회복지공동모금회장 귀하

배분신청서 작성 방법

1) **기관명**: 신청기관의 공식 명칭을 기재

2) **고유번호**(사업자등록번호): 기관의 고유번호, 사업자등록번호 기재

3) **사업명**: 대상, 목적, 사업 내용을 포함할 수 있도록 작성하며, 부제 사용 가능

4) **사업 기본 정보**

- **연차**: 모금회 지원으로 해당 사업을 수행하는 연차를 기재
  - 신규로 신청하는 사업일 경우에는 ①1년차 사업에 해당, 전년도에 모금회의 지원을 받은 사업으로 사업 수행자, 핵심 참여자, 사업내용이 동일한 경우에는 사업연차에 따라 ②2년차, ③3년차, ④기타를 선택

  예 2017년에 지원을 받아 사업수행 중에 있으며, 2018년에도 동일사업을 수행하기 위해 사업신청을 하는 경우 '②2년차'에 ∨표시

  예 2015년부터 3년간 지원받아 사업을 수행하고 2018년에 동일한 사업을 신청하는 경우 '④기타'에 ∨표시 후 (4년차) 기입
- **대상 지역**: 본 사업이 수행되는 주요 대상 지역을 시군구 단위까지 기입

  예 경상남도 마산시 / 충청남도 당진군 / 서울시 양천구
- **사업수행인력**: 본 사업을 실질적으로 수행하는 실무자의 수 기입(기관장, 수퍼바이저는 제외)
- **사업 기간**: 사업 수행 기간을 기입
  - 사업 신청 안내 시 별도의 사업기간이 공지되므로 해당 사업기간 확인 후 작성

5) **사업 참여자**

- **참여자 구분**: 사업 주요 참여자(대상자)를 '1'개만 선택(16p 별첨 1. "배분 분류 체계 안내" 참고하여 선택)
- **핵심 참여자**: 본 사업의 성과를 측정하게 되거나 서비스를 직접적으로 제공받는 주요 참여자(대상자)
- **인원수**: 핵심 참여자의 실제 인원수, 중복되지 않은 순수 인원을 의미
  - 무료 급식, 행사 등과 같이 대상자가 불규칙하거나 불특정 다수인 경우 1일 평균 이용자를 기재
  - 참여자가 매달 중복될 경우 '1'인으로 기재

  예 핵심 참여자 'A'씨가 매달 주 1회씩 3개월 프로그램에 12회 참석 시, 인원수는 12명이 아닌 '1'명으로 기재

6) **사업구분**: 주요 사업 내용을 '1'개만 선택(16p 별첨 1. "배분 분류 체계 안내" 참고하여 선택)

7) **성과 목표**: 사업의 결과로 나타나는 효과 또는 변화를 기입(해당 사항이 없을 경우 미기입)
- 성과 목표는 3개 이하로 기입
- 성과 목표가 4개 이상일 경우 중요한 순서로 3개만 기입

8) **주요 사업 내용**

- **세부 사업명**: 주요 세부 사업명을 3개 이하로 기입
- **주요 내용**: 세부 사업별 수행 방법, 추진 내용을 간략하게 기재

9) **사업비**

- **총 사업비**: 사업 수행에 필요한 모든 비용을 합산한 금액(신청금액+기관 부담액)
- **신청금액**: 총 사업비 중 모금회에 신청하는 금액

10) **신청금액 세부 내역**: 신청금액 중 사업비, 인건비, 관리운영비에 해당하는 금액과 비율을 기입

11) **담당자**: 본 사업을 직접 수행할 담당자 정보를 기입

- **성명**: 담당자 성명 기재(담당자 미정 시 작성자명 기입)
- **직위**: 담당자의 직위를 기입(예: 사원, 대리, 과장 등)
- **직통전화·휴대폰·E-mail·FAX**: 사업 심사 또는 수행 과정 중에 연락 가능한 정보를 기재

[신청기관 현황 작성 예시]

신청기관 현황

1) 기 관 명	열매종합사회복지관	2) 대 표 자	이 사 랑
3) 고유번호 (사업자등록번호)	100-82-1000	4) 전화번호	02-6262-3000
5) E-mail	fruit@fruit.or.kr	6) FAX	02-6262-3100
7) 홈페이지	www.fruit.or.kr	8) 설립연월일	2002년 10월 24일
9) 주 소	04519 서울시 중구 ○○대로 24길 사랑의열매회관 1층		

10) 직원 현황	총 12 명 (①+②)	상근 (①)	비상근 (②)
		10 명	2 명

11) 기관 주요 사업		
	구분	___① 노인복지 ___② 영유아/아동복지 ___③ 장애인복지 ___④ 노숙인복지 _V_⑤ 지역복지 ___⑥ 정신보건 ___⑦ 여성복지 ___⑧ 가족복지 ___⑨ 청소년복지 ___⑩ 다문화지원 ___⑪ 북한/해외지원 ___⑫ 기타(　　)
	내용	• 통합사례관리: 사례발굴, 사례개입, 서비스연계 • 서비스제공: 가족기능강화, 지역사회보호, 아동청소년 교육 및 문화 지원 • 지역조직화: 주민조직화, 복지네트워크 구축, 자원개발 및 관리 • 자활자립지원: 노인일자리사업, 자활공동체 창업지원

구분							
12) 결산	세입	총 계	보조금수입	전입금	후원금수입	사업수입	기타수입
		658,001천원	100,628천원	162,000천원	238,235천원	103,948천원	53,190천원
	세출	총 계	인건비	관리운영비	사업비	재산조성비	기타지출
		658,001천원	375,617천원	93,905천원	102,934천원	7,573천원	77,972천원
12) 예산	세입	총 계	보조금수입	전입금	후원금수입	사업수입	기타수입
		804,592천원	236,709천원	241,000천원	113,600천원	97,760천원	115,523천원
	세출	총 계	인건비	관리운영비	사업비	재산조성비	기타지출
		804,592천원	434,556천원	121,390천원	225,174천원	15,480천원	7,992천원

13) 운영법인 또는 단체				
	운영주체 성격	_V_① 사회복지법인 ___② 사단법인 ___③ 종교법인 ___④ 학교법인 ___⑤ 재단법인 ___⑥ 국가지방자치단체 ___⑦ 임의단체 ___⑧ 개인(신고) ___⑨ 법인(기타) ___⑩ 단체(기타)(　　) ___⑪ 개인(기타) (　　)		
	법인 (단체)명	사랑의열매	대 표 명	박모금
	고유번호 (사업자번호)	100-82-1007	전화번호	02-626-3100
	홈페이지	www.chest.or.kr	설립연월일	2000년 11월 13일
	주소	04519 서울시 중구 ○○대로 24길 사랑의열매회관 5층		

※ 조직도, 운영위원회 및 운영법인 이사회 명단은 별도 첨부

신청기관 현황 작성 방법

1) **기관명**: 신청기관의 공식 명칭 기입

2) **대표자**: 신청기관을 대표하는 사람 이름 기입. 2인 이상의 경우에도 모두 기입

3) **고유번호**(사업자등록번호): 기관의 고유번호, 사업자등록번호 기입

4) **전화번호**: 지역번호를 포함한 기관의 대표번호 기입

5) E-mail: 기관의 대표 이메일 또는 연락 가능한 이메일 기재

6) FAX: 기관 팩스번호를 기재. 팩스를 사용하지 않는 경우에는 미기재

7) **홈페이지**: 기관이 운영하는 홈페이지 주소를 기입. 홈페이지가 없는 경우 카페, 블로그 등도 기재 가능

8) **설립연월일**: 행정기관으로부터 인·허가를 받은 또는 행정기관에서 신고를 수리한 날짜를 기입 시설(인)허가증 또는 시설신고증에 기재된 날짜 기입

9) **주소**: 기관의 실제 소재지 주소를 우편번호를 포함하여 도로명 주소로 기재

10) **직원 현황**: 상근 직원과 비상근 직원 수의 합계를 기재
- **상근**: 신청 기관에 고용된 직원 중 일정한 시간에 출근하여 정해진 시간 동안 근무하는 직원 수를 기재
- **비상근**: 신청 기관에 고용된 직원 중 상근 직원과 달리 필요한 때에만 근무하는 직원 수를 기재

11) **기관 주요사업**
- **구분**: 신청기관의 고유목적사업에 해당하는 항목을 3개 이내로 선택
- **내용**: 신청기관의 특화사업 등 주요 사업에 해당하는 내용 중심으로 간략하게 제시

12) **결산/예산**: 작성 시점 기준 전년도 결산금액 및 당해년도 예산금액 기재. 각 항목의 합계는 총계와 일치시켜 작성. 아래의 내용을 참고하여 기재하며, 해당사항이 없는 항목은 '0'으로 기재
- **세입**
  - **보조금수입**: 국가 및 시·도, 또는 시·군·구로부터 받은 경상보조금 및 자본보조금
  - **전입금**: 법인으로부터의 전입금(또는 후원금)
  - **후원금수입**: 국내외 민간단체 및 개인으로부터 후원명목으로 받은 기부금·결연후원금·위문금·찬조금 (지정 및 비지정 후원금 포함)
  - **사업수입**: 법인 수익사업, 시설 운영으로 인하여 발생되는 사업 수입
  - **기타수입**: 기타 위에서 언급되지 않은 이용자부담금, 재산수입(부동산임대수입, 소유주식배당수입, 예금이자수입, 부당산매각수입, 불용재산매각 등), 과년도 수입(전년도에 세입 조정된 수입으로서 금년도에 수입으로 확정된 것), 차입금, 전입금, 이월금, 잡수입 등
- **세출**
  - **인건비**: 임·직원에 대한 급여, 제수당, 퇴직금, 사회보험부담금, 기타후생경비
  - **관리운영비**: 인건비를 제외한 업무추진비, 운영비 등의 사무비
  - **사업비**: (법인) 법인시설 운영 외의 지원 사업을 하는 경우의 사업비
(시설) 이용자, 입소자에게 지원되는 운영비, 교육비, 기타 프로그램 사업비
  - **재산조성비**: 시설비, 자산취득비, 시설장비유지비 등
  - **기타지출**: 기타 위에서 언급되지 않은 전출금, 과년도지출, 상환금, 잡지출 등

13) **운영법인 또는 단체**: 운영주체는 신청 기관의 운영을 책임지고 있는 소속법인을 의미함
- 신청기관과 운영주체가 다를 경우 전체 내용을 기입
- 신청기관과 운영주체가 같은 경우 '운영주체 성격'만 기재

※ 신청기관의 조직도와 신청기관·운영법인(또는 단체)의 운영위원회/이사회 명단은 자유 양식으로 제출

[프로그램_성과중심형 사업계획서 작성 예시]

※ 배분신청서, 기관 현황을 포함하여 총 20매 이내로 작성하여 주십시오.

성과중심형 사업계획서

1. 사업명: 아동 학대 고위험 가정의 재학대 예방을 위한 심리정서지원 프로그램[13)]

2. 사업 내용 및 추진전략

1) 사업 참여자 모집전략

(1) 참여 대상 및 인원

핵심 참여자	– ○○구, △△구, ××구 내 아동 학대 고위험 가정 피해 아동 20명 – ○○구, △△구, ××구 내 아동 학대 고위험 학대 행위자 20명
주변 참여자	– ○○구 내 핵심 참여자 가족 구성원 60명

(2) 참여자 선정 기준

- 1순위: 본 기관에 접수된 아동학대 사례 중 아동학대 위험도 평가 척도 측정 결과 재학대 고위험 가정으로 판단된 가정의 아동 및 학대 행위자
- 2순위: 본 기관에 접수된 아동학대 사례 중 실무진 회의를 통해 재학대 가능성이 높다고 판단된 가정의 아동 및 학대 행위자

(3) 참여자 모집 방안

- 최근 3년간 접수된 아동학대 사례 분석 및 위험도 평가 척도 측정을 통한 참여자 선정
- 선정된 참여자에게는 사업 소개 후 참여 여부에 대한 참여 동의서 작성

2) 사업내용(사업수행일정 포함) 및 사업집행전략

(1) 사업 내용

세부 사업명	활동(수행 방법)
맞춤형 서비스 지원	• 상담/심리치료: 담당자의 가정 방문을 통한 문제 파악 및 해결방안 모색/가정별 5회 전문 심리 검사/가정별 1회, 심리치료/가정별 6회 • 일상생활 지원: 주거환경 개선, 긴급생계지원, 학습지원 등 서비스 연계/가정별 1회 • 사례 회의: 참여자 및 사업 담당자 대상 사례별 진행상황 점검 및 상호 피드백 실시/1회 • 정신 건강 지원: 정신의학 전문가 진단에 따라 치료 정신과 진료 지원/10가정 선정, 가정별 1회
양육교육 프로그램	• 담당자 상담을 통해 양육교육이 필요한 10가정 선정 • 전문기관 연계를 통한 양육기술 상담 교육 – 행위자 초기 상담, 종합심리평가, 양육태도검사 각 1회 실시 – 양육태도 및 감정코칭 등 전문가를 통한 교육 2회 실시

(2) 사업 진행 일정

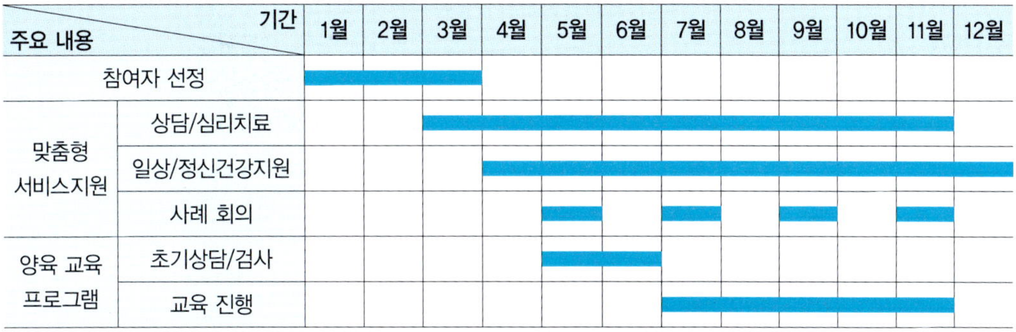

3) 기관 연계협력 전략

협력 기관명	세부 사업명	협력 계획	비고
△△복지관	맞춤형 서비스 지원	• 일상생활 지원(긴급생계지원) 연계	협약 체결 예정
○○대학병원	맞춤형 서비스 지원	• 정신의학 자문 제공, 의료서비스 연계	협약 체결(20○○)

3. 예산 편성

(단위: 원)

목	세목	세세목	계	산출 근거	예산조달 계획				
					신청금액	비율 (%)	자부담	비율 (%)	자부담 재원
총 계			52,150,000		48,900,000	100	3,250,000	100	
인건비	전담인력	급여	16,000,000	1,600,000원 × 10월 × 1명	16,000,000				
		사회보험	1,750,000	175,000원 × 10월 × 1명			1,750,000		자체예산
	소 계		17,750,000		16,000,000	32.7	1,750,000	53.8	
사업비	맞춤형 서비스 지원	상담/심리	17,500,000	가정 방문 다과 10,000원 × 20가정 × 5회			1,000,000		자체예산
				심리 검사 200,000원 × 20가정 × 1회	4,000,000				
				심리 치료비 100,000원 × 20가정 × 6회	12,000,000				
				사례 회의 자문 및 진행비 100,000원 × 5회			500,000		자체예산
		심화 프로그램	4,000,000	전문상담 100,000원 × 10가정 × 1회	1,000,000				
				정신과 진료 지원 300,000원 × 10가정 × 1회	3,000,000				
	양육교육 프로그램	양육기술 상담교육	12,000,000	강사비(특별강사, 2시간) 400,000원 × 20회	8,000,000				
				교재,교구 200,000원 × 10회	2,000,000				
				교육진행비 100,000원 × 20회	2,000,000				
	소 계		33,500,000		32,000,000	65.4	1,500,000	46.2	
관리운영비	관리 운영비	교통비	600,000	50,000원 × 12월× 1명	600,000				
		사무용품비	300,000	100,000원 × 3회	300,000				
	소 계		900,000		900,000	1.9			

4. 문제의식(사업 필요성)

1) 사업 계획 배경

아동학대 사례가 발생하여 피해아동에 대한 상담 및 치료가 성공적으로 진행되더라도 학대행위자 및 가정환경에 대한 근본적인 개입이 이루어지지 않으면 재학대로 이어질 확률이 높다. 20××년 전국아동학대현황보고서에 따르면 아동학대 사례 1만 7천여 건 중 가해자가 부모인 사건은 80%이며, 전체 피해 아동의 76%는 가정으로 돌아갔다. 또한 전체 피해 아동 10명 중 1명은 재학대 경험이 있으며, 재학대 장소의 93%가 가정이라는 점은 부모에 의한 재학대 발생의 심각성을 뒷받침한다. 최근 5년간 재학대 사례를 살펴보면 20△△년 563건에서 20××년 1,240건으로 약 220% 증가한 것으로 나타나고 있으나 이에 대한 대책은 전무한 실정이므로 적극적인 사회적 지원이 필요하다.

2) 기존 유사사업과의 차별성

본 기관의 기존 사업은 아동학대 예방을 위한 의심 사례와 아동학대 피해 사례 개입 중심으로 진행된다. 아동학대 의심 사례 개입의 경우 예방적 차원에서 접근되기는 하나 아동학대 피해 사례 개입의 경우 예방적 차원보다는 문제 해결을 위한 접근을 우선으로 한다. 더욱이 피해아동과 학대행위자 중심으로 진행되어, 가족구성원 등과 같은 주변 요소에 대해서는 간과되는 경우가 많고 결국 학대 발생 위험 환경에 동일하게 노출되는 경우가 발생하고 있다. 따라서 본 프로그램을 통해 기존에 간과되었던 주변 환경에 대한 개입과 예방 차원의 접근을 통해 재학대 발생 위험요인을 제거하고 재학대 예방을 도모하고자 한다.

3) 신청기관의 강점

본 기관은 아동복지법에 의해 설치된 전문기관으로 아동학대 개입 및 아동 권익 증진 관련 사업을 진행하고 있다. 또한 피해아동 및 가정 지원을 위해 법조계, 의료계 등 전문가 조직 네트워크를 구축하고 있으며, 아동학대 사례 가정의 지역사회 내 정착을 위해 자원봉사동아리를 구축하여 운영하는 노력을 펼치고 있다. 20××년부터는 재학대율을 낮추고자 전문가 자문을 통해 가족단위 심리정서 프로그램을 진행한 바 있으며, 이를 통해 재학대 발생 위험을 감소시킨 경험을 가지고 있다. 본 프로그램을 통해 보다 체계적인 개입을 실시하여 재학대 예방을 성공적으로 진행할 수 있을 것으로 기대된다.

5. 목표 및 평가

1) 산출 목표

세부 사업명	산출 목표	모니터링 방법
맞춤형 서비스 지원	• 20가정 일반상담 5회, 총 100회 실시	• 방문 일자별 상담기록 작성
	• 20가정 심리 치료 6회, 총 120회 실시	• 검사 결과 / 치료 일지 확인
	• 서비스 통합 사례 회의 5회 실시	• 사례 회의록 작성
	• 일상생활 지원 가정별 1회, 총 20회 실시	• 자원연계 내역 기록
양육교육 프로그램	• 전문가 상담 및 교육 가정별 2회, 총 20회 진행	• 교육 일지 및 상담기록 작성

2) 성과 목표 및 평가 방법

성과 목표	평가 도구 및 방법	측정 시기
아동학대 행위자의 학대 위험요인 감소	• 성과 지표: 학대 위험 20% 감소 • 평가도구: 학대위험도 평가척도 • 평가 방법: 학대행위자 20가정 대상 사전 사후 설문조사	사전(2월), 사후(12월)
아동학대 행위자의 부모양육태도 향상	• 성과 지표: 부모 양육 태도 20% 향상 • 평가도구: 부모양육태도검사(PAT) 척도 • 평가 방법: 부모, 가족구성원 사전 사후 설문조사	사전(4월), 사후(12월)
아동학대 피해가정 가족 기능 강화	• 평가주체: 본 기관 담당자 • 평가 방법: 참여자 20가정 대상으로 구조화된 질문지를 통해 인터뷰 실시	사업 종료 후(12월)

6. 사업 종료 후 지향점

1) 사업 수행으로 인한 기대 효과

아동학대 피해 사례 발생 이후 근본적인 학대 발생 위험요인이 충분히 제거되지 않은 채, 재학대의 위험에 노출되어 있던 아동과 가족에 대한 체계적인 접근을 통해 가족의 기능을 강화시키고, 아동의 안전을 도모함으로써 건강한 성장에 기여할 수 있을 것으로 기대된다.

2) 사업 결과의 활용 계획

본 사업으로 구축된 지역사회 내 자원들과의 지속적인 협력체계를 확보하여, 사업 종료 후에도 지속적인 모니터링을 통해 한시적인 사례관리가 아닌 재학대 예방을 위한 사례관리를 실시할 수 있도록 아동보호예방체계를 구축하고자 한다.

[프로그램_성과확산형 사업계획서 작성 예시]
※ 배분신청서, 기관 현황을 포함하여 총 30매 이내로 작성하여 주십시오.

성과확산형 3개년 사업계획서

1. 사업명: 폭력피해여성의 자립 지원을 위한 지역 연계형 인턴십 사업[15]

2. 사업 내용 및 추진전략

1) 사업 참여 대상 및 인원

구분	1차년도	2차년도	3차년도
핵심 참여자	○○시 내 폭력피해여성 20명	○○시 내 폭력피해여성 20명	○○시 내 폭력피해여성 30명
주변 참여자	인턴십 참여 기업(기관)	인턴십 센터 자문위원회 인턴십 참여 기업(기관)	인턴십 센터 자문위원회 인턴십 참여 기업(기관)

2) 연차별 사업내용

1차년도	
특징	• 통합자립지원을 통해 참여자의 기초 역량 강화 • 인턴십 센터 설립 및 지역 자원 구축을 위한 기반 마련
핵심 내용	• 심리·정서 지원: 고용복지 사례관리, 자기성찰 및 상담 • 직업 역량 강화: 진로 상담 및 분야별(바리스타/뷰티/공예) 기초·심화 기술 교육 • 인턴십 센터 설립 기반 마련: 사업 아이템 기획 및 운영전략 수립/지역사회 연계협력 기관 발굴 및 자문위원회 구성
2차년도	
특징	• 1차년도 사업 참여자 중심의 인턴십 센터 설립 및 운영 • 인턴십 센터 운영 활성화 및 취업처 발굴을 위한 지역 자원 연계 확대
핵심 내용	• 심리·정서 역량 강화: 고용복지 사례관리, 스트레스 관리, 관계 및 소통 능력 향상 교육 • 직업 역량 강화 – 분야별(바리스타/뷰티/공예) 직무능력 평가 및 보수교육 – 인턴십 센터 실무 인턴(3개월)/인턴십 연계 기업(기관)을 통한 인턴십 참여(6개월) • 인턴십 센터 운영: 인턴십 매장 세팅 및 오픈/지역사회 연계협력 기관 지속 발굴
3차년도	
특징	• 인턴십 센터 운영 안정화를 통해 지속 가능한 자립지원시스템 구축 • 취·창업 성공 사례 도출 및 지역연계형 인턴십 사업 모델화

15) 본 예시는 2014년 기획 취약계층 여성의 경제적 자립 역량강화를 위한 인턴십 지원사업(마포구고용복지지원센터) 일부를 발췌하여 작성되었음.

핵심 내용	• 심리·정서 역량 강화: 고용복지 사례관리, 재정관리, 협동화 교육 • 직업 역량 강화 – 분야별(바리스타/뷰티/공예) 전문가 과정 – 인턴십 센터 매니저, 강사 과정(3개월) / 인턴십 연계 기업(기관)을 통한 인턴십 참여(6개월) – 유관분야 취업 연계 알선 및 창업 지원 • 인턴십 센터 운영 – 수익 창출을 위한 마케팅 전략 개발 지속, 매장 아이템 업그레이드 – 사회적협동조합 등록 준비

3) 기관 연계협력 전략

협력 기관명	세부 사업명	협력 계획	비고
○○시 사회적경제 허브센터	직업 역량 강화	• 인턴십 참여 기업 연계	협약 체결(20××)
○○공사	인턴십 센터 운영	• 인턴십 센터 운영을 위한 유휴 공간 지원	협약 체결 예정
△△커피	직업 역량 강화	• 바리스타 교육, 현장체험, 인턴십 연계	협약 체결(20××)

3. 예산 편성

(단위 : 천원)

구분	1차년도			2차년도			3차년도		
목	세목	신청금액	자부담	세목	신청금액	자부담	세목	신청금액	자부담
총 계		90,668	20,000	총 계	171,953	10,000	총 계	141,690	20,000
인건비	담당자급여	23,000		담당자급여	25,000		담당자급여	20,000	5,000
	소 계	23,000		소 계	25,000		소 계	20,000	5,000
사업비	심리정서 지원	8,820		심리정서 지원	6,780		심리정서 지원	7,530	
	직업 역량강화	52,128		직업 역량강화	56,438		직업 역량강화	60,350	
	인턴십 센터 운영	2,100	20,000	인턴십 센터 운영	80,815	10,000	인턴십 센터 운영	50,890	15,000
	소 계	63,048	20,000	소 계	144,033	10,000	소 계	118,770	15,000
관리운영비	사무용품	1,900		사무용품	1,900		사무용품	1,900	
	출상비	720		출장비	1,020		출장비	1,020	
	집기비품	2,000		–	–		–	–	
	소 계	4,620		소 계	2,920		소 계	2,920	

4. 문제의식(사업 필요성)

1) 사업 계획 배경

성매매, 가정폭력, 성폭력 등 폭력피해여성들은 폭력과 위기사건을 통해 극도의 불안, 스트레스를 경험하고 다양한 영역에서 복합적인 문제와 다차원적인 불리함을 안고 있는 대표적 취약계층에 속한다. 폭력피해여성은 심리적 위축과 학력 및 경력단절, 기술부족, 사회적응력 및 자기관리능력 부족 등 관계적, 기능적 장애로 인한 부적응과 단절의 상황 속에 놓이게 되기 쉽고 결국 일상생활과 취업영역에 있어서의 정상적인 사회인으로 자립이 어려워질 수 있다. 결국 취약여성들의 어려움과 욕구는 개별서비스나 단발적인 지원이 아닌 보다 장기적으로 포괄적 관점에서의 지원과 함께 해결되어야 하며, 단절된 시설이 아닌 지역사회 안에서 상담과 훈련과 경험을 통해 단계적이고 통합적으로 지원되어야 한다.

2) 기존 유사사업과의 차별성

현재 성매매피해여성의 지원은 전국의 권역별 자활지원센터에서 진행되고 있으나 수요에 비해 공급이 절대적으로 부족한 상황이며 또한 가정폭력, 성폭력피해자의 경우에는 취업, 기술교육 등을 지원하는 전달체계가 부재한 상황이다.

경제적 자활을 위한 교육과 취업지원 인프라의 경우, 정부지원으로 직업훈련, 학원 등의 참여 기회가 제공되고 지역 내 유관 기관들도 다수 존재하지만, 개별서비스가 파편적으로 제공되고 있어 효과성 달성에 어려움이 있다. 본 사업은 개별적 자립서비스 제공에서 벗어나 폭력피해 여성들의 심리적, 사회적, 직업적 자립과 자활을 통합적으로 지원할 수 있는 전문지원시스템의 운영이라는 점에서 기존의 접근 방식과 차별성이 있다.

3) 신청기관의 강점

본 센터는 성매매피해여성들의 자활역량강화를 위한 재능나눔사업을 20××년에서부터 20××년까지 3차년도에 걸쳐 진행하고 있다. 노인복지관, 장애인시설 등에서 발마사지 등 자신이 익힌 재능을 나누는 경험을 통해 자아존중감과 사회성을 향상할 수 있었다. 또한 재능나눔 사업 참여자의 평가를 통해, 다양한 직업 체험의 기회 속에서 자기에게 맞는 취업모델을 발견하고 자활의지를 다질 수 있었으며, 직업에 맞는 전문기술을 습득할 수 있었다.

본 센터는 20××년부터 △△커피와 연계를 통해 취약계층 여성 자립을 위한 사회진출 지원 프로그램을 진행하고 있다. 바리스타 교육, 서비스 교육을 통해 참여자들의 사회진출을 위한 교육·실습 프로그램 진행 결과 자기효능감과 자존감이 향상된 것으로 평가되었으며, 나아가 실제 취업까지 연계된 성공 사례를 도출하였다. 이러한 성공 경험과 유사사업을 수행하며 형성된 자원 및 노하우를 토대로 본 사업도 성공적으로 수행할 수 있을 것이라 기대된다.

5. 목표 및 평가

1) 성과평가

성과 목표	평가 도구 및 방법	측정 시기
참여자 자립 역량강화	• 성과 지표: 자아 존중감 30% 향상 • 평가 도구: 자아존중감 척도 • 평가 방법: 참여자 대상 사전, 중간, 사후 설문 조사	사업 시행 전 중간(1차년도 종료 시) 사후(3차년도 종료 시)
	• 평가 주체: 사업 담당자 • 평가 방법: 참여자 인터뷰와 인턴십 참여 관찰을 통해 근로동기 향상 정도 확인	인터뷰(매년 12월) 참여 관찰(인턴십 진행 과정 중 월 1회)
통합자립지원 인턴십센터 모델 구축	• 성과 지표: 인턴십 센터 순이익 전년대비 20% 증가 • 평가 도구: 인턴십 센터 매입·매출 장부 • 평가 방법: 인턴십 센터 연간 매입·매출 현황 분석	2차년도 종료 시 3차년도 종료 시
	• 평가 주체: 외부 평가 위원 • 평가 방법: 사업 참여를 통한 참여자의 취업 현황 및 자립 정도 확인	3차년도 종료 시

2) 과정평가(선택)

평가대상 내용	평가 방법	측정 시기
취업 연계 과정	• 평가주체: 외부 평가위원 • 평가 방법: 사업담당자 인터뷰 및 내부문서 검토	• 각 주요 단계별
직업 역량강화 프로그램 추진 과정	• 평가주체: 담당자 • 평가 방법: 프로그램 진행 시 참여하여 관찰/사업담당자 및 중간관리자 인터뷰	• 참여관찰: 매회기 • 인터뷰: 프로그램 종료 후

6. 사업 종료 후 지향점

1) 사업 수행으로 인한 기대 효과

참여자의 사회적 지지 체계 및 취업환경 마련 등의 다각적이고 통합적인 지원 체계 구축을 통해 사회 구성원으로 자립하는 데 필요한 심리사회적 역량강화는 물론 직업적 역량강화에 기여할 수 있을 것으로 기대된다.

2) 사업 결과의 활용 계획

본 사업의 종료 후 폭력피해여성을 포함한 취약계층 여성들에 대한 지역사회 내에서 직업적 훈련, 일에 대한 경험 축적 등이 체계적으로 지원될 수 있도록 네트워크를 확대하고 안정화하고자 한다. 나아가 통합적 접근의 중요성을 타 지역에 전파할 수 있도록 성과 연구 및 매뉴얼 작성을 실시하여 본 사업을 모델화할 계획이다.

3) 사업 지속 유지 전략

인턴십 센터의 수익 창출을 통해 향후 독립적인 운영을 도모하고자 한다. 이를 위해 경영진단을 실시하고 운영안정화를 위한 전문가컨설팅 및 모니터링과 평가를 추진할 계획이다. 또한 사회적협동조합으로 전환하여 보다 안정적인 운영구조를 확립하고자 한다.

성과확산형 연차별(1차년도) 사업계획서

1. 사업명: 폭력피해여성의 자립 지원을 위한 지역 연계형 인턴십 사업

2. 사업 내용 및 추진전략

1) 사업 참여자 모집전략

(1) 참여 대상 및 인원

핵심 참여자	○○시 내 폭력피해여성 20명
주변 참여자	인턴십 참여 기업(기관)

(2) 참여자 선정 기준

- 여성 지원 시설 등의 유관 기관 추천을 통해 접수된 참여자에 대해 개별 인터뷰 실시 (참여 동기 및 자립 의지, 미취업 상태 등 확인)
- 인터뷰 내용을 토대로 기관 내부 회의를 통해 최종 선발

(3) 참여자 모집 방안

- ○○시 소재 여성 지원 시설에 사업 홍보 및 참여자 추천 의뢰 공문 발송
- 네트워크 기관 및 폭력 피해 여성 지원 시설 추천을 통해 참여자 접수

2) 사업내용 및 사업집행전략

(1) 사업 내용

세부 사업명	활동(수행 방법)
심리 정서 지원	• 사례관리: 사업 담당자 개별 상담 및 전문 사례관리 위원회 운영/연 5회 • 자기 회복 프로그램: 셀프이미지 컨설팅, 에너지 회복 전문 강사 초빙을 통한 1박 2일 프로그램 진행 / 연 2회
직업 역량 강화	• 진로 상담: 진로상담 전문가와 상담을 통한 진로 설정 / 참여자별 2회 실시 • 분야별(바리스타/뷰티/공예) 기초·심화 기술 교육 – 커피 제조, 매장운영 등 실무 중심 아카데미 참여를 통한 기초 교육 실시 – 기초 교육은 직업 전문교육 기관에 의뢰하여 실시(3개월) – 심화 기술 교육은 지역사회 내 매장에 연계하여 진행, 인턴십(3개월)을 포함 총 5개월
인턴십 센터 설립	• 자문위원회 구성 및 운영 – 경영컨설팅, 상담 분야, 후원(모금) 교육 등 분야별 전문가 10명 내외 구성 – 사업 아이템 선정 및 실효성 강화 방안 모색 / 연 5회 이상 • 센터 운영기반 마련 – ○○공사 1층 유휴 공간 확보를 위한 ○○공사, ○○시 협의 지속 – 센터 운영 참여 기관 발굴

(2) 사업 진행 일정

주요 내용 \ 기간		1월	2월	3월	4월	5월	6월	7월	8월	9월	10월	11월	12월
참여자 선정		■	■										
심리 정서 지원	사례 위원회		■	■		■		■		■		■	
	자기회복 PG				■						■		
직업 역량 강화	진로 상담			■	■								
	기초 교육					■	■	■					
	심화 교육								■	■	■	■	■
인턴십 센터 설립	자문위원회운영			■	■	■		■		■		■	
	기반 마련						■	■	■	■	■	■	■

3) 기관 연계협력 전략

협력 기관명	세부 사업명	협력 계획	비고
○○공사	인턴십 센터 운영	• 인턴십 센터 운영을 위한 유휴 공간 지원	
△△커피	직업 역량 강화	• 바리스타 교육, 현장체험, 인턴십 연계	협약 체결 예정

3. 예산 편성

(단위: 원)

목	세목	세세목	계	산출 근거	예산조달 계획				
					신청금액	비율(%)	자부담	비율(%)	자부담 재원
총 계			110,668,000		90,668,000	100	20,000,000	100	
인건비	전담인력	급여	21,300,000	2,130,000원 × 10월 × 1명	21,300,000				
		사회보험	1,700,000	170,000원 × 10월 × 1명	1,700,000				
	소 계		23,000,000		23,000,000	25.4			
사업비	심리정서 지원	사례관리 위원회	8,820,000	사례 회의비 및 진행비 300,000원 × 5회	1,500,000				
		자기회복 프로그램		강사비(2급강사, 2시간) 280,000원 × 2명 × 2회	1,120,000				
				프로그램 진행비 124,000원 × 25명 × 2회	6,200,000				
	직업역량 강화	진로상담	52,128,000	전문 진로상담 50,000원 × 20명 × 2회	2,000,000				
		기초교육		분야별 아카데미 500,000원 × 20명 × 1회	10,000,000				
		심화교육		인턴십 급여 600,000원 × 20명 × 3개월	36,000,000				
				교육 재료비 4,128,000원	4,128,000				
	인턴십 센터 설립	자문 위원회	2,100,000	자문위원회 회의비 및 진행비 420,000원 × 5회	2,100,000				
		센터 운영	20,000,000	센터 임대 보증금 20,000,000원 × 1회			20,000,000		
	소 계		83,048,000		63,048,000	69.5	20,000,000	100	
관리운영비	사무용품	–	1,900,000	190,000원 × 10월	1,900,000				
	출장비	–	720,000	60,000원 x 12월	720,000				
	집기비품	–	2,000,000	노트북 2,000,000원 x 1대	2,000,000				
	소 계		4,620,000		4,620,000	5.1			

4. 목표 및 평가

1) 산출 목표

세부 사업명	산출 목표	모니터링 방법
심리정서 지원	• 자기회복 프로그램 연 2회 실시	• 프로그램 계획서 / 결과보고 작성
직업 역량 강화	• 기초교육 탈락률 5% 미만	• 교육 일지 / 출석부 확인
	• 전문 진로상담 2회, 총 40회 실시	• 진로 상담 일지 확인
인턴십센터 설립	• 유휴공간 확보 1곳	• 임대차 계약서 작성

2) 성과 목표 및 평가 방법

성과 목표	평가 도구 및 방법	측정 시기
참여자 자립 역량 강화	• 성과 지표: 자아 존중감 10% 향상 • 평가 도구: 자아존중감 척도 • 평가 방법: 참여자 대상 사전, 사후 설문 조사	사업 시행 전 사후(1차년도 종료 시)
	• 성과 지표: 각 분야/단계별 직업 교육 성취도 80% 달성 • 평가 도구: 이론, 실습 평가(초급 자격시험 기준) • 평가 방법: 교육 참여 후 성취도 측정	기초교육 (8월) 심화교육 (12월)
	• 평가 주체: 사업 담당자 • 평가 방법: 참여자 인터뷰와 인턴십 참여 관찰을 통해 근로동기 향상 정도 확인	인터뷰(12월) 참여 관찰 (인턴십 진행 과정 중 월 1회)

3) 과정평가(선택)

평가대상 내용	평가 방법	측정 시기
직업 역량강화 프로그램 추진 과정	• 평가주체: 담당자 • 평가 방법: 프로그램 진행 시 참여하여 관찰 사업담당자 및 중간관리자 인터뷰	• 참여관찰: 매회기 • 인터뷰: 프로그램 종료 후

[프로그램_산출중심형 사업계획서 작성 예시]
※ 배분신청서, 기관 현황을 포함하여 총 5매 이내로 작성하여 주십시오.

산출중심형 사업계획서

1. 사업명: 독거어르신 밑반찬 배달을 통한 식생활 개선 사업 "은빛 영양지킴이"

2. 사업 필요성

○○시는 도농복합지역으로 농업에 종사하는 가구가 많으며, 농촌 저소득 독거노인은 경제 능력이 매우 취약하여 생활고와 더불어 결식 문제가 심각한 수준에 이르고 있다. 또한 식사는 하더라도 다양한 반찬을 섭취하지 못하여 영양불균형이 오는 경우도 많다. 20××년 ○○시 보건소에서 관내 65세 이상 300명을 대상으로 식습관과 음식 섭취를 분석한 결과 탄수화물, 단백질 등의 에너지원 섭취량이 필요량에 비해 약 17.5% 부족한 것으로 나타났다. 이러한 노인의 영양 불균형은 각종 질병에 노출되기 쉬운 환경으로 이어지고 있다.

위와 같은 문제를 개선하고자 ○○노인복지관에서는 20△△년부터 무료 경로급식을 제공하고 있으나, 거동이 불편하거나 외부 활동이 적은 어르신은 서비스를 제공받지 못하는 한계점을 여전히 지니고 있다. 이에 본 복지관은 영양 밑반찬 배달을 통해 독거어르신의 식생활을 개선하고 건강 유지에 기여하고자 한다.

3. 사업 내용 및 추진방법

1) 사업 참여자 및 인원

- 사업 참여자: ○○시에 거주하는 독거어르신 30명
- 참여자 선정기준
  - ○○시 실태 조사를 통해 밑반찬을 제대로 드시지 못하는 어르신 가구 파악
  - 파악된 가구 중 신체적, 경제적으로 밑반찬 조리가 어렵다고 판단되는 대상을 선정
  - 지자체 등 타 기관 지원 여부 확인 후 기관 내 회의를 통해 결정
  - 참여자 의사를 반영하여 최종 확정

2) 사업내용 및 방법

(1) 사업내용

세부 사업명	활동 내용(수행 방법)	산출 목표
밑반찬 제조	• 영양을 고려한 연간 식단 계획 수립(3찬 기준, 주 2회) • 위생용기 및 소모품은 사업 초기 일괄 구매하고, 밑반찬 재료는 제조 시 구매 • 기존 경로 급식 봉사자 및 복지관 조리 시설을 활용하여 밑반찬 제조	주 2회 밑반찬 3종 제조
밑반찬 배달 및 식생활 모니터링	• 제조된 밑반찬 3종을 매주 월, 목요일에 참여자에게 배달 • 기존 밑반찬은 상태를 확인하도록 하며, 부패 가능성이 있는 경우 회수	주 2회 30가구 밑반찬 배달 및 모니터링

(2) 추진일정

주요 내용 \ 기간	1월	2월	3월	4월	5월	6월	7월	8월	9월	10월	11월	12월
참여자 선정	■	■										
식단 계획 수립/ 위생용기 등 구입		■										
밑반찬 제조/배달			■	■	■	■	■	■	■	■	■	■

4. 예산 편성

(단위: 원)

목	세목	세세목	계	산출 근거	예산조달 계획				
					신청금액	비율(%)	자부담	비율(%)	자부담 재원
총 계			14,146,000		11,946,000	84.4	2,200,000	15.6	
사업비	밑반찬 제조	소모품 구입	1,386,000	위생용기 150원 × 30명 × 3개 × 44주 × 2회	1,188,000	8.4			
				스티커 25원 x 30명 × 3개 × 44주 × 2회	198,000	1.4			
		식재료 구입	10,560,000	4,000원 × 30명 × 44주 × 2회	10,560,000	74.6			
	밑반찬 배달	주유비	2,200,000	50,000원 × 44주			2,200,000	15.6	자체 예산
	소 계		14,146,000		11,946,000	84.4	2,200,000	15.6	

[기능보강 사업계획서 작성 예시]

※ 배분신청서, 기관 현황을 포함하여 총 5매 이내로 작성하여 주십시오.

기능보강 사업계획서

1. 사업명: 지적장애인 거주시설의 주거환경 개선을 위한 방수공사 사업

2. 사업 필요성

1) 주요 문제점

본 기관은 20××년부터 지적장애인 보호를 목적으로 거주시설을 운영하고 있으나, 노후한 시설로 인해 누수가 발생하여 곰팡이가 발생하는 등 거주 장애인들의 건강을 위협하고 있다. 더욱이 여름철 장마와 폭우가 이어지는 경우 누수 현상이 수습 불가할 정도로 심해져 건물 계단을 폐쇄하는 등 장애인과 직원의 안전 문제로까지 이어지고 있다. 장마철이 시작되기 전 보수공사를 시급히 시행할 필요가 있으나, 본 기관의 운영비로 보수공사를 진행하기에는 예산이 부족하여 외부 지원이 절실한 상황이다.

2) 관련 현황

1	현 시설 사진	
사진1	사진2	사진3

3. 사업 내용

1) 이용 대상 및 인원: ○○기관 내 거주하는 지적장애인 25명

2) 세부 사업 내용

개보수 장소	개보수 내용
옥상	부식된 우레탄 제거 및 옥상 전체 방수 공사 진행
건물 외벽	건물 외벽 균열 보수 작업 및 방수제 처리

3) 사업 진행 일정

내 용	일 정	비고(담당 등)
공사업체 입찰 및 선정	20○○. 3. 15. ~ 4. 20.	구매팀
계약 및 계약금 지급	20○○. 4. 23 예정	구매팀, 담당자
공사 시행	20○○. 4. 25 ~ 6. 24(약 2개월)	업체
검수 및 잔금 지급	20○○. 6. 26	구매팀, 담당자

4. 예산 편성

(단위: 원)

목	세목	계	산출 근거	예산조달 계획				
				신청금액	비율(%)	자부담	비율(%)	자부담 재원
총 계		33,950,000		26,450,000	77.9	7,500,000	22.1	
사업비	보수 공사	7,500,000	옥상 방수 7,500,000원			7,500,000	22.1	외부지원(○○도)
		26,000,000	외벽 보수 및 방수 26,000,000원	26,000,000	76.6			
	폐기물 처리	450,000	산업폐기물 처리비용 450,000원	450,000	1.3			
	소 계	33,950,000		26,450,000	77.9	7,500,000	22.1	

5. 향후 운영 계획

누수 예방을 통해 거주 장애인의 안전하고 쾌적한 생활환경으로 개선될 것으로 기대되며, 특히 장마철 실내 생활의 불편함이 해소될 것으로 기대된다. 향후 정기적인 건물 안전 진단을 통해 누수 등의 문제를 사전에 예방할 수 있도록 조치할 계획이다.

삼성복지재단
사회복지 프로그램 개발 지원 신청서 표준양식

2016년 사회복지 프로그램 개발 지원 신청서

사업 개요

<table>
<tr><td rowspan="2">신청 기관</td><td>기관명</td><td colspan="2"></td><td>기관장</td><td colspan="2"></td><td>기관 종류[16]</td><td></td></tr>
<tr><td>소재지</td><td colspan="7"></td></tr>
<tr><td>사업명</td><td colspan="8"></td></tr>
<tr><td>사업 분야[17]</td><td colspan="8"></td></tr>
<tr><td>유사 사업 경험</td><td colspan="8">(있음, 없음) / (있다면)</td></tr>
<tr><td rowspan="2">사업 목적</td><td colspan="8"></td></tr>
<tr><td colspan="8"></td></tr>
<tr><td rowspan="2">서비스 대상</td><td colspan="2">주된 참여자</td><td colspan="6"></td></tr>
<tr><td colspan="2">관련 참여자</td><td colspan="6"></td></tr>
<tr><td rowspan="3">성과 목표</td><td colspan="8">1.</td></tr>
<tr><td colspan="8">2.</td></tr>
<tr><td colspan="8">3.</td></tr>
<tr><td rowspan="8">참여 직원[18]</td><td colspan="2">주 담당자</td><td>소속팀(과)</td><td></td><td>직책</td><td></td><td>성명</td><td></td></tr>
<tr><td rowspan="2">사회복지
근무 경력</td><td rowspan="2">년</td><td rowspan="2">현 직장
근무 경력</td><td rowspan="2">년</td><td rowspan="2">소지
자격증</td><td rowspan="2">년</td><td>휴대폰</td><td></td></tr>
<tr><td>이메일</td><td></td></tr>
<tr><td>전문성[19]</td><td colspan="7"></td></tr>
<tr><td colspan="2">부 담당자</td><td>소속팀(과)</td><td></td><td>직책</td><td></td><td>성명</td><td></td></tr>
<tr><td rowspan="2">사회복지
근무 경력</td><td rowspan="2">년</td><td rowspan="2">현 직장
근무 경력</td><td rowspan="2">년</td><td rowspan="2">소지
자격증</td><td rowspan="2">년</td><td>휴대폰</td><td></td></tr>
<tr><td>이메일</td><td></td></tr>
<tr><td colspan="7"></td></tr>
<tr><td rowspan="4">세부
프로그램</td><td colspan="2">프로그램명</td><td colspan="4">주요 내용</td><td colspan="2">성과 목표 번호[20]</td></tr>
<tr><td colspan="2"></td><td colspan="4"></td><td colspan="2"></td></tr>
<tr><td colspan="2"></td><td colspan="4"></td><td colspan="2"></td></tr>
<tr><td colspan="2"></td><td colspan="4"></td><td colspan="2"></td></tr>
<tr><td>예산</td><td>총 사업비</td><td>천원</td><td>신청 금액</td><td colspan="2">천원</td><td></td><td>자부담</td><td>천원</td></tr>
</table>

16) 기관 종류는 법상 분류되어 있는 시설의 종류(시설신고증에 나타나 있는 시설 종류)

17) 사업 분야는 ① 사회복지 일반 ② 노인 복지 ③ 아동 복지 ④ 장애인 복지 ⑤ 부랑·노숙인 복지, 결핵·한센 복지 ⑥ 정신보건 ⑦ 농어촌 보건복지 ⑧ 모부자 복지 ⑨ 영유아 복지 ⑩ 다문화 복지 ⑪ 특수 폭력 피해자 복지 ⑫ 기타 중 해당 분야를 기재

18) 참여 직원은 실제 이 프로그램을 책임지고 있는 담당자와 직접적으로 프로그램 진행을 도와주는(때로는 한정적으로 책임을 맡는) 조력자에 국한하며, 여러 조언을 아끼지 않는 관(원)장이나 사무국장은 제외

19) 이 프로그램을 담당하는 데 적합한 경험, 지식 또는 의지가 있음을 나타낼 수 있는 근거

20) 상기의 관련되는 성과 목표의 해당 번호를 기재

사업 신청서

사업명: ______________________________

1. 사업 핵심 개요[21]

2. 사업의 필요성

문제의 심각성 (우리 사회)	
기관 소재 지역 사회 실정	

21) 5~6줄 내외로 누구에 대해, 어떤 관점에서, 어떻게 함으로써, 어떤 효과를 거두고자 사업을 수행하는지, 그리고 달성하고자 하는 목적이 무엇인지를 간단하게 기술

3. 선행 경험

선행 프로그램 고찰	
유사 프로그램 시행 경험	
보유 전문성[22]	

4. 사업 목적

22) 선행 프로그램도 없고 유사 프로그램 수행 경험도 없는 경우에 작성하는 것으로서 신청 프로그램을 수행하는 데 기관 또는 작성자가 어필할 수 있는 보유 전문성을 기재

5. 대상자 범위 및 선정 방법

대상자 범위	개념적 범위	
	기관 이용자	
대상자 구분	주된 참여자	
	주변 참여자	
보유 전문성	홍보 전략	
	접수·상담	
	선정 기준	1. 2. 3.
	애로 시 대처 방안	

6. 지향 가치 및 방향

하위 개념 1	
하위 개념 2	
하위 개념 3	

7. 사업 목표

총괄 진술

목적		
	과정 목표 1	
	과정 목표 2	성과 목표 1
	과정 목표 3	성과 목표 2
	과정 목표 4	성과 목표 3
	과정 목표 5	성과 목표 4
	과정 목표 6	

위의 표에 해당 사항을 기입해 주시고 과정 목표와 성과 목표 사이에 선을 연결해 주십시오. 해당 칸을 클릭하여 입력하실 수 있고 분량에 맞게 조정하셔도 됩니다. 표 속에 표가 있는 형태입니다. 전체 표 분량을 조정하신 후 안쪽 표를 복사/붙여넣기로 분량 조절 가능합니다. 분량 조절 시 '목적'이 있는 첫 번째 칸은 〈셀 나누기〉 후 삭제 또는 〈셀 통합〉으로 조정해 주시면 됩니다.

8. 사업 내용

1) 성과 목표로부터 도출되는 세부 프로그램

아래 표의 해당 칸을 클릭하시면 입력 가능하며 기재 분량에 맞게 수정하셔도 됩니다. 성과 목표와 세부 프로그램, 세부 프로그램과 세부 프로그램 내용 사이에 선을 연결해 주십시오. 분량 조절 가능합니다.

성과 목표	세부 프로그램	세부 프로그램 내용	요구되는 핵심 역량	외부지원 필요내용	시작 시기	시행 횟수	대상자 수
성과 목표 1	프로그램 1	세부활동 1					
		세부활동 2					
		세부활동 3					
	프로그램 2	세부활동 4					
		세부활동 5					
		세부활동 6					
성과 목표 2	프로그램 3	세부활동 7					
		세부활동 8					
		세부활동 9					
	프로그램 4	세부활동 10					
		세부활동 11					
		세부활동 12					

〈성과 목표, 프로그램명, 세부 활동 및 부대 내용[23]〉

23) 그림 내의 선은 성과 목표가 배타적으로 소관 프로그램에만 적용되는 것이 아니고 다른 성과 목표를 달성하는 데 주력하는 프로그램과도 연결될 수 있음을 보여 주기 위해서 작성

2) 세부 프로그램의 구현 방식 및 선정 사유

종류	구현 방식	선정 사유 (타 대안과의 비교 검토 포함)
프로그램 1		
프로그램 2		
프로그램 3		

3) 세부 프로그램 간의 관계[24)]

아래 표 해당 칸 클릭 시 입력 가능하며, 그림의 형태는 프로그램 간의 논리적 관계에 따라 달라질 수 있습니다.

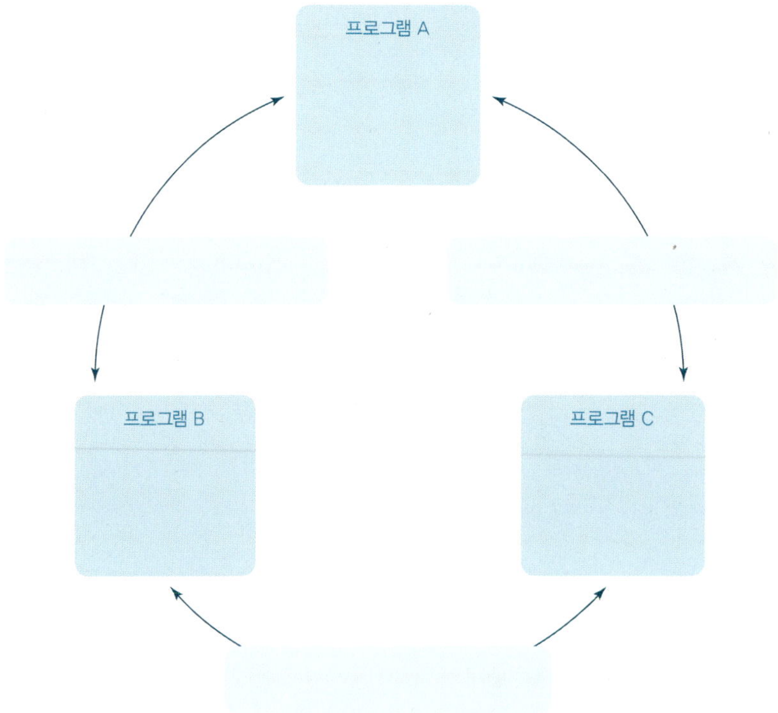

〈프로그램 간의 관계성(예시)〉

24) 세부 프로그램 간에 어떤 선행 관계를 갖는지, 상호 어떤 영향을 끼칠 것으로 예상하고 있는지, 배타적 관계라면 그렇게 몇 가지로 구성된 이유가 무엇인지에 대해 설명하는 것이 필요

4) 추진 일정

매뉴얼을 참조하여 그림으로 표현해 주십시오.

분류	1월	2월	3월	4월	5월	6월	7월	8월	9월	10월	11월	12월
세부 프로그램												
세부 프로그램												
세부 프로그램												
세부 프로그램												

9. 네트워크 구성[25)]

1) 신청 기관 중심의 네트워크

매뉴얼을 참조하여 그림으로 표현해 주십시오.

2) 2~3개 기관 컨소시엄 구성

매뉴얼을 참조하여 그림으로 표현해 주십시오./선택 사항

25) 네트워크 구성은 신청 기관 중심 또는 2~3개 기관 컨소시엄 구성 중 해당 사항을 기재

10. 평가 방법

〈양적 평가〉

성과 목표	목표에 대한 평가 방법			
	성과 지표	자료원	자료 수집 방법 (측정 도구·방법)	자료 수집 시기
1.				
2.				
3.				
4.				

〈질적 평가〉

연구 질문	패러다임	자료 수집 방법	자료원	자료 수집 시기
1.				
2.				
3.				

11. 편성 예산

(단위 : 천원, 산출 내역 제외)

종류	산출 근거			
	산출 내역	삼성 신청분	기관 배합 자금	조달 방법
총계				

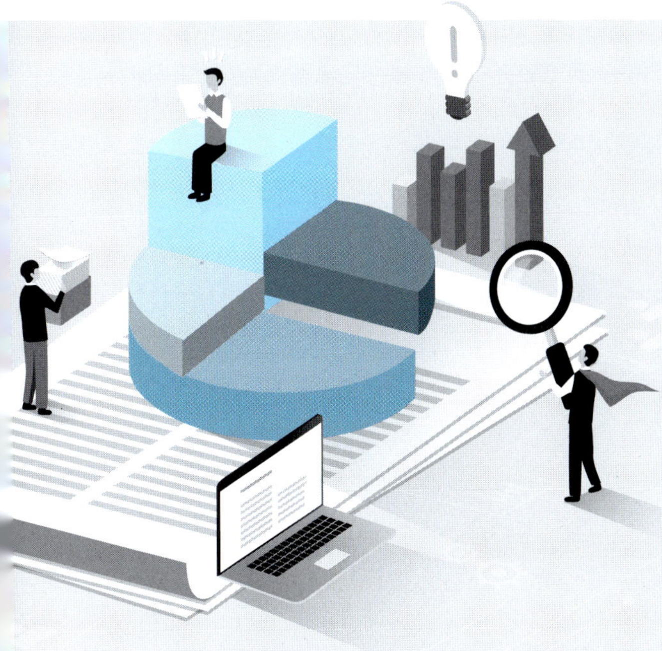

아산사회복지재단
사회복지 프로그램 사업계획서 표준양식

세부사업계획(2차 제출서류, 신규사업)

□ **단체명 :** □ **소재지 :**

□ **대표명 :**

□ **단체의 주요사업 :**

□ **신청부문 :**

□ **사 업 명 :** **(사업지역 :)**

□ 사업연차 : ☐ 1년차 ☐ 2년차 ☐ 3년차

□ **사업기간 :**

□ **사업참여자**

- 핵심참여자 : (명)
- 주변참여자 :

□ **사업요약**

□ 사업예산(총사업비:A+B) =

- 아산재단 신청(A) :
- 단체 자부담(B) :

위와 같이 2019년 아산재단 지원사업에 신청합니다.

2019년 월 일

대표: (인)

아산사회복지재단 귀중

■ 신청단체 현황

▪ 기본정보

<table>
<tr><td>단체명</td><td colspan="3"></td><td>대표명</td><td colspan="2"></td></tr>
<tr><td>고유번호
(사업자등록번호)</td><td colspan="3"></td><td>설립연월</td><td colspan="2"></td></tr>
<tr><td>홈페이지</td><td colspan="6"></td></tr>
<tr><td>주 소</td><td colspan="6"></td></tr>
<tr><td>기관유형</td><td colspan="6"></td></tr>
<tr><td>직원현황</td><td colspan="2">총 명</td><td>상근</td><td>명</td><td>비상근</td><td>명</td></tr>
<tr><td>주요연혁</td><td colspan="6"></td></tr>
<tr><td>주요사업</td><td colspan="6"></td></tr>
<tr><td rowspan="2">담당자명</td><td rowspan="2"></td><td rowspan="2">직위</td><td rowspan="2"></td><td>사무실 전화</td><td colspan="2"></td></tr>
<tr><td>휴대폰</td><td colspan="2"></td></tr>
<tr><td>경력</td><td colspan="3">년 개월</td><td>E-mail</td><td colspan="2"></td></tr>
</table>

■ 재정현황

(단위 : 천원)

수 입					지 출				
항 목	전년도 결산		금년도 계획		항 목	전년도 결산		금년도 계획	
	금액	비율	금액	비율		금액	비율	금액	비율
정부보조금					인건비				
민간기관지원					사업비				
후원금					관리운영비				
사업수익금					재산조성비				
기 타					기 타				
계		100		100	계		100		100

■ 수행경험(최근 2년간 주요 사업수행 현황)

(단위 : 천원)

연 도	지원단체명	사 업 명	지원금액

사업계획 내용

□ 사 업 명 :

□ 사업참여자

* 핵심참여자 : / 명
* 주변참여자 :

* 사업참여자 선정기준
* 사업참여자 모집방안

□ 사업수행내용

□ 사업의 필요성

* 본 사업을 기획하게 된 이유
* 기존 유사사업과의 차별점
* 본 신청단체가 이 사업을 수행해야 하는 이유, 지역사회 연계 계획

□ 최종 사업성과물

* 무엇을 사업성과물로 정할 것인지

□ 출구전략 및 향후 계획

* 본 사업이 성공적으로 수행된다면 기대효과는 무엇인지
* 사업결과물의 활용계획과 사업종료 후 계획

□ 홍보계획

□ 사업수행인력

구분	성 명	직위	역 할	전문경력
주 담당				
부 담당				

□ 사업예산

(단위: 원)

항 목		사업예산			신청금액 산출 근거
		총사업비	신청금액	자부담	
	소계				
	소계				
	소계				
합 계					

참고문헌

국내 서적

고성호·정태인·이정화·유홍준·문용갑·이성용·장준오·이완수(2008). 사회문제. 파주: 그린.

김동훈(2018). 사회복지행정론. 고양: 공동체.

김상곤·최승희·안정선(2012). 사회복지 프로그램 개발과 평가. 서울: 학지사.

김상아·김장권·이원지·정현태(2012). 사회복지 프로그램 개발과 평가. 고양: 공동체.

______________(2013). 사회복지 프로그램 개발과 평가. 고양: 공동체.

김선희(2017). 소아암 환아와 가족을 위한 가족희망파트너사업의 효과에 대한 질적 평가. 한국가족복지학, 55(1), 59-90.

김영숙·김욱·엄기욱·오만록·정태신(2002). 사회복지 프로그램 개발과 평가. 파주: 교육과학사.

______________(2003). 사회복지 프로그램 개발과 평가. 파주: 교육과학사.

김영종(2013). 사회복지 프로그램 개발과 평가. 서울: 학지사.

김영종·김두례·권순애·이오복(2007). 사회복지서비스 실태조사 및 서비스분류체계 구축 연구. 부산: 부산복지개발원.

김종명·구재관·김성철·김재원·신기원·윤춘모(2011). 사회복지 프로그램 개발과 평가. 파주: 양서원.

김통원(2000). 사회복지 프로그램 평가. 통신교육자료.

______(2004). 사회복지 프로그램 개발과 평가. 서울: 학지사.

박정자·박주현·최경덕(2013). 사회복지 프로그램 개발과 평가. 서울: 창지사.

사회복지공동모금회(2011). 2011년 배분사례. 서울: 사회복지공동모금회.

______________(2017). 2017년 배분사업 안내서. 서울: 사회복지공동모금회.

______________(2018a). 2018년 배분사업 안내서. 서울: 사회복지공동모금회.

______________(2018b). 공동모금회 배분사업 성과측정을 위한 척도집. 서울: 사회복지공동모금회.

______________(2009). 「금강징검다리봉사단의 저소득맞벌이 부모를 둔 1, 2학년 초등학생 학교적응 지원사업, "집에 가는 내 친구가 어르신이래요!"」. 프로포절 사례. 서울: 사회복지공동모금회.

삼성복지재단(2016). 삼성복지재단 사회복지 프로그램 개발 지원 신청서 표준양식. 서울: 삼성복지재단.

서초구립 반포종합사회복지관·서울대학교 실천사회복지연구회(2007). 실천가와 연구자를 위한 사회복지 척도집(제2판). 서울: 나눔의집.

성규탁(1998). 사회복지행정론. 파주: 법문사.

신원식·김민주(2009). 사회복지 프로그램 개발과 평가: 프로포절 작성의 실제. 고양: 공동체.

신원식·신근화(2017). 사회복지 프로그램 개발과 평가: 제안서 작성의 실제. 고양: 공동체.

아산사회복지재단(2019). 아산사회복지재단 사회복지 프로그램 사업계획서 표준양식. 서울: 아산사회복지재단.

양정하·임광수·김치영(2011). 사회복지 프로그램 개발과 평가. 파주: 정민사.

우수명(2004). TP 사회복지 Program 개발과 평가. 서울: 인간과복지.

______(2018). 사회복지 프로그램 개발과 평가. 고양: 지식공동체.

이민홍·정병오(2017). 사회복지 프로그램 개발과 평가. 파주: 양서원.

이봉주·김기덕(2008). 사회복지 프로그램 기획의 이해와 적용. 서울: 신정.

____________(2014). 사회복지 프로그램 개발과 평가. 서울: 신정.

이봉주·김선숙·조상은(2014). 아동척도집. 서울: 나눔의집.

정무성(2005). 사회복지 프로그램 개발론. 파주: 학현사.

______(2008). 사회복지 프로그램 개발론. 파주: 학현사.

______(2014). 사회복지 프로그램 개발과 평가. 파주: 정민사.

정무성·정진모(2001). 사회복지 프로그램 개발과 평가. 파주: 양서원.

조성우·안정선·최승희·김상곤(2018). 쉽게 배우고 바로 활용하는 사회복지 프로그램 개발과 평가. 서울: 학지사.

조승석·맹두열·김학재(2017). 사회복지 프로그램 개발과 평가. 고양: 공동체.

지은구(2005). 사회복지 프로그램 개발과 평가. 서울: 학지사.

최선화·박광준·황성철·안홍순·홍봉선(2008). 사회문제와 사회복지. 파주: 양서원.

최성재·남기민(2006). 사회복지행정론. 파주: 나남출판.

최일섭·이창호(1993). 사회계획론. 파주: 나남출판.

최일섭·최성재(1995). 사회문제와 사회복지. 파주: 나남출판.

태화기독교사회복지관(2003). 태화 프로그램 매뉴얼: 가족기능강화사업중심. 서울: 나눔의집.

표갑수·이재완·유옥현·이화정·김현진(2013). 사회복지 프로그램 개발과 평가. 파주: 양서원.

한국노년학포럼(2010). 노년학 척도집. 서울: 나눔의집.

황성철(2005). 사회복지 프로그램 개발과 평가. 고양: 공동체.

_____(2011). 사회복지 프로그램 개발과 평가. 고양: 공동체.

국외 서적

Eitzen, D. S., & Zinn, M. B. (1992). *Social problem*. CA: Allyn & Bacon.

Gates, B. L. (1980). *Social program administration: The implementation of social policy*. Englewood Cliffs, NJ: Prentice-Hall.

Grinnell, R. M., Gabor, P. A., & Unrau, Y. A. (2010). *Program evaluation for social workers*. NY: Oxford University Press.

Henslin, J. M. (1990). *Social problems today: Crisis, conflicts and challenges*. UK: Rearson.

Kahn, A., & Kamerman, S. (1976). *Social services in international perspective: the emergence of the sixth system*. Washington, DC: US Dept. of Health, Education, and Welfare.

Kettner, P., Moroney, R., & Martin, L. (1990). *Designing and managing programs: An effectiveness-based approach*. Newbury Park, CA: Sage Publications.

_______________ (1999). *Designing and managing programs: An effectiveness-based approach*. Newbury Park, CA: Sage Publications.

Long, H. B. (1983). Characteristics of adult education research reported at the Adult Education Research Conference, 1971-1980. *Adult Education, 33*(2), 79-96.

Martin, L. L., & Kettner, P. M. (1996). *Measuring the performance of human service programs*. Thousand Oaks, CA: Sage Publication Inc.

Merton, R. K., & Nisbet, R. (1971). *Contemporary social problems*. Fort Worth: Harcourt College Publishers.

Pascoe, G. C., & Attkisson, C. C. (1983). The evaluation ranking scale: A new methodology for assessing satisfaction. *Evaluation and Program Planning, 6*, 335-347.

Rapp, C. A., & Poertner, J. (1992). *Social administration: A client-centered approach*. NY: Longman Publishing Group.

Royse, D., Thyer, B., Padgett, D. K., & Logan, T. K. (2001). *Program evaluation*. Belmont, CA: Brooks/Cole.

Schuerman, J. R. (1986). 사회복지조사평가론[*Research and Evaluation in the human services*]. (장인협 외 공역). 서울: 집문당. (원저 1983년 출간)

Skidmore, R. A. (1995). *Social work administration: Dynamic management and human relationships*(3rd ed). Needham Heights, MA: Allyn & Bacon.

Smith, M. F. (1989). *Evaluability assessment: A practical approach*. Norwell: MA Kluwer.

Taber, M., & Finnegan, D. (1980). The social service program developer: A new role in social work. *Journal of Education for Social Work, 16*(1), 27-31.

Thompson, M. (1980). *Benefit-cost analysis for program evaluation*. Beverly Hills, CA: Sage Publication.

United Way of America (1996). *Measuring program outcomes: A Practical approach*. Alexandria, VA: United Way of America.

York, R. O. (1982). *Human service planning: Concepts, tools & methods*. Chapel Hill: The University North Carolina Press.

__________ (1983). *Human service planning: Concepts, tools & methods*. Chapel Hill: The University North Carolina Press.

국립국어원 www.korean.go.kr

위키백과 ko.wikipedia.org

Social Welfare Program
Development and Evaluation

찾아보기

ㄱ

가설적 질문 ········ 172, 173
가치 ········ 14, 18, 39, 40, 49, 105, 159, 161, 162, 171
간접적 욕구조사 ········ 69
간편사정도구 ········ 143, 167
개념 ········ 13, 19, 25, 39, 53, 86, 122, 139, 141
개발 ········ 25, 26, 27, 28, 29, 30, 33, 35, 36
개시 ········ 29
개입전략 ········ 33, 47, 100
결과 ········ 165
결과평가 ········ 161
경비 ········ 107
경제적 실행 가능성 ········ 104
계열성 ········ 110, 111
공급 주체 ········ 15
과업성취척도 ········ 175
과정 ········ 25, 31, 35, 46, 129, 151, 152, 159, 160, 162, 164, 165
과정 목표 ········ 90
과정지표 ········ 165, 166
과정평가 ········ 155
관리운영비 ········ 130, 132, 134
구성 요소 ········ 13, 18, 31, 92, 106, 164
구성체계 ········ 21
구조지표 ········ 165, 166
귀납적 방법 ········ 161
규범적 욕구 ········ 31, 66
기능수준척도 ········ 167, 168
기술 ········ 14
기술적 실행 가능성 ········ 104
기초선 ········ 177
기획 ········ 25, 26, 27, 29, 33, 39, 40, 41, 42, 43, 44, 46, 49, 67, 75, 76, 78, 81, 123, 159
기획 예산 ········ 124, 126, 129

ㄴ

내부평가 ········ 161
네트워크 구축 ········ 19, 118
노력성 ········ 163
논리모형 ········ 157, 159, 160

ㄷ

다양성 17, 109, 110, 113, 166
다원화 15, 174
단위원가 125, 126, 127
단일사례설계 175, 176
단일집단 사전-사후검사설계 171
단일집단 사후검사설계 171
대안 27, 28, 36, 42, 47, 102, 104, 114, 123, 129, 266
대안 선택 36, 99, 103, 108
동기유발 108
동료 보고회 174

ㅁ

만족도 조사 169
메타평가 161
모니터링 33, 34, 118, 126, 151, 244
목적 13, 14, 15, 18, 19, 33, 45, 46, 47, 67, 85, 86, 88, 89, 90, 95, 108, 123
목표 13, 18, 31, 33, 42, 47, 49, 85, 86, 87, 88, 89, 100, 141
목표 달성 평가모형 157
물적 자원 16, 18, 34, 48, 103, 122, 123, 130, 163
민간위탁 16
민간조직 15
민영화 16

ㅂ

방향성 18
분석 30, 53, 58, 142, 171
비교적 욕구 31, 67
비용편익분석 172
비용효과분석 127, 171

ㅅ

사업비 107, 130, 132, 134
사회문제 27, 33, 53, 54, 55, 56, 62
사회복지비용 15
산술적 계산 166, 167
산출 31, 129, 159, 160, 162, 164, 165
산출 근거의 구체화 129, 130
산출목표 188
산출평가 158
산출 항목의 명확화 129, 130
상위 프로그램 21
상황평가 158
서비스의 질 163, 164, 170
선정 원칙 99, 108
설계 25, 26, 31, 33, 35, 47, 123, 168, 171
성과 15, 31, 87, 140, 145, 159, 160, 162, 163, 164, 165
성과 목표 88, 90, 91, 93, 95, 96, 116, 145, 146, 147
성과주의 예산 124, 125, 126, 129
성과 지표 145, 146, 165, 166, 176, 225
성과평가 67, 127, 145, 166

성취 가능성 108, 109
세부 목표 31, 85, 86, 87, 88, 92, 95, 96, 117
세분화 16, 18, 95
수단 14, 42, 91, 102, 106, 146
수치 집계 166, 167
수행인력 18, 123, 166
수행평가 162
시민단체 15, 56
시설 14, 15, 104, 109, 159, 160, 165, 166, 169
시장가치 측정 172
실행 25, 29, 30, 32, 33, 34, 35, 37, 48, 67, 87, 89, 108, 110, 113, 114, 122, 157
실행 가능성 33, 102, 104
쓰레기통 모형 26, 28

ㅇ

양적 과정평가 151
양적 성과평가 145, 146
양적 평가 142, 143, 144, 155, 161
연계 128
연계협력 117, 118
연속성 110
연역적 방법 161
영기준 예산 124, 128, 129
영향 14, 31, 32, 92, 163, 164
예산 15, 17, 18, 19, 31, 33, 48, 104, 107, 121, 122, 124, 129, 131, 133, 160, 163, 165, 166
예산 수립 과정 121, 122, 123, 129
옹호 27, 60, 101
외부 감사 174
외부 평가 161
요구 14, 62, 63, 113
욕구 20, 25, 27, 31, 35, 41, 46, 53, 61, 63, 64, 77, 113
욕구조사 31, 33, 67, 68, 71
위험집단 76, 77, 81, 106
유형 20, 39, 43, 53, 56, 63, 90, 160
윤리적 실행 가능성 105
의뢰 19, 20, 92, 165, 175
의사결정 과정 26, 28, 35, 39, 43
이용자 30, 35, 40, 41, 46, 47, 105
이용자 확보 104
인건비 107, 130, 132, 134
인적 자원 18, 34, 48, 135, 163
인지적 욕구 31, 66
인터뷰 144, 146, 150, 161, 169
일반집단 76, 77, 81, 106
입양 20, 101

ㅈ

자부담 131, 132, 134
자원 14, 18, 22, 46, 48, 56, 61, 67, 103, 107, 159, 160, 163, 165
적절성 102, 103, 126, 166
적합성 평가 161
전달체계 44
전환 31, 71, 159, 160, 164, 165

점증모형 26, 27, 28
접근성 20, 166
정보 제공자 69, 70
정책적 선택 172, 173
정치적 실행 가능성 104, 105
제1세대 평가모형 158
제2세대 평가모형 158
제3세대 평가모형 158
제4세대 평가모형 157, 158
조작적 정의에 의한 평가 175
조직 원리 99, 110
지역사회 공청회 68, 69
지역성 108, 109
질적 과정평가 151
질적 성과평가 145, 146, 148, 149, 150
질적 평가 142, 143, 144, 149, 157, 161, 173, 174

ㅊ

참가자 28, 75, 76, 93, 106
참여관찰 146, 150
참여자 14, 17, 26, 49, 71, 91, 103, 108, 109, 110, 111, 112, 113, 115, 117, 118, 144, 148, 150, 152, 157, 159, 160, 162, 163, 165, 173, 225, 260
참여자 확인 174
책임성 13, 15, 16, 17, 31, 41, 67, 125
척도 198
체계 14, 39
초점집단기법 68, 69, 72
총괄평가 160, 161
측정기준 31

ㅋ

클라이언트 집단 29, 65, 68, 69, 76, 77, 78, 80, 88, 92, 106

ㅌ

타당성 43, 46, 95, 102, 104, 140
통합성 110, 112
투입 14, 31, 129, 150, 158, 159, 160, 162, 164, 165
투입평가 158

ㅍ

편익 32, 172
평가 25, 26, 30, 32, 33, 35
평가 기준 157, 162, 163, 164, 175
평가기준 75
평가 도구 141, 142, 146, 167, 175, 225
평가 방법 31, 34, 141, 143, 145, 158, 171, 175
평가 요소 55, 157, 164
평가 유형 157, 160
평가 절차 139, 141

평가 준비 139, 141, 142, 143
포괄성 108, 109, 125
포토 보이스 150
포화 173
표적집단 21, 27, 60, 68, 77, 78, 79, 81, 86, 87
표적집단 서베이 68
표준화된 측정 도구 143, 166, 167
품목별 예산 124
품질 139, 140, 162, 169
프로그램 13, 14
프로그램 담당자 17, 78, 106, 107, 114, 130
프로그램 평가계획 107
프로젝트 13, 32
프로포절(proposal) 183

ㅎ

하위 프로그램 21
합리모형 26, 27, 28
합목적성 108
합법성 19, 27, 33
항목별 예산 31, 124, 129
현실성 108, 109
형성평가 160
형평성 102, 103
혼합모형 26, 28
홍보 19, 20, 44, 115
화폐가치 측정 172
환류 26, 37
활동 159, 160, 164
활동 내용 21, 40, 99, 106, 107, 108, 109, 113, 115
활동별 시간계획표 117
효과성 16, 31, 40, 102, 103, 126, 127, 139, 143, 144, 163, 166, 175, 176
효과성 평가 33, 34, 123, 157, 161, 165, 171
효율성 16, 31, 40, 102, 103, 124, 126, 139, 143, 162, 163
효율성 평가 34, 157, 161, 171

기타

CIPP 평가모형 157, 158

저자 소개

김선희

숭실대학교 사회복지학 박사

現) 안산대학교, 부천대학교, 숭실대학교 글로벌미래교육원 외 출강

주요 저서 및 논문

"캔틴스쿨(건강장애청소년학교밖배움터) 운영 효과에 관한 혼합방법론 연구" (단독연구)

"소아암 환아와 가족을 위한 가족희망파트너사업의 효과에 대한 질적 평가" (단독연구)

"기혼남녀의 자아분화와 삶의 만족간의 관계: 가족기능과 사회적 지지의 매개효과" (단독연구)

"Family Therapy for an Internet-Addicted young adult with Interpersonal Problems." Journal of Family Therapy (교신저자)

『가족치료사례연구』, 『매트릭스와 네트워크를 활용한 가족치료 사례 질적 분석』 (공저) 외 다수

김표민

숭실대학교 사회복지학 박사

現) 인천재능대학교 사회복지과 교수

정신건강사회복지사 1급

한국정신건강사회복지사협회 권익증진위원

주요 저서 및 논문

『사회복지조사론』 (공저) 외 다수

신원정

숭실대학교 사회복지학 박사

前) 인천대학교 기초교육원 객원교수

現) 수원과학대학교 사회복지학과 겸임교수

숭실대학교, 숭실대학교 사회복지대학원, 국제대학교, 명지전문대학교, 인천재능대학교, 수원여자대학교 외 출강

주요 저서 및 논문

"음주문제를 가진 성인자녀에 대한 가족치료 사례연구" (교신저자)

『가족치료사례연구』, 『매트릭스와 네트워크를 활용한 가족치료 사례 질적 분석』, 『자원봉사론』, 『사회복지현장실습』 (공저) 외 다수

유진희

숭실대학교 사회복지학 박사

現) 부천대학교 사회복지학과 교수

주요 저서 및 논문

"Family Therapy for an Adult Child Experiencing Bullying and Game Addiction: An Application of Bowenian and MRI Theories." Contemporary Family Therapy.

"사회복지사의 비자발적 실직경험을 통한 사회복지사 처우개선 정책변화 방향" (단독연구)

"또래관계형성에 어려움을 경험하고 있는 아동에 대한 가족치료 사례연구" (단독연구)

『사회복지실천론』, 『자원봉사론』, 『가족치료 사례 질적 분석』, 『사회복지현장실습』, 『경기도 장애인복지시설종사자 인권실태조사 연구』 (공저) 외 다수

개정판

사회복지 프로그램 개발과 평가

첫째판 1쇄 발행 | 2019년 3월 13일
개정판 1쇄 발행 | 2021년 11월 10일
개정판 2쇄 발행 | 2024년 2월 22일

지 은 이 김선희, 김표민, 신원정, 유진희
펴 낸 이 어진용
책임편집 태선옥
디 자 인 이은경
펴 낸 곳 어가
10449 경기도 고양시 일산동구 장백로 20, 102동 202호(백석동, 동문굿모닝힐1차)
전화 031) 901-4222, 6318
팩스 031) 901-6319
이메일 uhga@uhga.co.kr
홈페이지 www.uhga.co.kr
등 록 2016년 7월 4일·제2016-000133호

ISBN 979-11-91109-47-4 (93330)
정가 18,000원